Norbert Frei, Franka Maubach,
Christina Morina, Maik Tändler

Zur rechten Zeit

Norbert Frei, Franka Maubach,
Christina Morina, Maik Tändler

# ZUR RECHTEN ZEIT

*Wider die Rückkehr
des Nationalismus*

Ullstein

ISBN: 978-3-550-20015-1
© Ullstein Buchverlage GmbH, Berlin 2019
Alle Rechte vorbehalten
Gesetzt aus der Minion Pro
Satz: Pinkuin Satz und Datentechnik, Berlin
Druck und Bindearbeiten: GGP Media GmbH, Pößneck
Printed in Germany

# INHALT

Einführung 7
*Weil wir das (fast) alles schon mal hatten*

Kapitel 1 19
»*Einmal muss doch Schluss sein*«
Die Gegenwart der Vergangenheit in der Ära Adenauer

Kapitel 2 43
»*Antifaschistisch-demokratische Umwälzung*«
Geschichte und politische Kultur in der DDR

Kapitel 3 67
»*Widerstand*«
Mobilisierung von rechts in der frühen Bundesrepublik

Kapitel 4 91
»*Deutschland ist kein Einwanderungsland*«
Ankunft und Abwehr in der Migrationsgesellschaft

Kapitel 5 113
»*Vergangenheit, die nicht vergehen will*«
Engagement und Ermüdung im »Erinnerungsdienst«

Kapitel 6 137
»*Links-rot-grün verseuchtes 68er-Deutschland*«
Vergangenheitsbewältigung von rechts

Kapitel 7 161
*»Deutschland den Deutschen, Ausländer raus!«*
Rassismus und Rechtsterrorismus seit den Neunzigern

Kapitel 8 183
*»Wir sind das Volk!«*
Demokratie und Polarisierung im vereinigten Deutschland

Schluss 207
*»Erinnerungspolitische Wende um 180 Grad«?*

Anhang 219

Nachwort 221

Anmerkungen 223

Zum Weiterlesen 242

Abkürzungen 247

Zu den Abbildungen 249

Namenverzeichnis 251

# EINFÜHRUNG

*Weil wir das (fast) alles schon mal hatten*

Zu lange haben wir Deutsche geglaubt, das alles ginge uns nichts an: die neue Fremdenfeindlichkeit der früher so weltoffenen Niederländer, die plötzliche nationale Engherzigkeit der Dänen und Schweden, der Rechtsruck in Ungarn, Polen und Tschechien, das Brexit-Votum der Briten, die Begeisterung so vieler Franzosen für Marine Le Pen, der Erfolg rechter Parteien in Italien und Österreich, der täglich neue Schock namens Donald Trump. Für fast ein Jahrfünft hatte es so ausgesehen, als sei rechter Populismus nur das Problem der anderen, die Bundesrepublik hingegen das kerngesunde Bollwerk westlicher Demokratie. Spätestens seit der Bundestagswahl vom September 2017 aber wissen wir, dass der globale Rechtsruck auch Deutschland erfasst hat.

Der Einzug der AfD in den Bundestag war eine Zäsur in der Geschichte der Bundesrepublik. Zwar scheint die Partei auf Bundesebene – anders als in den ostdeutschen Ländern, vor allem in Sachsen – von einer Regierungsbeteiligung momentan noch weit entfernt. Aber das kann sich ändern.

Darum ist es an der Zeit, sich klarzumachen, was die Renaissance rechten und rechtsradikalen Denkens bedeutet. Schon jetzt haben die Aktualisierung völkischer Stereotype, das Verlangen nach einer homogenen Nation und die Sehnsucht nach einer fleckenlosen Geschichte – kurz: hat die Rückkehr des Nationalismus – das Selbstverständnis der bundesrepublikanischen Gesellschaft spürbar erschüttert.

Aus zeithistorischer Sicht stellt sich nicht nur die Frage nach den Gründen dieser Entwicklung, sondern auch nach ihren Vorläufern in unserer Geschichte. Wer die jüngsten Erfolge der Rechtspopulisten verstehen will, tut gut daran, sich zu vergegenwärtigen, unter welchen Bedingungen in Deutschland nach 1945 rechte Denkweisen verfangen und Anhänger finden konnten. Dabei zeigt sich, dass es der Rechten ungeachtet ihrer hartnäckigen Bemühungen und mancher Konjunkturen über die Jahrzehnte nicht gelungen ist, ihre zeitweiligen Erfolge in dauerhaften politischen Einfluss zu übersetzen. Richtig ist allerdings auch, dass keiner ihrer Anläufe so erfolgreich war wie der gegenwärtige.

Das besorgniserregend Neue sind nicht die alten Parolen, von denen wir einige als Überschriften für die folgenden Kapitel verwenden. Schaut man genauer hin, haben sich die rechten Sprüche über die Jahrzehnte kaum verändert. Neu aber ist, dass und in welchem Ausmaß die unermüdlich recycelten Forderungen nach »Schlussstrich« und »sicheren Grenzen«, nach einer heilen Geschichte, einer »reinen« Nation und nationalstolzen »Leitkultur« auf Resonanz stoßen. Plötzlich erzielen sie, wie von einer Welle getragen, politische Wirkungsmacht – und verunsichern sogar Menschen, die von sich sagen, mit rechten Überzeugungen nichts im Sinn zu haben.

Dass der Nationalismus – ein im 19. Jahrhundert entstandenes politisches Konzept – wieder derart attraktiv geworden ist, stellt eine ebenso gefährliche wie erklärungsbedürftige Entwicklung dar. Nach dem Zweiten Weltkrieg hatte sich vor allem im Westen, langsam aber sicher und weit über die akademische Forschung hinaus, die Erkenntnis durchgesetzt, dass »Nationen« Imaginationen sind; dass sie, wie der amerikanische Politikwissenschaftler Benedict Anderson gezeigt hat, auf »erfundener« Gemeinschaft beruhen. Parallel dazu entstanden alternative Ordnungskonzepte: zum Beispiel das der Europäischen Integration, die zur Sicherung von Frieden und Wohlstand auf eine gemeinsame Werte-, Rechts- und

Wirtschaftsordnung setzt statt auf die Idee einer historisch vorbestimmten, ewiggültigen Volks- oder Schicksalsgemeinschaft. Der inzwischen fast in Vergessenheit geratene »Verfassungspatriotismus« der alten Bundesrepublik war zugleich Ergebnis und wichtiger Antrieb dieses alternativen, *post*nationalen Denkens.

Nach dem Ende des Kalten Krieges hofften nicht wenige, dieses Denken könnte sich in ganz Europa oder gar weltweit durchsetzen; manche glaubten gar an ein Ende der Geschichte. Inzwischen sehen wir: Der Untergang des Kommunismus ermöglichte nicht nur Presse-, Meinungs- und Versammlungsfreiheit auch im Osten, sondern zugleich die Rückkehr des Nationalismus. Die gemeinschaftsstiftende Kraft dieser Vorstellung entfaltet seitdem einen gefährlichen Sog. In den Staaten Ost- und Südosteuropas folgt der neue Nationalismus als Reaktion auf jahrzehntelange politische Unterdrückung, in vielen westlichen Staaten huldigen ihm populistische Bewegungen als vermeintliches Allheilmittel gegen die Defizite und Krisen der liberalen Demokratie.

Es ist dieser weltweit zu beobachtende, nun auch in die Mitte der deutschen Gesellschaft reichende Vorstoß nationalistischer Polemik, Programmatik und Politik, der beunruhigt. Er verlangt, über Gesellschaftsanalyse und Gegenwartsdiagnose hinaus, gerade auch nach historischer Einordnung – zumal angesichts der wiederholt von Deutschland ausgegangenen hypernationalistischen Gewalt.

So ist zu fragen, wie die Entwicklung der letzten drei, vier Jahre möglich wurde in einer Gesellschaft, die ihre – zum Teil doppelte – Diktaturerfahrung mustergültig »bewältigt« zu haben schien. Wie konnten diese Verschiebungen geschehen in einem Land, das wegen seiner ernsthaften, wenn auch hindernis- und windungsreichen Auseinandersetzung mit Nationalsozialismus, Krieg und Holocaust anderen Staaten mit diktatorischer Vergangenheit für geraume Zeit sogar als Vorbild galt? War die Bereitschaft zu historischer Aufarbeitung und Erinnerung am Ende bloß das Trugbild von Deutungseliten, die sich abgekoppelt hatten von den tatsächlichen Auffassungen und Einstellungen breiter Bevölkerungsschichten? Oder sind, wie manche meinen, die Abwehr selbstkritischer Fragen an die eigene Nation und der Einzug einer rechten Partei ins Parlament nur ein Ausweis demokratischer Normalität?

Die Geschichte der zweiten deutschen Demokratie war immer auch die Geschichte einer – im Großen und Ganzen – erfolgreichen Auseinandersetzung mit Autoritarismus und antidemokratischem Denken. Aber um zu verstehen, was derzeit auf dem Spiel steht und wie es dazu gekommen ist, gilt es, die Geschichte der beiden deutschen Staaten nach 1945 noch einmal neu in den Blick zu nehmen. Sie unter dem Eindruck der gegenwärtigen rechten Konjunktur anders denn als gängige Erfolgsgeschichte zu erzählen: Das versuchen wir in den folgenden Kapiteln.

Das Wort Versuch ist dabei ernst gemeint. Dieses Buch ist keine Streitschrift, auch kein Leitfaden oder Ratgeber, der einen einfachen Weg aus der Krise weist. Vielmehr geht es uns darum, die gegenwärtigen Herausforderungen klarer herauszuarbeiten, indem wir sie zeithistorisch perspektivieren. Die Dinge im größeren Kontext der langen Geschichte Nachkriegsdeutschlands zu betrachten heißt auch, sich von den oft eher situativen Befunden der Politik- und Sozialwissenschaften zu lösen – und sich von einer medialen Alarmstimmung fernzuhalten, die mitunter zu befördern scheint, was sie zu bekämpfen sucht.

Die zweite deutsche Demokratie steht nicht vor ihrem Zusammenbruch, und schon gar nicht stehen wir vor einem neuen 1933; dafür sind die ökonomisch-sozialen, vor allem aber auch die historisch-politischen Rahmenbedingungen viel zu verschieden. Dennoch sind die jüngeren Entwicklungen, die aktuell verbreiteten Verunsicherungen, Konflikte und Krisengefühle als fundamentale Herausforderung unserer Gesellschaft zu verstehen, die sich ihrer Liberalität, ihrer Weltoffenheit und ihrer erfolgreichen »Aufarbeitung«

der Vergangenheit vielleicht allzu gewiss geworden ist – und dabei zu wenig beachtet hat, dass unter dem Dach des seit 1990 in ganz Deutschland gültigen Grundgesetzes nach wie vor zwei sehr verschiedene politische Kulturen wohnen.

Der Erfolg der AfD bei der Bundestagswahl 2017 war nur der vorläufige Höhepunkt einer nicht leicht zu entschlüsselnden Entwicklung. Denn die rechtspopulistische Mobilisierung von Bevölkerungsschichten, die besonders, aber nicht nur im Osten Deutschlands von den Partizipationsmöglichkeiten eines demokratischen Gemeinwesens zuletzt kaum noch Gebrauch gemacht hatten, hat Grundsatzfragen der demokratischen Gesellschaft auf die Tagesordnung gebracht: Wer oder was ist deutsch? Was bedeuten Heimat, Patriotismus und Nation? Welche Grundrechte gelten für wen? Welchen Wert hat eine kritische Geschichtskultur? Und wie weltoffen und zugleich streitbar soll die Demokratie in Deutschland künftig sein?

In den Feuilletons der Republik wurden all diese Fragen zwar auch zuvor schon diskutiert, gesellschaftliche Gräben aufgerissen haben sie aber erst im Laufe der letzten Jahre, vor allem seit 2015. Ein wenig erinnert die Situation inzwischen auch hierzulande an die *culture wars* in den Vereinigten Staaten: an die fundamentale politische Polarisierung der Gesellschaft, die durch eine aggressive, um keine Verzerrung, Zuspitzung und im Zweifel auch Lüge verlegene Medienstrategie der Rechten vorangetrieben wird und die eine wichtige Rolle für den Wahlsieg von Donald Trump gespielt hat.

Die derzeit dominante Form nationalistischer Politik ist der Populismus. Rechtspopulistische Erfolge sind in Europa schon seit den neunziger Jahren zu verzeichnen – man denke an Silvio Berlusconi in Italien, der mit seinen Zoten, großspurigen Sprüchen und seinem Vorsatz, das Land zum vermeintlichen Wohle des Volkes wie ein Unternehmen zu führen, einige Charakteristika Donald Trumps vorweggenommen hat, sowie an den Aufstieg der FPÖ unter Jörg Haider in Österreich. Auch wenn das Phänomen des Populismus, das sowohl in rechten wie linken Varianten existiert, nicht leicht zu fassen ist, so gibt es doch einige charakteristische Eigenschaften: Typischerweise inszenieren sich populistische Politiker, obwohl häufig selbst privilegierten Kreisen entstammend, als einzig legitime Vertreter des einfachen, »wahren Volkes« im Kampf gegen das »Establishment« der politischen und kulturellen Eliten, deren behauptetes »volksschädliches« Verhalten gerne verschwörungstheoretisch erklärt wird. Damit einher geht die Verächtlichmachung des parlamentarischen Systems und der mühsamen Suche nach Kompromissen in der pluralen Gesellschaft. Rechte Populisten insistieren darüber hinaus auf der Identifikation des »wahren Volkes« als einer ethnisch homogenen Einheit, deren Vorrechte sie gegenüber Migranten und andere Minderheiten schützen wollen.

Jenseits dieser allgemeinen Merkmale passen Populisten ihre politische Programmatik den Umständen des jeweiligen Landes oder der jeweiligen Region flexibel an. Fragt man nach den Ermöglichungsbedingungen für den Aufstieg rechtspopulistischer Parteien und Politiker, gilt es deshalb, sowohl übergreifende transnationale Entwicklungen als auch nationalspezifische Besonderheiten zu berücksichtigen. Erstere seien hier nur stichwortartig genannt: die Durchsetzung »neoliberaler« Wirtschaftspolitik nach dem Zusammenbruch des Kommunismus, die zu wachsender sozialer Ungleichheit und Verunsicherung geführt hat; das Fortschreiten der europäischen Integration in einer Weise, die von vielen als technokratisch und undemokratisch wahrgenommen wird; die 2007 einsetzende Finanzmarktkrise und die anschließende Eurokrise, deren Bewältigung diese Wahrnehmung verstärkt hat; die Bedrohung durch den islamistischen Terrorismus seit dem 11. September 2001, die der von George W. Bush ausgerufene *war on terror* nicht eingedämmt, sondern verschärft und die zur Verbreitung einer islamfeindlichen Stimmung geführt hat; schließlich die digitalen sozialen Netzwerke, die als partizipatorisches Instrument der Demokratisierung gefeiert wurden und sich zugleich als ideales Medium populistischer Agitation entpuppten.

In Deutschland war der unmittelbare Auslöser für die Mobilisierung von rechts fraglos die »Flüchtlingskrise«. Schon die Etablierung dieses Ausdrucks kann als Erfolg rechter Rhetorik gelten, die mit der Ausrufung eines vermeintlichen Notstands radikale Maßnahmen rechtfertigen will. Dank solcher Strategien der Erzeugung und Verschärfung von Krisenstimmungen stehen Begriffe wie »Grenzsicherung« und »nationale Souveränität«, die in einem zusammenwachsenden Europa fast bedeutungslos geworden waren, wieder ganz oben auf der Agenda. Eine ethnisch definierte »Schicksalsgemeinschaft« wird gegen den Rechtsstaat in Stellung gebracht. Zu diesem Zweck verbreitet die Neue Rechte, die zuvor ein ideologisches Nischendasein fristete, den Mythos vom »großen Austausch«: die Behauptung, dass die kosmopolitisch-liberalen Eliten in Politik und Medien eine »Völkerwanderung« in Gang gesetzt hätten, um durch »Überfremdung« und »Islamisierung« die »abendländische Kultur« zu vernichten und ein deutsches, vielleicht sogar europäisches »Völkersterben« einzuleiten. Das ist die dystopische Vorstellung einer existenziellen Krise, an deren Ende sich Deutschland, wie Thilo Sarrazin schon 2010 zu wissen glaubte, angeblich »abgeschafft« haben wird.

Doch solche rechten Schreckensgemälde sind nicht neu. Der Blick in unsere Geschichte zeigt, dass viele dieser Parolen und Bedrohungsszenarien eine lange Tradition haben. Der Streit um die Flüchtlingspolitik der Regierung Merkel war, so gesehen, nur der willkommene Anlass, nationalkonservative und völkische Denkmuster zu reaktivieren, die im Laufe der letzten Jahrzehnte gesellschaftlich zurückgedrängt worden sind, aber niemals verschwunden waren.

Als Historikerinnen und Historiker wollen wir die wiederkehrenden rechten Logiken aufzeigen und durchschaubar machen. Wir wollen die Aufmerksamkeit schärfen für die Motive jener, die damit hantieren – aber auch helfen, kritischen Abstand zu unproduktiven Dramatisierungen zu gewinnen, die über den Entrüstungsmotor der sozialen Netzwerke inzwischen vieltausendfach potenziert werden.

Wir versuchen dies in zweimal vier Kapiteln, die über den Zeitraum von 1945 – mit einem Einschnitt in den achtziger Jahren – bis zur Gegenwart die lange Nachgeschichte des Nationalsozialismus und der gesellschaftlichen Auseinandersetzung mit dieser Vergangenheit ebenso in den Blick nehmen wie die Ideen-, Organisations- und Gewaltgeschichte des Rechtsradikalismus. Für das Verständnis unserer gegenwärtigen Situation ist es dabei unabdingbar, die in diesem Kontext oft vernachlässigte Geschichte Ostdeutschlands vor und nach 1990 in ihrer ganzen Komplexität einzubeziehen. Denn viereinhalb Jahrzehnte getrennter Entwicklung haben große Unterschiede in der politischen Kultur und Mentalität der beiden deutschen Staaten hervorgebracht, die bis heute durchschlagen.

*Kapitel 1* schaut zunächst auf die »alte« Bundesrepublik: auf die diversen Formen der Abwehr der Vergangenheit und auf das früh verbreitete Bedürfnis nach einem »Schlussstrich«, das die Repräsentanten der noch ungeübten, in vielerlei Hinsicht unsicheren zweiten deutschen Demokratie zu moderieren hatten. Hier reicht das Tableau von dem schon vor der Staatsgründung eröffneten Kampf gegen die verhasste Entnazifizierung bis zu den Folgen der antisemitischen »Schmierwelle« 1959/60 und den Verjährungsdebatten der sechziger und siebziger Jahre. Parallel dazu zeigt *Kapitel 2*, wie die ostdeutschen Kommunisten unter dem Schlagwort der »antifaschistisch-demokratischen Umwälzung« ihre »Lehren« aus der NS-Zeit mit dem Aufbau einer neuen politischen Ordnung verbanden. Sie setzten dabei nicht nur auf Zwang, sondern auch auf das Versprechen »volksdemokratischer« Mitbestimmung. Die Geschichte des »Dritten Reichs« und des Zweiten Weltkriegs war in der DDR allgegenwärtig, allerdings wurde sie ideologisch verkürzt, verfälscht und politisiert. Im Zentrum standen stets der kommunistische

Widerstand und der »siegreiche« Kampf der Sowjetunion. Das den Ostdeutschen in Aussicht gestellte sozialistische Mitwirkungsversprechen war eng an diesen instrumentellen Umgang mit der Geschichte gebunden. Das führte dazu, dass sich in der DDR, anders als im Westen, auch auf längere Sicht keine (selbst-)kritische gesellschaftliche Auseinandersetzung mit der NS-Vergangenheit entwickeln konnte.

*Kapitel 3* führt die Versuche der politischen Sammlung und Mobilisierung im »nationalen Lager« vor Augen, an denen es seit Bestehen der Bundesrepublik nicht mangelte; Deutschnationale wurden davon ebenso angezogen wie Anhänger der »Konservativen Revolution« und alte wie neue Nationalsozialisten. Wie schon in der Weimarer Republik galt die liberale parlamentarische Demokratie in diesen Kreisen als Ergebnis westlicher Fremdherrschaft, gegen die »Widerstand« zu leisten war – außerhalb wie auch innerhalb des verhassten »Systems«, das im Zuge der kurzen Rezession der Jahre 1966/67 einen ersten Aufstieg der NPD erlebte.

*Kapitel 4* erörtert den Zusammenhang von Wirtschaftskrise und Ausländerfeindlichkeit aus der Perspektive der »Gastarbeiter« in der Bundesrepublik beziehungsweise der »Vertragsarbeiter« in der DDR. Als Arbeiter auf Zeit akzeptiert, wurden sie häufig dann diskriminiert, wenn sie gesellschaftliche Teilhabe forderten. Manifeste Ressentiments und Gewalt gegen Ausländer breiteten sich in der Bundesrepublik aber erst nach dem Anwerbestopp von 1973 und vor allem im Laufe der achtziger Jahre aus, als sich mit den Türken eine als kulturell fremd stigmatisierte Gruppe auf Dauer niederließ. Während das konfliktreiche Zusammenleben in der Bundesrepublik letztlich den Weg zum Einwanderungsland *avant la lettre* ebnete, weist die Tolerierung der Gewalt gegen Ausländer in der späten DDR auf den Vereinigungsrassismus nach 1990 voraus.

*Kapitel 5* blickt in einem bis an die Gegenwart führenden Längsschnitt auf die Veränderungen im Umgang mit der NS-Vergangenheit seit den siebziger Jahren, die oft nur als »rotes Jahrzehnt« verstanden werden, tatsächlich aber auch eine »Hitlerwelle«, neue apologetische Bedürfnisse und einen ins Terroristische drehenden Rechtsradikalismus hervorbrachten. Einerseits machte die Fernsehserie »Holocaust« (1979) die Deutschen betroffen und löste eine lange Phase der intensiven wissenschaftlichen und gesellschaftlichen Auseinandersetzung mit dem nationalsozialistischen Judenmord aus. Andererseits formierten sich, wie *Kapitel 6* zeigt, »Wehrsportgruppen«, aus deren Reihen der Attentäter stammte, der auf dem Münchner Oktoberfest 1980 den blutigsten rechtsterroristischen Anschlag in der Geschichte der »alten« Bundesrepublik verübte. Vor dem Hintergrund einer zwar lange angekündigten, faktisch aber weitgehend ausgebliebenen bürgerlich-konservativen »Tendenzwende« unter Kanzler Kohl feierte Mitte der achtziger Jahre die neue Rechtspartei der Republikaner kurzfristige Erfolge, und im eher akademischen Milieu suchte eine nun entstehende Neue Rechte von der Neuen Linken und der studentischen Protestbewegung zu lernen. Neben der Verachtung für die Linke spricht auch dieser alte Mobilisierungsneid der Rechten aus Jörg Meuthens Satz vom »links-rot-grün verseuchten 68er-Deutschland«.

*Kapitel 7* zeigt, wie sich der Ausländerhass in der Transformationskrise nach 1989/90 in ganz Deutschland ausbreitete und zugleich seine Gestalt veränderte. Denn die Dynamik der rassistischen Gewalt lässt sich, auch wenn sie im Osten der Republik regelmäßiger und radikaler wütete, nur aus dem Zusammenspiel west- und ostdeutscher Entwicklungen erklären, die teilweise bis in die achtziger Jahre zurückreichen. Der Vereinigungsrassismus war ein gesamtdeutsches Syndrom. Von den gewalttätigen Anti-Ausländer-Protesten etwa in Rostock-Lichtenhagen führt eine Kontinuitätslinie über zahlreiche politisch motivierte Morde und die Verbrechen des NSU bis in die Gegenwart der rechtsradikalen Strömungen, die *Kapitel 8* beleuchtet. Den Zulauf, den Pegida, AfD und Identitäre Bewegung in den letzten Jahren erfahren haben und der zum Teil aus der Mitte der Gesellschaft kommt, kann nur verstehen, wer die Geschichte Ostdeutschlands vor und nach der deutschen Einheit berücksichtigt. Unter dem Eindruck des ökonomischen Kahlschlags und der sozialen und kulturellen Verwerfungen entstand dort ein Klima, in dem globale Erschütterungen wie die Finanzmarktkrise und die Flucht- und Migrationsbewegungen besonders starke Wirkungen entfalteten. Westdeutsche Ostlandreiter – nationalkonservative Strategen, neurechte Theoretiker und rechtsradikale Demagogen, die nach 1990 in die neuen Bundesländer gezogen sind – und einheimische Aktivisten haben es verstanden, diese Situation für den Aufbau einer gesamtdeutschen, vermeintlich bürgerlichen »Sammlungsbewegung« zu nutzen.

So droht Deutschland derzeit von rechts zusammenzuwachsen: in einer neuen nationalistischen Formation, die den entschlossenen Widerspruch all derer verlangt, denen eine liberale Demokratie und eine menschenfreundliche Gesellschaft am Herzen liegen.

# KAPITEL 1

*»Einmal muss doch Schluss sein«*
Die Gegenwart der Vergangenheit in der
Ära Adenauer

Den ganz großen Eintrag in die Annalen des Freistaats Braunschweig verpasste Stadtoldendorf Anfang Februar 1932, als die Idee verworfen wurde, Hitler dort zum kommissarischen Bürgermeister und auf diesem Weg zum deutschen Staatsbürger zu machen. Einen Weltkrieg und eine Länderneuordnung später, im Herbst 1951, gelang den Ratsherren der nunmehr niedersächsischen Idylle aber doch noch ein kleiner Coup: Im kommunalen Gaswerk übergaben sie in einer nachmittäglichen Zeremonie ein Konvolut mit Angaben zu 600 früheren NSDAP-Mitgliedern dem Feuer. Walter Dach, vormals Entnazifizierungskommissar, inzwischen CDU-Stadtrat, sprach von einem »Akt der Versöhnung und Gerechtigkeit im Geiste unseres Grundgesetzes«, und Bürgermeister Wilhelm Noske, Sozialdemokrat und Geschichtslehrer, pflichtete bei: Seine Stadt ziehe damit als erste in der Bundesrepublik »einen Schlussstrich unter die gesamte Entnazifizierung«.[1]

Sehr viele solcher Veranstaltungen hat es im Nachkriegsdeutschland wohl nicht gegeben, wobei besagte Aktion noch einen ganz eigenen Beigeschmack besaß insofern, als die Idee dazu bei einem Festessen entstand: im Anschluss an eine Kranzniederlegung zum 50. Gründungstag des städtischen Krankenhauses, mit der man dessen jüdischem Stifter Geheimrat Max Levy gedachte. Aber Formulierungen wie die, mit denen in Stadtoldendorf die Akten in den Ofen wanderten, waren Ende der vierziger, Anfang der fünfziger Jahre überall zu hören. Daraus sprach die oft eigentlich nur noch als Hass zu beschreibende Aversion einer übergroßen Mehrheit der Deutschen gegen das Projekt einer grundlegenden politischen Säuberung, das die zonalen Militärregierungen 1945/46 in Gang gesetzt hatten.

Faktisch handelte es sich um ein gesellschaftliches Großexperiment, das schon zu Beginn lediglich von einer Minderheit der Gegner und Verfolgten des NS-Regimes wirklich begrüßt, unter dem Eindruck wachsender Kritik aus den neu entstandenen Parteien und der Obstruktion der deutschen Verwaltung nach zwei, drei Jahren schrittweise zurückgenommen und schließlich ganz abgebrochen wurde. Wie immer man sein Ergebnis in der Rückschau bewertet – seine Geschichte lässt ahnen, wie lang, wie steinig und mit welchen Schlaglöchern durchsetzt die Strecke bis zu der Einsicht war, die heute wohl immer noch die meisten Deutschen teilen: dass gesellschaftliche Zukunft nicht durch Verleugnung und Verdrängung des Gewesenen gewonnen wird, sondern durch einen kritisch-aufklärerischen Umgang damit.

Der Schock der Niederlage, auch das Erschrecken über die Bilder und Informationen aus den befreiten Konzentrationslagern, mit denen die Alliierten die besiegten Deutschen unmittelbar nach Kriegsende konfrontierten, hatten ihre Wirkung zunächst nicht verfehlt. Als im Herbst 1945 der Internationale Militärgerichtshof in Nürnberg zusammentrat, hielten in der amerikanischen Besatzungszone zwei Drittel der Befragten den Prozess gegen die sogenannten Hauptkriegsverbrecher für »fair«.[2] Das änderte sich in dem Maße, in dem den Deutschen klar wurde, dass es den Siegermächten nicht darum ging, die Großen zu hängen, um die Kleinen laufen zu lassen. Je mehr Ermittlungen und Verfahren auch gegen Parteifunktionäre, SS-Leute und Wehrmachtsangehörige aus der zweiten und dritten Reihe begannen, umso lauter wurde das Murren in der post-nationalsozialistischen Volksgemeinschaft.

Vor allem aber stieß man sich daran, dass im Zuge der politischen Säuberung jeder erwachsene Deutsche Rechenschaft ablegen sollte. Der »Fragebogen«, ein zu diesem Zweck ausgegebenes Formular mit 131 Positionen, galt nicht nur Ernst von Salomon als Dokument der Inquisition; mit seiner 1951 unter diesem Titel veröffentlichten Polemik landete der frühere Rechtsterrorist aus den Reihen der Rathenau-Mörder (»Organisation Consul«) einen Bestseller, der die Stimmung in der jungen Bundesrepublik spiegelte. In der stalinistischen DDR gab es solche Gefühle zweifellos auch, nur durften sie öffentlich keinen Ausdruck finden.

Hatten sich zunächst fast überall im Westen Freiwillige gefunden, die, beseelt von der Idee eines Neuanfangs, als Öffentliche Ankläger vor den sogenannten Spruchkammern fungierten, nahm der Wille zum politischen Großreinemachen bald dramatisch ab. Zumal den Insassen der Internierungslager und den aus dem öffentlichen Dienst Entlassenen – ihre Zahl lag zeitweise immerhin in den Hunderttausenden – ging es weniger darum, ihre Gewissen zu erforschen, als vielmehr jene Zeitgenossen ausfindig zu machen, die ihnen die am schönsten exkulpierenden »Persilscheine« schrieben. So wurde aus einem Verfahren, das zwar massenhaft, aber doch jeweils individuell politische Schuld identifizieren und die Belasteten aus wichtigen Ämtern und neu aufzubauenden Behörden heraushalten sollte, tatsächlich die von der zeitgeschichtlichen Forschung später diagnostizierte »Mitläuferfabrik«.[3]

Aber heißt das, alles Bemühen um einen auch personalpolitischen Neuanfang in Deutschland sei am Ende wirkungslos geblieben, die Entnazifizierung völlig gescheitert? Wer so argumentiert, der verharrt zu sehr in der Wahrnehmung der Zeitgenossen, die auf die fraglos unzähligen bürokratischen Mängel, Unstimmigkeiten und Ungerechtigkeiten des überdies in den einzelnen Ländern und Besatzungszonen recht unterschiedlich gehandhabten Verfahrens fokussiert geblieben ist. Und der übersieht die gerade auch in diesem Handlungsrahmen neu gesetzten demokratiepolitischen Normen und Grenzen, die ihre Wirkung auf Dauer nicht verfehlten. Mit größerem Abstand und einer weiteren Perspektive ergibt sich daher ein anderes Bild.

Dass die säuberungspolitischen Maßnahmen der Alliierten nicht ohne Wirkung waren, zeigte zunächst, gewissermaßen im Umkehrschluss, der rasch einsetzende, hartnäckige und von weiten Teilen der Nachkriegsgesellschaft geführte Kampf dagegen – besonders übrigens vonseiten der Kirchen, die als einzige im »Dritten Reich« vermeintlich integer gebliebene Institutionen eine Zeitlang das große Wort in dieser Sache führten. Doch trotz ihrer lauten Töne und ungeachtet aller Etappensiege kamen weder die Kirchenführer noch Politik und Presse aus ihrer moralischen Defensive heraus. Und obgleich die meisten Entlassungen aus dem öffentlichen Dienst im Laufe der Zeit zurückgenommen und nahezu alle belastenden Entnazifizierungsbescheide nach und nach abgemildert wurden, sodass – neben denen, die ohnehin als »nicht betroffen« galten – tatsächlich ein Heer von harmlos scheinenden »Mitläufern« entstand: Spurlos gingen die Prozeduren an den vormaligen Volksgenossen nicht vorüber, schon gar nicht an denen, die sich einem der mehr als 3,6 Millionen Spruchkammerverfahren hatten unterziehen müssen.

Die Entnazifizierung – als »Denazification« erstes der in Potsdam vereinbarten deutschlandpolitischen »vier Ds« der Siegermächte (neben Demilitarization, Democratization, Decentralization) – hatte den Deutschen zeigen sollen, dass fortan neue Normen galten. Sie war ein Instrument der politisch-moralischen Grenzmarkierung und als solches von nachhaltiger Geltungskraft. Um das zu begreifen, brauchte es nicht einmal die Erfahrung einer teils nur Wochen, mitunter aber auch Monate währenden Internierung; allein die Ungewissheit, wie lange und mit welchem Ausgang man Objekt politischer Überprüfungen war, dürfte vielen Beamten und städtischen Angestellten eine bleibende Erinnerung geworden sein. Für manche wurde daraus vielleicht sogar ein Denkzettel fürs Leben: dass die Selbstberuhigung, »nur meine Pflicht« getan zu haben, nicht als Entschuldigung taugt im Angesicht von offenkundigem Unrecht, mochte es auch »von oben« verordnet gewesen sein.

Selbst das empörte Gerede über den »Kollektivschuldvorwurf«, als den etliche Kritiker schon früh die Entnazifizierung interpretierten, lässt sich als indirektes Eingeständnis lesen, dass den Säuberungsanstrengungen der Alliierten keine ganz unrealistischen Schuldvermutungen zugrunde lagen. In die gleiche Richtung deutete schließlich die Heftigkeit, mit der das Bonner Parlament im Herbst 1950 über die »Liquidation« der Entnazifizierung debattierte, obgleich die Verabschiedung entsprechender Schlussgesetze Ländersache war. Auch wenn die Redner der regierenden Union und der oppositionellen Sozialdemokratie im Bundestag vor den verbalen Ausfällen der rechten Kleinparteien (»nationales Unglück«, »Verbrechen«, »Tumor am deutschen Volkskörper«)[4] zurückschreckten – auf ein klares Wort zur Notwendigkeit der stattgehabten Säuberung verstand sich nun niemand mehr. Stattdessen beeilten sich die Vertreter aller Fraktionen, die Erwartungen ihrer Klientel durch Variationen des längst zum Mantra gewordenen Satzes zu bedienen: »Einmal muss doch Schluss sein.«

Wenn es um die Auseinandersetzung mit der NS-Zeit ging, dann waren CDU/CSU und SPD – die einen als neugegründete überkonfessionelle Partei der bürgerlichen Mitte, die anderen als traditionsreiche, zur Mitte strebende Arbeiterpartei – eher getriebene als gestaltende Kräfte. Schon um ihren Status als Volksparteien auszubauen, galt es, den Rechten möglichst wenig Platz zu lassen, die gerade auf diesem Feld mit größter Skrupellosigkeit Kompetenz beanspruchten. Für Adenauer und die Union bedeutete das, die radikalen Ambitionen ihrer kleinen Koalitionspartner, der im Wortsinne reaktionären Deutschen Partei (DP) und des starken rechtsnationalen Flügels der FDP, durch eigene Initiativen in Schach zu halten. Für die SPD ging es darum, ihre Begrenzung auf das klassische Arbeitermilieu zu überwinden und vor allem die tendenziell schon zu Ende der Weimarer Republik an die NS-Bewegung verlorenen jüngeren Arbeiter und späteren Wehrmachtssoldaten durch ostentative Zuwendung zurückzugewinnen. Mittel der Wahl auf diesem Weg war eine gleichsam großkoalitionär ausgestaltete Vergangenheitspolitik, die Generosität gegenüber so gut wie allen bedeutete, die sich nach der »wirren Zeit« als »Entnazifizierungsgeschädigte« oder sonst als Opfer der Besatzungspolitik betrachteten.

Letzteres galt vor allem für jene Deutschen, die in den unmittelbaren Nachkriegsjahren vor den Richtern einer vermeintlichen »Siegerjustiz« gestanden hatten: mehrere Tausend, die von alliierten Militärgerichten, sowie weitere 150, die in den zwölf sogenannten Nürnberger Nachfolgeprozessen der Amerikaner als Kriegs- und NS-Verbrecher verurteilt worden waren. Unter diesen gerade anfangs tatsächlich hart Bestraften, zum Teil auch zum Tode Verurteilten waren Partei- und SS-Führer, Wehrmachtsgeneräle, aber auch hochrangige Ministerialbeamte und Juristen, Industriemanager, KZ-Ärzte, Lagerpersonal und lokale Kriegsfanatiker, die auf dem platten Land abgestürzte feindliche Piloten oder Fallschirmjäger gelyncht hatten. Für deren Begnadigung verwendeten sich zunächst wiederum die Kirchen, bald im Verbund mit einer hochprofessionellen Kriegsverbrecher-Lobby aus SS-Juristen und ehemaligen Nürnberger Verteidigern. Die militante Truppe schürte eine Stimmung, der sich mit Ausnahme der Kommunisten keine der im Bundestag vertretenen Parteien entzog. Mit der haltlosen Behauptung, die von den Besatzungsmächten zugelassenen »Lizenzparteien« täten im Kampf um die in den »Kerkern der Alliierten« einsitzenden »Kriegsverurteilten« nicht genug, trieb ein harter Kern von Experten, die selbst mit einem blauen Auge davongekommen waren – darunter der Ex-Diplomat Ernst

Achenbach und der vormalige Heydrich-Stellvertreter im Reichssicherheitshauptamt Werner Best –, Regierung und Parlament mit immer neuen Schlussstrich-Forderungen vor sich her: bis hin zum Entwurf einer »Generalamnestie« für »politische Straftaten«.

Vor diesem Hintergrund wird erklärlich, weshalb der Bundestag glaubte, noch im Dezember 1949 ein erstes großes Zeichen setzen zu müssen. Es kam in Gestalt eines von der Alliierten Hohen Kommission nur unter Bauchschmerzen genehmigten Straffreiheitsgesetzes, das sämtliche vor dem 15. September 1949 begangenen Taten amnestierte, die mit Gefängnis bis zu sechs Monaten beziehungsweise bis zu einem Jahr auf Bewährung geahndet werden konnten. Damit waren auch alle »minderschweren« Straftaten aus der NS-Zeit außer Verfolgung gesetzt – bis hin zu Körperverletzungen mit Todesfolge und Totschlag, etwa im Zusammenhang mit den Pogromen im November 1938. Einer weiteren Öffentlichkeit blieben diese Konsequenzen seinerzeit zwar verborgen, die Justiz jedoch verstand die Amnestie sofort als ein verdecktes Signal gegen übertriebenen Eifer bei der Verfolgung von NS-Verbrechen. Die Folge davon war ein rascher Rückgang der Zahl neu eingeleiteter Verfahren. Als dann im Sommer 1954 eine zweite, nochmals weiter gefasste »Bundesamnestie« verkündet wurde, kam es faktisch zu einem Ahndungsstillstand.

Den überzeugten Demokraten in den Großparteien – erwiesenen NS-Gegnern wie Kurt Schumacher, Konrad Adenauer und ihresgleichen – schwebte gewiss nicht vor, im Zuge der Reintegration der vormaligen NS-Parteigenossen auch deren damalige Gesinnung zu rehabilitieren. So war es zweifellos nicht als nachträgliche Billigung ideologischer Erbötigkeit im »Dritten Reich« gemeint, als im Frühjahr 1951 das sogenannte 131er-Gesetz die bereits weit fortgeschrittene »Wiederverwendung« beziehungsweise Versorgung der 1945 entlassenen Beamten auffallend großzügig regelte. Aber genau an diesem Punkt lag das Problem: Wie ließ sich vermeiden, dass die Weitherzigkeit der jungen Demokratie gegenüber den (in aller Regel noch nicht so alten) einstigen Funktionsträgern der Diktatur missbraucht würde? Wie konnte man jene »Renazifizierung« des Beamtenapparats verhindern, vor der nicht nur ein paar kritische Intellektuelle warnten, sondern immer wieder auch ausländische Beobachter und sogar die drei Alliierten Hohen Kommissare auf dem Petersberg bei Bonn? Die »Flurbereinigung für die Zukunft«, von der Bundestagspräsident Hermann Ehlers nach der fast einstimmigen Annahme des »Gesetzes zur Regelung der Rechtsverhältnisse der unter Artikel 131 des Grundgesetzes fallenden Personen« sprach, war keine risikofreie Hypothek.[5]

Was bedeutete die Rückkehr der »Ehemaligen«?

Beginnend mit der Studie über das Auswärtige Amt (AA), hat die zeithistorische Forschung in den zurückliegenden eineinhalb Jahrzehnten im Einzelnen herausgearbeitet, wie hoch die zwar nicht bruchlose, aber nach dem Ende der Entnazifizierung weitgehend wiederhergestellte Kontinuität der Funktionseliten in Ministerien, Ämtern und Behörden der jungen Bundesrepublik tatsächlich war. Wer bedenkt, dass bei Kriegsbeginn etwa jeder vierte deutsche Mann der NSDAP angehörte, den wird der zahlenmäßige Nachweis von NS-Belasteten in der Beamtenschaft schwerlich überraschen: kaum irgendwo unter einem Viertel, oft aber eher höher und im Laufe der fünfziger Jahre meist sogar noch ansteigend. Weitaus schwieriger als jede statistische Erhebung gestaltet sich bis heute allerdings die Antwort auf die Frage, was die Präsenz der alten Seilschaften in den Institutionen der neuen Demokratie konkret bedeutete. Um es am Beispiel des 1951 wiederbegründeten und von Kanzler Adenauer erst einmal in Personalunion geführten Auswärtigen Amts zu sagen, dessen höhere Beamtenschaft anfangs zu rund einem Drittel aus vormaligen Parteigenossen bestand: Die Wiederbelebung einer nationalsozialistisch inspirierten Außenpolitik lag nicht in deren Möglichkeiten – nach allem, was wir wissen, aber auch nicht (mehr) in ihrer Absicht.

»Wir stellen Pgs ein, aber keine Nazis«, lautete denn auch die Quintessenz, mit der Wilhelm Haas, der erste Personalchef des Bonner AA, im Januar 1952 vor den Untersuchungsausschuss des Deutschen Bundestags trat.[6] Der war nach einer aufsehenerregend kritischen Reportage-Serie der *Frankfurter Rundschau* (»Ihr naht Euch wieder ...«) unvermeidlich geworden. Als Karrierediplomat, der nie in der Partei gewesen, wegen seiner »nichtarischen« Ehefrau 1937 aus dem Auswärtigen Dienst entlassen worden und überhaupt erst 1947 aus Fernost zurückgekehrt war, konnte Haas im Parlament nicht nur fast jeden Zweifel an den »schwankenden Gestalten« unter seinen neu-alten Kollegen zurückweisen, ohne sich dabei selbst ins Zwielicht zu setzen. Ausgestattet mit der Aura des politisch Unverdächtigen, war er darüber hinaus der ideale Apologet eines diplomatischen Korpsgeists, der die würdigen von den unwürdigen Bewerbern gleichsam intuitiv zu trennen wusste – und auf diese Weise einer Vielzahl von »Ehemaligen« den Weg zurück ins Auswärtige Amt ebnete.

Die frühe, am Ende fruchtlose Debatte um die Einstellungspraxis des AA trug ihren Teil dazu bei, dass die Rede von den »Ehemaligen« zu Anfang der fünfziger Jahre rasch an Popularität gewann. Dabei blieb das Thema weder auf den Auswärtigen Dienst noch auf den Bereich von Staat und Politik beschränkt. Auch den Eliten in Wirtschaft und Gesellschaft kam die Praxis sehr entgegen, mit Blick auf einstige Mitgliedschaften und Funktionen in der NSDAP (und bei Bedarf auch in SA, SS und Waffen-SS) nur noch pauschal von »Ehemaligen« zu sprechen. Je weiter die Besatzungsmächte mit ihren säuberungspolitischen Ansprüchen in den Hintergrund traten, desto stärker pochten die Westdeutschen auf Diskretion, desto glatter und scheinbar unverfänglicher wurden ihre Biographien. Selbst harte politische Kontrahenten übten sich nun, anstatt die zweifelhafte Karriere ihres Gegenübers offenzulegen, in taktvoller Apostrophierung – etwa in der Art des Bundeskanzlers, der im AA »wenigstens zunächst an den leitenden Stellen« Leute zu brauchen glaubte, »die von der Geschichte von früher her etwas verstehen«.[7] In der Figur des »Ehemaligen«, so könnte man sagen, gewährte sich die post-nationalsozialistische Volksgemeinschaft Pardon.

Der Sozialphilosoph Hermann Lübbe hat diese Praxis schon in den achtziger Jahren als heilsame Selbsttherapie der frühbundesrepublikanischen Gesellschaft gegen die Kritik der Achtundsechziger verteidigt. Was Letztere als »Verdrängung« kritisierten, das beschrieb Lübbe mit der Verve des Zeitgenossen als insgesamt gedeihliches, ja notwendiges »kommunikatives Beschweigen« von »braunen Biographieanteilen« – »unter der politischen Rekonsolidierungsprämisse, daß es, diesseits gewisser Grenzen, politisch weniger wichtig sei, woher einer kommt als wohin er zu gehen willens ist«.[8]

In der jungen DDR war die Problemkonstellation im Prinzip nicht anders, angesichts der herrschenden Antifaschismus-Doktrin aber doch verschieden. Wie unter Adenauer, wurden die vergangenheitspolitischen Erwartungen der Mehrheit auch unter Ulbricht weitgehend erfüllt. So kam das Gesetz der Provisorischen Volkskammer »über den Erlaß von Sühnemaßnahmen und die Gewährung staatsbürgerlicher Rechte für die ehemaligen Mitglieder und Anhänger der Nazipartei und Offiziere der faschistischen Wehrmacht« im Herbst 1949 sogar noch ein paar Wochen früher zustande als das Straffreiheitsgesetz des Bundestags. Und als sich drei Jahre später hüben wie drüben der Neuaufbau eigener Streitkräfte abzeichnete – de facto dauerte es dann noch bis 1955 –, wetteiferten beide Seiten mit Integrationsgesten und »Ehrenerklärungen« für den deutschen Soldaten.[9]

Die Bereitschaft, der breiten Sehnsucht nach dem großen Vergessen, nach einem Schlussstrich auch unter die je individuelle Vergangenheit nachzugeben, war in beiden deutschen Nachkriegsstaaten hoch – aber hier wie dort kalkulierte die politische Führung auch mit der Einpassungsbereitschaft der »Ehemaligen«: Wer im Osten bereit war, dem Antifaschismus zu huldigen und sich der Sache des Sozialismus zu verschreiben, der durfte jetzt mit Nachsicht rechnen und vielleicht sogar Karriere machen – zum Beispiel als ehemaliger Wehrmachtsoffizier in der Nationalen Volksarmee. Wer im Westen das »Recht auf den politischen Irrtum« (Eugen Kogon) für sich in Anspruch nahm, dem standen, auch wenn er sich eher zum Antikommunismus als zur Demokratie bekannte, im Grunde alle Wege offen. Braune Flecken jedenfalls waren fortan kaum ein Hindernis, solange sich damit nicht gerade trotzige Unbelehrbarkeit verband.

Man könne die Millionen von Nationalsozialisten »nur töten oder gewinnen«, hatte der vormalige Buchenwald-Häftling Kogon mit der ihm möglichen Frivolität schon 1947 in den *Frankfurter Heften* postuliert;[10] eine halbe Dekade später war der Gewinnungsversuch gegenüber denen, die »gewandelte Überzeugung« geltend machten, in vollem Gang – beiderseits der innerdeutschen Grenze. Während der Osten auf eine Personifizierung dieser Integrationspolitik gerne verzichtete, erschien sie im Westen in Gestalt des Mannes, der die gesamte »Adenauerzeit« hindurch in unmittelbarer Nähe des »Alten« wirkte: Hans Globke, anfangs Bürochef und seit 1953 Staatssekretär im Kanzleramt, vormals Referent für Staatsangehörigkeitsfragen im Reichsinnenministerium und Mitverfasser eines juristischen Kommentars zu den antisemitischen Nürnberger Gesetzen von 1935. Als stets im Hintergrund wirkende Schlüsselfigur des Etatismus der frühen Bundesrepublik war Globke das vermutlich ungeplante, aber perfekte Signal an die »Ehemaligen« – und der denkbar beste Beweis für die Chancen, die sich letztlich so gut wie allen eröffneten, die ihre Abkehr von der Diktatur durch Einsatzbereitschaft für den neuen Staat zu demonstrieren bereit waren.

Umgekehrt wurde Globke für kritische Geister seit etwa Mitte der fünfziger Jahre zum Inbegriff politisch-moralisch inakzeptabler Elitenkontinuität: als nämlich die konkreten Konsequenzen der weitgefassten Integrationspolitik immer sichtbarer wurden und die Presse mit deren – wenn auch zunächst sehr selektiven – Skandalisierung begann. So zum Beispiel, als Lina Heydrich, die Witwe des 1942 einem Attentat zum Opfer gefallenen stellvertretenden »Reichsprotektors von Böhmen und Mähren«, erbittert (und am Ende erfolgreich) um Pensionsansprüche stritt; oder als 1955 in Niedersachsen mit Leonhard Schlüter ein rechtsradikaler Verleger Kultusminister werden sollte, wogegen Göttinger Professoren und Studenten auf die Straße gingen. Nun, da sich solche empörenden Geschichten häuften, suchte die SPD Distanz zu jener Vergangenheitspolitik, die sie in der ersten Legislaturperiode, ebenso wie die damals noch im Bundestag vertretenen Kommunisten, im Großen und Ganzen mitgetragen hatte. Und die DDR sollte bald entdecken, welch eine ideale Zielscheibe ein Mann wie Globke abgab.

Eine planvolle Kampagne gegen die westdeutschen Funktionseliten war in Ost-Berlin bereits 1956 angelaufen. Zunächst ging es, mit mäßiger Resonanz, um NS-Belastete in Politik, Wirtschaft und Militär. Doch dann gerieten »Hitlers Blutrichter in Adenauers Diensten« in den Fokus mehrfach erweiterter Broschüren und groß aufgemachter »internationaler Pressekonferenzen«, mit denen Albert Norden, seines Zeichens Sekretär für Agitation und Propaganda im ZK der SED, die akkreditierten Korrespondenten aus den sozialistischen Bruderstaaten zu beeindrucken verstand, zunehmend aber auch verstohlene Aufmerksamkeit in der Bundesrepublik fand.[11] Angesichts der Maßlosigkeit der Vorwürfe (»Terror wie zu Hitlers Zeiten«) und ihrer nicht selten an ebenjene Vergangenheit erinnernden Sprache (»Bonns braune Maden«, »braunes Rattennest«) gelang es den Beschuldigten eine Zeitlang, die Vorwürfe als »Pankower Propaganda« abzutun oder sogar als Ausweis der eigenen antikommunistischen Standfestigkeit zu interpretieren. Doch je mehr von den Pamphleten – trotz geheimdienstlicher Postzensur – in den Westen gelangten, umso klarer wurde, dass die darin enthaltenen Fakten über Karriereverläufe und Täterschaften in aller Regel zutrafen. Mit Blick auf die »Blutrichter« versuchten die entnervten westdeutschen Landesjustizminister deshalb, deren Zwangspensionierung durchzusetzen; am Ende blieb es bei einem im Richtergesetz verankerten Angebot des freiwilligen vorzeitigen Ruhestands, das nur wenige der Schwerstbelasteten annahmen.

Als Albert Norden im Sommer 1965 das »Braunbuch« vorstellte – gewissermaßen die Summe der von einem Spezialteam des Ministeriums für Staatssicherheit über Jahre zusammengetragenen Recherchen über die Vergangenheit der bundesrepublikanischen Funktionseliten –, da lag sein erfolgreichster Coup schon eine Dekade zurück: Mit der in regierungskritischen Blättern wie *Stern* und *Spiegel* lancierten Behauptung, Theodor Oberländer und ein von ihm geführtes Bataillon ukrainischer Freiwilliger hätten im Sommer 1941 in Lemberg ein Massaker an mehreren Tausend Juden angerichtet, hatte die Stasi den Bonner Vertriebenenminister zu Fall gebracht.

Symbolpolitisch wichtiger und spektakulärer noch als diese Demission war jedoch der Dauerbeschuss von Adenauers Vertrautem Globke. Die Gelegenheit dazu hatte sich im Nachgang zu dem seit April 1961 in Jerusalem laufenden Prozess gegen Adolf Eichmann aufgetan. Denn Friedrich Karl Kaul, Ost-Berlins Prozessbeobachter in Jerusalem, war es nicht gelungen, der dort versammelten Weltpresse Globke glaubhaft als Eichmanns »geistigen Komplizen« zu verkaufen und in das Verfahren zu verwickeln – auch, weil die Bundesregierung hinter den Kulissen mit den Israelis Absprachen getroffen hatte. Wie schon gegen Oberländer bereitete die ostdeutsche Justiz daraufhin einen Schauprozess gegen »Hans Josef Maria Globke« vor. Als das Oberste Gericht der DDR nach zweiwöchiger Verhandlung am 23. Juli 1963 den

Bonner Kanzleramtschef (natürlich in Abwesenheit) wegen Kriegsverbrechen und Verbrechen gegen die Menschlichkeit zu lebenslangem Zuchthaus verurteilte, war Globke allerdings fast schon in Pension. Mitte Oktober 1963 nämlich trat Adenauer, inzwischen 87 Jahre alt, vereinbarungsgemäß von seinem Amt zurück. Sein Eckermann folgte ihm auf dem Fuß.

## Antisemitismus, Auschwitz und die Frage der Verjährung

Im Abendrot der Ära Adenauer war die vergangenheitspolitische Szenerie der Bundesrepublik in Bewegung gekommen. Nicht, dass das Verlangen nach dem »Schlussstrich« geringer, die Sehnsucht nach dem großen Vergessen kleiner geworden wäre – aber die Gegenstimmen wurden vernehmlicher und schließlich auch mehr. Vor allem in den Medien machte sich ein neuer Ton bemerkbar. Im Herbst 1959 kam »Rosen für den Staatsanwalt« ins Kino, Wolfgang Staudtes sarkastisch-bittere Auseinandersetzung mit einer Justiz, in der unbelehrte Kriegsgerichtsräte ihr privates Wirtschaftswunderglück genießen und notorischen Antisemiten mit Samthandschuhen begegnen; erstaunlicherweise wurde das bis heute vielgezeigte Werk sogleich mit dem Bundesfilmpreis ausgezeichnet. Im Jahr darauf konfrontierte das Deutsche Fernsehen sein bereits nach Millionen zählendes Publikum (auf dem damals einzigen Kanal) mit einer zwölfteiligen Dokumentarreihe über »Das Dritte Reich«. Erklärtes Ziel der Serie war es, so jedenfalls zitierte der eher distanzierte *Spiegel* die Verantwortlichen, »dem deutschen Volk ›Hilfe … für die geistige Auseinandersetzung mit der jüngsten deutschen Vergangenheit‹ zu geben«.[12] Hinter dem Projekt standen zwei Historiker der jungen Generation: der gerade 39-jährige Intendant des Süddeutschen Rundfunks Hans Bausch und der 31-jährige Tübinger Privatdozent Waldemar Besson, der die Drehbücher geschrieben hatte; beide kamen aus dem Umkreis von Hans Rothfels, dem aus dem amerikanischen Exil zurückgekehrten Promotor und Doyen der neuen Disziplin Zeitgeschichte.

Wie notwendig außerschulische Nachhilfe damals gerade für Heranwachsende war, deren (Geschichts-)Lehrer oft – und bestenfalls – als selbst noch Lernende in Sachen Demokratie gelten mussten, hatte sich spätestens zu Weihnachten 1959 gezeigt, als in Köln zwei junge Rechtsradikale die Synagoge an der Roonstraße mit Hakenkreuzen beschmierten. Sie lösten damit eine Welle antisemitischer Vorfälle aus, die die Bundesregierung vor allem gegenüber den westlichen Verbündeten in höchste Erklärungsnot brachte. Unter dem Druck der weltweiten Berichterstattung entschloss sich Adenauer deshalb zu einer Fernsehansprache. Mit Blick auf die Nachahmer der inzwischen gefassten Täter, beides Mitglieder der Deutschen Reichspartei, sprach der Kanzler – und diese Passage wird meist zitiert – bagatellisierend von »Lümmeln«, die eine »Tracht Prügel« verdienten. Aber Adenauer, der an der festlichen Wiedereinweihung der Synagoge in seiner Heimatstadt ein paar Monate zuvor teilgenommen hatte, beließ es dabei nicht. Er verurteilte die Tat als »eine Schande und ein Verbrechen«, und er versicherte seine »deutschen jüdischen Mitbürger« des Schutzes des Staates »mit seiner ganzen Macht«. Schließlich wurde der Kanzler, in ungewohnter Weise auf seine Erfahrungen als »Opfer des Nationalsozialismus« rekurrierend, persönlich: »Und mein Verhältnis zum Judentum? Nun, zwei Juden waren es, die, als meine Familie und ich uns in der Zeit des Nationalsozialismus in großer finanzieller Bedrängnis befanden, als erste mir finanzielle Hilfe anboten. Sie wußten, wie ich zu den Juden immer gestanden habe.«[13]

Was an dieser Stelle durchklang, war die Selbstsicherheit eines aufrechten NS-Gegners, der die ideologische Verführbarkeit der Deutschen für gewöhnlich zwar beschwieg, aber nicht vergessen hatte – und der sich deshalb zum Ende seiner

Rede eine ebenso analytisch-kühle wie wunschgeleitet-kühne Interpretation der Ereignisse gestattete, die einmal mehr auf die Erziehbarkeit seiner Landsleute setzte: »Die Verurteilung des Antisemitismus und Nationalsozialismus, die sich im deutschen Volke jetzt so spontan und einmütig offenbart hat, ist die gute Seite dieser abscheulichen Vorgänge.«

Dass politische Bildung und Erziehung im post-nationalsozialistischen Deutschland eine große und auf Dauer anzulegende Aufgabe werden würde, das war unter NS-Gegnern und zumal unter Politikern und Intellektuellen, die in den dreißiger Jahren hatten emigrieren müssen, im Grunde ein Gemeinplatz. Doch nur wenige fühlten sich der Sache so verpflichtet wie Max Horkheimer und Theodor W. Adorno, die beiden Hauptvertreter der 1950 aus dem amerikanischen Exil zurückgekehrten Frankfurter Schule. Vor allem Adorno, der sich während des Krieges in den USA eingehend mit dem Sozialtypus der »autoritären Persönlichkeit« auseinandergesetzt hatte, lenkte die Arbeit des Instituts für Sozialforschung in diese Richtung – freilich im Sinne einer Diagnostik, nicht des »Praktischwerdens der Theorie« oder gar der Therapie. In einem aufwendigen, vom amerikanischen Hohen Kommissar finanziell ermöglichten »Gruppenexperiment«, in dem die Teilnehmer über das »Dritte Reich«, die Verfolgung der Juden, über Demokratie und deutsche Schuld diskutierten, suchten die Sozialforscher die Vorurteilsstrukturen und psychischen Dispositionen der Deutschen empirisch zu ergründen. Nichts weniger als die »Nervenpunkte des deutschen Nationalismus« sollten freigelegt werden.[14]

Die Ergebnisse der 1955 veröffentlichten Studie schockierten nicht zuletzt die Wissenschaftler selbst. Franz Böhm, der ordoliberale Ökonom und Jurist, vormals Rektor der Frankfurter Universität und als CDU-Bundestagsabgeordneter inzwischen eine zentrale Figur der westdeutschen Wiedergutmachungspolitik, hob in seinem Geleitwort die Diskrepanz hervor zwischen den »geläuterten Ansichten der eigentlichen öffentlichen Meinung« und den »schlecht gewaschenen und vielfach ausgesprochen übelriechenden Ansichten der nicht-öffentlichen Meinung«. Noch immer herrsche »bei Müller und Schulze« – den zeitgenössischen »Otto Normalverbraucher« ersparte sich Böhm wohl mit Bedacht – »schikanösestes und herzlosestes Herrendenken«.[15]

Theodor Adorno, längst eine vielgefragte Stimme in den Abendstudios des Hörfunks und auf den Podien der freien Bildungsträger, formulierte selten derart direkt. Aber auch er plädierte immer wieder für mehr politische Bildung und, damit inhärent verbunden, für Aufklärung über den Nationalsozialismus. Keine zwei Monate vor der Kölner Synagogenschändung hielt er auf einer »Erzieherkonferenz« der Gesellschaften für christlich-jüdische Zusammenarbeit einen Vortrag, dessen Titel bald kanonisch werden sollte: »Was bedeutet: Aufarbeitung der Vergangenheit«. Adornos Antwort hatte es in sich: Nicht nur, dass er hinter dem Schlagwort der »Aufarbeitung« den Wunsch vermutete, einen »Schlussstrich« unter die Vergangenheit zu ziehen; das darin sich ausdrückende falsche Bewusstsein der Deutschen, ihr schwaches Selbst, erschien ihm gefährlicher als die Existenz rechtsradikaler Organisationen: »Ich betrachte das Nachleben des Nationalsozialismus *in* der Demokratie als potentiell bedrohlicher denn das Nachleben faschistischer Tendenzen *gegen* die Demokratie.«[16]

Gewiss nicht erst seit dem »Gruppenexperiment« hegte Adorno keinerlei Illusionen über die Persistenz eines Antisemitismus in der Bundesrepublik, dessen konkrete Manifestationen im Jahrzehnt »vor Köln« von den Sicherheitsbehörden – nicht anders als in der DDR – so gut es ging geheim und dessen statistische Bilanzen (häufig mehr als ein Dutzend registrierte Friedhofsschändungen im Jahr, dazu Hakenkreuz-Schmierereien, Bedrohungen jüdischer Einrichtungen) systematisch unter Verschluss gehalten wurden.[17] »Nach Köln« lasen sich die Ausführungen des Sozialphilosophen noch einmal bedrängender: »Man geht (…) allzu sehr von der Voraussetzung aus, der Antisemitismus habe etwas Wesentliches mit den Juden zu tun und könne durch konkrete Erfahrungen mit Juden bekämpft werden, während der genuine Antisemit vielmehr dadurch definiert ist, daß er überhaupt keine Erfahrung machen kann, da er sich nicht ansprechen läßt.«

Für Adenauers Innenminister Gerhard Schröder, bei dem die Verantwortung für die politischen Schlussfolgerungen aus der »Schmierwelle« lag, ergab sich aus einer solchen Diagnose wenig praktischer Rat. Aber da angesichts von 470 Nachfolgetaten nichts mehr zu vertuschen war, ging der CDU-Minister Mitte Februar 1960 mit einem in aller Eile zusammengestellten »Weißbuch der Bundesregierung über die antisemitischen und nazistischen Vorfälle« in den Bundestag. Schröder, ein Protestant von konservativer Statur, der als 22-jähriger Jurist 1933 in die NSDAP ein-, 1941 aber auch wieder ausgetreten war, plädierte mit erstaunlicher Emphase gegen das »Vergessen-Wollen und das Verdrängen-Wollen der älteren Generation«. Und er hielt es für klüger, nicht wie Franz Josef Strauß vor allem über mutmaßliche Ost-Berliner Hintermänner zu spekulieren, die mit instigierten Ausschreitungen das Ansehen der Bundesrepublik zu beschädigen suchten (ein nicht unplausibler Verdacht, für den es aber keine Beweise gab und bis heute nicht gibt). Noch erstaunlicher war vielleicht, dass Schröder sich in seinem Weißbuch ausdrücklich zur Skepsis von Hannah Arendt bekannte, die wie Adorno davor warnte, die Vergangenheit »bewältigen« zu wollen: »Dies kann man wahrscheinlich überhaupt mit keiner Vergangenheit, sicher aber nicht mit dieser«, hatte die Philosophin gesagt, als sie im September 1959 in Hamburg den Lessing-Preis entgegennahm. »Das Höchste, was man erreichen kann, ist, zu wissen und auszuhalten, dass es so und nicht anders gewesen ist, und dann sehen, was sich daraus ergibt.«[18]

Kein »Schlussstrich«, aber auch keine »Bewältigung«: Das waren neue Akzente in der öffentlichen Diskussion über die Vergangenheit, die schon vor der »Schmierwelle«

in Bewegung geraten war. Dabei rückte der Judenmord als Kern der deutschen Schuld nun zunehmend ins Zentrum; so war die Bühnenfassung des Tagebuchs von Anne Frank seit der Spielzeit 1956/57 zu einem der meistaufgeführten Theaterstücke avanciert – in beiden deutschen Staaten. Während daraus in der DDR jedoch wenig mehr erwuchs als eine Bekräftigung des doktrinären Antifaschismus, begann sich die kulturelle Hegemonie in der westdeutschen Gesellschaft langsam zu verschieben. Eineinhalb Jahrzehnte nach Kriegsende war eine Kohorte junger Menschen herangewachsen, die unbeantwortete Fragen an die Generation ihrer Eltern und Lehrer hatte, und auch die Stimmen der kritischen Intellektuellen fanden zunehmend Gehör: ihre Ablehnung eines doch erkennbar altersstarrsinnig gewordenen Kanzlers, ihre Kritik am politischen Immobilismus angesichts eines wie zementiert erscheinenden »Bürgerblocks«, nicht zuletzt ihre Empörung über autoritäre medienpolitische Ambitionen, wie sie 1960/61 die von Adenauer ausgelöste Groteske um ein regierungsnahes »Deutschland-Fernsehen« und 1962 die Affäre um den *Spiegel* offenbarten.

Auch die Befunde der Demoskopie, die in der Bundesrepublik der fünfziger Jahre zu einem vielgenutzten Instrument der gesellschaftlichen Selbstbeobachtung avancierte, deuteten auf Veränderung: Der Anteil der Bundesbürger, die es für »besser« erachteten, »keine Juden im Land zu haben«, halbierte sich im Laufe eines Jahrzehnts auf 18 Prozent (1963), während sich die Zahl derer im selben Zeitraum verdoppelte, die an diesem Punkt mit einem klaren »Nein« antworteten (40 Prozent).[19] Aber sprach daraus zunehmendes Interesse, wachsende Toleranz – oder einfach Gleichgültigkeit? Immerhin waren bei der Frage 42 Prozent unentschieden. Insgesamt plausibler als die Annahme eines allzu zügigen Einstellungswandels dürfte es sein, in dem Ergebnis ein Indiz für die Wirksamkeit der politischen Ächtung des Antisemitismus zu sehen, die, zusammen mit der normativen Grenzmarkierung gegenüber dem Nationalsozialismus, am

Anfang der Republik gestanden hatte. Anders gesagt: Große Teile der Gesellschaft hatten zumindest gelernt, fortbestehende Vorurteile und Vorbehalte zu beschweigen – jedenfalls solange man ihnen keinen Anlass gab, ihr Ressentiment gegen die Juden aufs Neue bestätigt zu finden.

Letzteres scheint, zumindest bei einer Minderheit, im Zusammenhang mit dem Auschwitz-Prozess der Fall gewesen zu sein, der seit Jahresende 1963 in Frankfurt am Main stattfand. Das Verfahren gegen fast zwei Dutzend Funktionäre des Konzentrations- und Vernichtungslagers, in dem zwischen 1941 und 1945 mehr als eine Million Menschen umgebracht worden waren, verdankte sich vor allem der Zähigkeit und Durchsetzungskraft des hessischen Generalstaatsanwalts Fritz Bauer. Der hatte schon 1952 als Generalstaatsanwalt in Braunschweig Maßstäbe im juristischen Umgang mit der NS-Vergangenheit gesetzt, nämlich mit einer klug konzipierten Anklage gegen Otto Ernst Remer, das Zugpferd der dann bald verbotenen (Neonational-)Sozialistischen Reichspartei, der die Offiziere des 20. Juli als »Eidbrecher« verhöhnte. Den Frankfurter Prozess hatte Bauer in ähnlicher Weise als historisch-politisches Aufklärungswerk angelegt, das den noch in Nürnberg eher am Rande verhandelten Völkermord an den Juden Europas im Bewusstsein der Deutschen verankern sollte. »›Bewältigung der Vergangenheit‹ heißt Gerichtstag halten über uns selbst«, lautete sein Schlüsselsatz dazu, der viel über Bauers Perspektive auf die gesellschaftliche Situation in der Bundesrepublik verriet – und weniger als nichts über ihn selbst: den Sozialdemokraten, Remigranten und schwäbischen Juden.[20]

Auch wenn das nach 183 Verhandlungstagen im August 1965 verkündete Strafmaß gegen etliche der Angeklagten knapp bemessen blieb (daneben gab es sechsmal lebenslänglich und drei Freisprüche aus Mangel an Beweisen), hatte der Prozess sein politisch-erzieherisches Ziel nicht verfehlt: Dank der ausführlichen Berichterstattung großer Tageszeitungen, im Hörfunk und auch im Fernsehen hatte das

Frankfurter Verfahren, weit mehr noch als der Eichmann-Prozess im fernen Jerusalem, der nachgewachsenen Generation – auf die kam es Bauer besonders an – Wissen an die Hand gegeben und die Zeitgenossen der NS-Zeit an ihre Mitschuld erinnert.

Womöglich hing mit dieser Erinnerung zusammen, wenn nun, 1965, erneut fast die Hälfte der Westdeutschen nicht zu sagen wusste, ob es nicht doch besser wäre, keine Juden im Land zu haben. Das war der höchste Wert, den die Demoskopen seit fast einem Jahrzehnt ermittelt hatten. Hauptgrund für diesen Rückschlag dürfte aber eine Debatte gewesen sein, die bereits in den ersten Monaten des Jahres das Ruhebedürfnis der »Ehemaligen« gestört hatte: Der Bundestag musste entscheiden, ob ungesühnte Mordtaten aus der Zeit des »Dritten Reiches« entsprechend den Regelungen des Strafgesetzbuches nach 20 Jahren verjähren sollten oder nicht; Stichtag für die Berechnung war der 8. Mai 1945. Während die Verjährung von Totschlagsverbrechen bereits 1960 eingetreten war – trotz internationaler Proteste und entgegen einer Gesetzesinitiative der SPD, die eine Verlängerung um vier Jahre vorgeschlagen hatte –, beschloss eine Mehrheit des Parlaments diesmal eine Verlängerung der Verjährungsfrist mit dem Argument, vor Gründung der Bundesrepublik sei in vielen Fällen eine ordnungsgemäße Strafverfolgung nicht möglich gewesen. Alle SPD- und ein Großteil der CDU-Abgeordneten stimmten nach einer aufgewühlten Debatte für diese Lösung. Weitergehende Anträge eines Teils der Union und der Sozialdemokraten, die für eine Verlängerung auf 30 Jahre beziehungsweise für die Aufhebung der Mordverjährung plädiert hatten, waren damit ebenso abgewiesen wie das verfassungsrechtlich und rechtssystematisch begründete Nein der FDP, deren Justizminister Ewald Bucher nach der Entscheidung zurücktrat.

Mit dem Berechnungsgesetz waren vier Jahre gewonnen, in denen die Ludwigsburger »Zentrale Stelle der Landesjustizverwaltungen zur Aufklärung nationalsozialistischer Verbrechen« ihre Vorermittlungen vorantreiben konnte (ihre Gründung im Dezember 1958 verdankte sich einem nur durch Zufall zustande gekommenen Prozess gegen ein SS-Einsatzkommando in Ulm). Doch auch 1969 zeigte sich: Die Aufgabe war noch längst nicht abgeschlossen – entgegen den Beteuerungen, »alles Menschenmögliche« sei geschehen, wie sie Justizminister Fritz Schäffer schon 1960 im Zusammenhang mit der Totschlags-Verjährung abgegeben hatte. Damals hatte Schäffer unter Berufung auf die Zentrale Stelle behauptet, dass »alle bedeutsamen Massenvernichtungsaktionen der Kriegszeit systematisch erfasst und weitgehend erforscht sind«.[21] Nach einer weiteren Verlängerung, nun um zehn Jahre, hob der Bundestag die Verjährung für Mord im Frühjahr 1979 im dritten Anlauf auf.

Spätestens damit war der »Schlussstrich« unter die Vergangenheit, wie ihn die Mehrzahl der Deutschen schon bald nach 1945 zu ersehen begonnen hatte, in weite Ferne gerückt. Aber es sollte noch dauern, ehe Zustimmung für den Gedanken wuchs, die Auseinandersetzung mit der Geschichte als unabschließbar anzusehen. Die vielleicht eindrucksvollsten Worte dafür hatte der Jurist, Sozialdemokrat und – was gewusst und beschwiegen wurde – »Halbjude« Adolf Arndt schon in der ersten Verjährungsdebatte 1965 gefunden: »Den jungen Leuten soll gesagt sein: Ein Volk lebt doch nicht punktuell, es lebt doch als Geschlechterfolge, und man kann doch nicht sagen: Ich war noch nicht geboren, dieses Erbe geht mich gar nichts an. Was haben wir zu tun? Wir haben nicht nur daran zu denken, daß der Gerechtigkeit wegen, auf die wir uns berufen, die überführten Mörder abgeurteilt werden sollen, sondern wir haben auch den Opfern Recht zuteil werden zu lassen schon allein durch den richterlichen Ausspruch, daß das hier ein Mord war. Schon dieser Ausspruch ist ein Tropfen, ein winziger Tropfen Gerechtigkeit, der doch zu erwarten ist zur Ehre aller derer, die in unbekannten Massengräbern draußen in der Welt liegen. Nicht daß wir Jüngstes Gericht spielen wollen; das steht uns nicht zu. Nicht daß es hier eine iustitia triumphans gäbe! Es geht darum, eine sehr schwere und im Augenblick leider noch ganz unpopuläre Last und Bürde auf uns zu nehmen. Es geht darum, daß wir dem Gebirge an Schuld und Unheil, das hinter uns liegt, nicht den Rücken kehren, sondern daß wir uns als das zusammenfinden, was wir sein sollen: kleine, demütige Kärrner, Kärrner der Gerechtigkeit, nicht mehr.«[22]

# KAPITEL 2

*»Antifaschistisch-demokratische Umwälzung«*
Geschichte und politische Kultur in der DDR

Der Antifaschismus und die »Lehren« aus der deutschen Geschichte gehörten in der DDR zum Alltag, weil sie allgegenwärtig waren. Auf nahezu allen Ebenen des Lebens: politisch, medial, literarisch, pädagogisch, museal und architektonisch wurde die Erinnerung »wachgehalten«. Es gab emotionale Rituale und ritualisierte Emotionen. Man begegnete der dunklen Vorgeschichte dieses Staates nicht nur zu den einschlägigen Jahrestagen, sondern im alltäglichen Leben, auf dem Weg vom Kindergarten nach Hause etwa, wie der kleine Junge vor dem Mahnmal am Prenzlauer Berg. Man nahm als (uniformiertes) Mitglied irgendeines Kollektivs nicht nur an Fahnenmärschen teil, sondern begegnete regelmäßig einem der über 1200 Denkmäler, Skulpturen, Büsten, Feuerschalen und Gedenktafeln, die in jeder Stadt und fast jedem Dorf zu finden waren.[1]

Von den offiziellen Feier-, Ehren- und Gedenktagen in der DDR war mehr als ein Drittel der Geschichte des Kommunismus und Antifaschismus gewidmet. Im Durchschnitt war alle zwei Wochen ein solcher Tag zu begehen. Tausende Straßen und Plätze, Fabriken und Schulen trugen die Namen antifaschistischer Widerstandskämpfer, und auch wenn deren Biographien meist nur schemen- und lückenhaft bekannt waren, schwangen ihre Leiden und Opfer im mahnenden Grundton jeder Einweihung, jeder Namensgebung, jedes Appells mit. Die Grauen und »Gräuel« des Nationalsozialismus waren also nicht nur über »Agitprop« (»Agitation und Propaganda«) ständig präsent. Sie waren auch über stumme Zeichen und Rituale tief in die Textur des täglichen Seins eingewoben. So erinnerte der »Platz der 56 000« in Weimar (der heute Buchenwaldplatz heißt) in den fünfziger Jahren an die Zahl der Toten im KZ Buchenwald; ein von Kindern gestalteter Schrein in der 8. Polytechnischen Oberschule »Geschwister Scholl« in Frankfurt (Oder) rekonstruierte die grausige Hinrichtung von Hans und Sophie; und in Strausberg zog seit 1980 ein riesiges Freiluftgemälde an der Gedenkstätte am Pestalozziplatz eine Linie von den rauchenden Öfen der »faschistischen Krematorien« zu den strammen Soldaten der sozialistischen Volksarmee, die nun und für alle Zeiten das Familienidyll in den örtlichen Plattenbausiedlungen schützten.

Das Strausberger Wandgemälde verweist darauf, dass das offizielle Antifaschismus-Verständnis der diesen Staat »führenden« Sozialistischen Einheitspartei Deutschlands (SED) bis in die achtziger Jahre hinein gültig blieb und immer wieder aktualisiert wurde. Es illustriert zugleich, dass die DDR nicht nur auf dem Papier ein antifaschistisch-demokratischer Staat war, sondern in einem ganz bestimmten Sinne auch in Wirklichkeit. Denn das, was die Partei über Jahrzehnte hinweg als »Antifaschismus« und »Demokratie« verbreitete, erzeugte in der Gesellschaft ein Geschichts- und Politikverständnis, das bis heute vielfach nachwirkt. Auch im Osten Deutschlands ging es nach dem Ende der nationalsozialistischen Herrschaft um die Entwicklung eines demokratischen Bewusstseins und eines kritischen Umgangs mit der Vergangenheit. Doch stand der Neuanfang in der Sowjetischen Besatzungszone unter anderen Vorzeichen als im westlichen Teil, und es wurden andere Wege beschritten, um ihn zu bewerkstelligen. Die »Demokratie« war bald nur noch ein Feigenblatt, und die »kritische« Geschichtsschreibung diente als Waffe: im ideologischen Großkonflikt zwischen Ost und West ebenso wie im Alltag der nun entstehenden zweiten deutschen Diktatur.

Die deutschen Kommunisten, die im Juni 1945 die »demokratische Erneuerung Deutschlands« federführend in die Hand nahmen, hatten für ihre Vision eines antifaschistischen, sozialistischen Staates niemals eine durch freie Wahlen legitimierte Mehrheit; nach 1946 haben sie diese nicht einmal mehr gesucht. Dennoch teilte der überwiegende Teil der ostdeutschen Bevölkerung durch alle Krisen und Konflikte hinweg die Prämissen und Ideale, die mit der Rede von der »antifaschistisch-demokratischen Umwälzung« ursprünglich verbunden waren. Diese Spannung zwischen Zwang und Zuspruch, zwischen Anspruch und Wirklichkeit durchzieht die gesamte politische Kulturgeschichte der DDR, auch die Auseinandersetzung mit der NS-Vergangenheit. Diese Rede enthielt jene zwei Leitideen – »Antifaschismus« und »demokratische Umwälzung« –, die diese Geschichte über vier Jahrzehnte hinweg prägten. Welche Vorstellungen machte man sich nun in diesem Land davon, wie Geschichte, Gegenwart und Zukunft zusammenhängen? Auf welche Weise sollte ein gesellschaftlicher Wandel erreicht werden, der den »Lehren« einer 1945 katastrophal gescheiterten Geschichte gerecht werden würde? Und schließlich: Wie ist es vor dem Hintergrund eines eben *nicht* nur staatlich »verordneten« Antifaschismus zu erklären, dass es heute im Ostteil Deutschlands eine erschreckend breite Unterstützung für antidemokratische, fremdenfeindliche und rechtsradikale Strömungen gibt?

## Antifaschismus, oder:
## Lehren ohne Lernen

Zunächst stellt sich die Frage, was die SED unter »Antifaschismus« verstand. Das 1967 erschienene »Kleine politische Wörterbuch«, das »einen großen Benutzerkreis rasch und zuverlässig über die vielfältigen Begriffe« informierte, denen »jedermann im täglichen Leben, am Arbeitsplatz, beim

Studium, in Diskussionen, auf Versammlungen, in Presse, Funk und Fernsehen begegnet«, definierte Antifaschismus als »gegen den Faschismus gerichtete Volksbewegung und ihre Ideologie«. Sein konsequentester Verfechter sei die »Arbeiterklasse unter Führung ihrer marxistisch-leninistischen Partei«, seine Grundlage das »objektive Interesse aller Klassen und Schichten des Volkes an der Verhinderung bzw. an der Beseitigung der faschistischen Diktatur und ihrer sozialökonomischen Wurzeln, des Imperialismus«. Nachdem 1945 die »ausländischen und einheimischen Faschisten« vertrieben worden seien, habe man in ganz Osteuropa den Faschismus samt seiner »sozioökonomischen Grundlagen« vernichtet und eine neue, eben »antifaschistisch-demokratische Ordnung« errichtet.[2] Diese Sicht beruhte ideologisch auf der sogenannten Dimitroff-Formel, die einen zwingenden Zusammenhang zwischen Kapitalismus, Faschismus und Imperialismus unterstellte. Sie speiste sich darüber hinaus aber auch aus den bitteren Erfahrungen der Kommunisten während der Zwischenkriegszeit und im Widerstand gegen das Nazi-Regime.

Unter Berufung auf den »historischen Materialismus« von Marx, Engels & Co. glaubte die neue politische Führung also, dass sich mit der Zerstörung der wirtschaftlichen Grundlagen des Faschismus dessen Geist gleichsam von selbst verflüchtigen würde. Der Antifaschismus war aus dieser Perspektive nicht nur eine traditionsreiche »Bewegung« und »Ideologie«. Für die in Ost-Berlin an die Macht gelangten Kommunisten um Walter Ulbricht, der den Weltkrieg als Frontpropagandist in der Sowjetunion durchlebt hatte, war er 1949 mit Gründung des SED-Staates gesellschaftliche Wirklichkeit geworden. Die Partei verband damit ein verlockendes Angebot an die Bevölkerung, darunter Hunderttausende ehemalige Wehrmachtsoldaten und NSDAP-Mitglieder, die bis vor Kurzem noch an den nationalsozialistischen Endsieg geglaubt hatten: Wer sich fortan für den Sozialismus engagierte oder sich zumindest mit ihm arrangierte, würde damit die Lasten und Schulden der faschistischen Herrschaft von sich »abwaschen« können, wie es buchstäblich hieß.³ Veteranenverbände brauchte man dazu ebenso wenig wie die im Westen so umtriebigen Hilfsorganisationen der »Ehemaligen«. Dafür konnte in der DDR nicht nur rhetorisch, sondern ganz real Schuld gegen Mitwirkung (oder zumindest Mitlaufen) gehandelt und etwa mit dem Beitritt zu einer der zahlreichen »Massenorganisationen« abgegolten werden. Politische Loyalität, ob genuin oder nur gestellt, wurde als Ausweis persönlicher Läuterung akzeptiert.

Einzelne »Stalingrader«, selbst hohe Wehrmachtsoffiziere wie Vincenz Müller, die in sowjetischer Kriegsgefangenschaft zu »Einkehr und Umkehr« gefunden hatten, gelangten in wichtige Führungspositionen.⁴ Und während die SED dafür sorgte, dass im Laufe der Zeit etwa 13 000 mutmaßliche NS-Täter vor allem wegen Denunziation und Verbrechen in der Sowjetunion angeklagt wurden, zog sie Hunderte NS-Belastete, teils mit erpresserischen Methoden, zum Aufbau von Militär, Polizei und Geheimdienst heran. Trotz des weitgehenden Elitenwechsels nach 1945 und ungeachtet der Abwanderung Hunderttausender vor allem aus dem Bürgertum stammender Menschen, die sich nicht mit dem Sozialismus arrangieren wollten, gab es deshalb auch im Osten vielerlei personelle Kontinuitäten. Wo es politisch oder verwaltungspraktisch opportun erschien, war man auch dort zu weitreichenden vergangenheitspolitischen Zugeständnissen bereit.⁵

Gleichwohl erklärte die SED vier Jahre nach der Staatsgründung die Entnazifizierung für erfolgreich beendet und verkündete den »planvollen« Aufbau des Sozialismus. Die überparteilich angelegte Vereinigung der Verfolgten des Naziregimes wurde 1953 mit der Begründung aufgelöst, die »Entwicklung der antifaschistisch-demokratischen Ordnung« habe inzwischen zur »Ausrottung aller Wurzeln des Faschismus geführt«. Und da nun der Antifaschismus in der DDR gesiegt habe, genüge fortan ein zentrales Gedenken.⁶ In der Folge war und blieb die gesamte politische, wissenschaftliche und gesellschaftliche Auseinandersetzung mit der Geschichte des Nationalsozialismus dieser abenteuerlichen Behauptung einer Kollektivunschuld untergeordnet.

Anders als in der Bundesrepublik begann man in der DDR dann auch frühzeitig, in ehemaligen Konzentrationslagern zentrale Gedenkstätten einzurichten. Ministerpräsident Otto Grotewohl und Walter Ulbricht höchstpersönlich weihten in den fünfziger und sechziger Jahren in Buchenwald, Sachsenhausen und Ravensbrück »Nationale Mahn- und Gedenkstätten« ein; 1987 kam Brandenburg-Görden, wo Erich Honecker als junger Mann inhaftiert gewesen war, als vierte hinzu. An diesen authentischen Orten wurde die Geschichte der NS-Zeit als eine Geschichte von Terror und Widerstand erzählt, vor allem des kommunistischen Widerstands. Die meist in Gruppen anreisenden Besucher – aus Betrieben, Parteiorganisationen oder Schulen – lernten dort die Zeit zwischen 1933 und 1945 als die dunkelste, aber am Ende »siegreiche« Epoche in der Geschichte der Arbeiterbewegung kennen.

Flankiert und gewissermaßen auch getragen wurde das offizielle Gedenken nicht nur von einer bald kanonisierten Geschichtsdarstellung in den staatlichen Medien und Schulen, sondern auch von einem anfangs noch recht breiten historischen Engagement in der Bevölkerung. Unter Beteiligung von Überlebenden des kommunistischen, aber auch des sozialdemokratischen, bürgerlichen und christlichen Widerstands, ganz vereinzelt auch von jüdischen Überlebenden, gab es in den vierziger und fünfziger Jahren, vor der großen ideologischen Stilllegung, einen durchaus vielstimmigen Geschichtsaktionismus »von unten«. Lokale Akteure organisierten Ausstellungen, Gesprächsabende, Schülerbegegnungen und Gedenkfeiern, die die örtlichen SED-Funktionäre oft, aber selten vollständig orchestrieren konnten. In Westdeutschland entstand eine vergleichbare Geschichtsbewegung erst in den siebziger und achtziger Jahren. Zu diesem Zeitpunkt konnte von einem bürgerschaftlichen, also parteiungebundenen Engagement für die NS-Aufarbeitung in der DDR keine Rede mehr sein. Das hatte beispielsweise zur Folge, dass Ende der achtziger Jahre viele westdeutsche Ortschroniken Auskunft über das Lokalgeschehen im Nationalsozialismus gaben, während dieses Genre im Osten vor 1989 nicht einmal existierte und die Zeit des Nationalsozialismus in den vielen Heimatmuseen dort ein Randthema blieb.[7]

Wenn es ein Thema gab, bei dem die Grenzen des offiziellen Geschichtsdiskurses verhandelbar waren, also individuelle Erfahrungen und Perspektiven öffentlich artikuliert werden konnten, dann war es die Geschichte des Luftkriegs. Er diente – übrigens in beiden deutschen Staaten – als »Gründungsmythos, als pazifistische Parabel und als Versöhnungsgebot«.[8] Vielerorts stilisierten Bürgermeister und Städteplaner die alliierte Zerstörungstat zur Chance für einen Neuanfang. In der DDR entwickelte sich Dresden bald zum Zentrum eines staatlich und kommunal getragenen Luftkriegsgedenkens. Die alljährlich zelebrierte Trauer um die menschlichen und kulturellen Opfer des »anglo-amerikanischen Terrorangriffs« stieß nicht zuletzt deswegen in der Bevölkerung auf so große Resonanz, weil sie eine »mentale Brücke« schlug zwischen offiziellem Antifaschismus und persönlichen Kriegserinnerungen.[9] Ganz gleich, wie es der eine oder die andere früher mit dem Faschismus gehalten hatte oder später mit dem Sozialismus hielt, an der Ruine der Frauenkirche trauerte man stets auf der richtigen Seite der Geschichte.

Nicht zufällig widmete sich die einzige gesellschaftsgeschichtlich angelegte Studie zum Zweiten Weltkrieg aus der Feder eines ostdeutschen Historikers dem »Bombenkrieg gegen Deutschland« – ein gewichtiges Buch, das in der Tradition populärwissenschaftlicher Kriegspublikationen in der DDR reich und drastisch bebildert war (und erst kurz nach dem Fall der Mauer erschien).[10] Denn tatsächlich war kein anderer Aspekt der NS-Geschichte geeigneter, die antifaschistische Konversion der (ost-)deutschen Schicksalsgemeinschaft zu begründen und zu beglaubigen: Der Widerstand gegen Hitler war ein Elitenprojekt gewesen, der Luftkrieg gegen Deutschland eine Volkserfahrung.

Vor diesem Hintergrund schließlich waren der Antisemitismus der Nationalsozialisten und der Massenmord an den europäischen Juden ein Geschehen, das quer zu allen ideologischen und volkstümlichen Erinnerungsbedürfnissen lag. Über die Frage, welche Rolle das Schicksal der Juden und jüdisches Leben überhaupt in der DDR gespielt haben, ist seit 1989 viel geschrieben und gestritten worden. Der Holocaust war durchaus ein Thema, auch wenn der Begriff noch Mitte der achtziger Jahre eher für einen vermeintlich drohenden Nuklearkrieg verwandt wurde als für die Judenvernichtung – im *Neuen Deutschland* fiel der Begriff 1986 beispielsweise 68 Mal, davon ganze zweimal im Zusammenhang mit den nationalsozialistischen Verbrechen. Historiker betrachteten den Judenmord in der Gesamtschau auf die Zeit des Nationalsozialismus überwiegend als randständig und blendeten seine rassenideologische Begründung bis zuletzt weitgehend aus.[11] Und auch wenn jüdische Opfer in Publikationen und Gedenkstätten von früh an mit genannt wurden, spielten ihre realen Erfahrungen aufgrund ihrer Darstellung als völlig passiver, anonymer Gruppe kaum eine Rolle. Das Schicksal der Juden hatte lediglich die »Funktion eines besonders starken, wenn nicht des stärksten Belegs für die Bestialität des Nationalsozialismus und sozusagen die Reichweite der Entartung des Kapitalismus«.[12]

Der Antisemitismus galt entsprechend nicht als eine Weltanschauung *sui generis* und damit auch nicht als möglicherweise über 1945 hinausreichendes gesellschaftliches Problem. Vielmehr sei der »rassenideologische Wahn der Naziführer« der »Gier nach Weltherrschaft« entsprungen und als Propagandainstrument zur »Verirrung« des Volkes eingesetzt worden, schrieb 1983 einer der wenigen Holocaust-Forscher des Landes.[13] Was dies bedeutete, zeigt ein Blick in die populäre »Deutsche Chronik 1933–1945. Ein

Zeitbild der faschistischen Diktatur«, die zwischen 1981 und 1990 in fünf Auflagen erschien: Man muss sich in diesem 500 Seiten starken, reich bebilderten Standardwerk bis auf Seite 196 vorarbeiten, um ein Foto der ab Januar 1933 alltäglichen Gewalt gegen Juden zu finden.

Neben und unterhalb dieser systematischen Marginalisierung der jüdischen Verfolgungserfahrungen und dem späten Schwenk hin zu einer israel-freundlicheren Linie unter Honecker gab es jedoch durchaus einige nennenswerte literarische und künstlerische Auseinandersetzungen mit dem Holocaust. Gewiss waren auch diese nicht frei von ideologischen Versatzstücken und schematisierenden Sichtweisen, aber fast 50 in der DDR produzierte Hörspiele, der vierteilige Fernsehfilm »Die Bilder des Zeugen Schattmann« (1972), einzelne Erzählungen und Romane wie Stephan Hermlins »Die Zeit der Gemeinsamkeit« (1949) oder Dieter Nolls »Die Abenteuer des Werner Holt« (1960), die den Judenmord als Teil des Kriegsgeschehens thematisierten, verweisen darauf, dass dieser nicht völlig ignoriert wurde. Doch in keinem Bereich des intellektuellen und kulturellen Lebens der DDR spielte der Holocaust jene gewichtige, geschweige denn zentrale Rolle, die er im Laufe der Jahrzehnte in der bundesdeutschen Erinnerung einnehmen sollte.[14]

Für die wenigen Juden, die sich nach 1945 für ein Leben in der DDR entschieden (oder einfach nur blieben), war der Alltag ein stetes Ringen um Normalität, Anerkennung und Sicherheit. Einerseits nährte die omnipräsente Anrufung des Antifaschismus auf allen Kanälen und in allen Winkeln ein gewisses Grundvertrauen, nach den Verfolgungen im »Dritten Reich« im »anderen Deutschland« auf gesichertem Boden zu stehen. Nicht wenige kalkulierten wie der Dresdener Romanist Victor Klemperer, dass man, vor die Wahl gestellt, im Zweifel besser unter einer roten als unter einer braunen Herrschaft (über-)leben konnte. Gleichwohl war ihm am Ende seines Lebens der Osten ebenso zuwider wie der Westen, weil beide »gar zu sehr stinken und lügen«.[15]

Andererseits gehörten zum Antifaschismus auch rigoroser Antikapitalismus und Antiimperialismus. So verfolgte die SED, ganz abgesehen von den offen antisemitischen Parteisäuberungen der fünfziger Jahre, über viele Jahrzehnte hinweg eine stets propagandistisch befeuerte antizionistische und antiisraelische Außenpolitik, die routiniert auf antisemitische Feindbilder und Stereotype zurückgriff.[16] »Wenn man tagtäglich in den Zeitungen zu lesen bekommt, was die bösen Israelis alles mit den Palästinensern machen«, in einem Land, wo die Menschen doch ohnehin »anfällig« seien und ein »Alibi« suchten für das, was vor 1945 geschehen war, bemerkte ein in Leipzig lebender Auschwitz-Überlebender Mitte der achtziger Jahre in einem Gespräch mit Historikern, werde man das Gefühl nicht los, dass hier ein »verkappter Antisemitismus« kultiviert wurde.[17]

Die inzwischen gut erforschte Erfahrungsgeschichte von Juden in der DDR zeigt denn auch, wie brüchig vielen der sicher geglaubte Boden tatsächlich erschien – etwa im Juni 1953, als republikweit Arbeiter auf die Straßen zogen, um gegen die Erhöhung der Arbeitsnormen und andere Drangsalierungen der SED zu protestieren und ihrerseits als Handlanger eines vom Westen aus geplanten faschistischen Putschversuchs diffamiert wurden. In jenen Wochen fühlten sich viele Juden in der aufgeheizten Atmosphäre von einem aus der Latenz hervorbrechenden und nationalistisch untersetzten Antisemitismus bedroht. Vereinzelt wurden Mitglieder der Vereinigung der Verfolgten des Naziregimes gar tätlich angegriffen, was schmerzliche Erinnerungen an das Jahr 1933 und die Pogrome vom 9. November 1938 wachrief.[18]

Doch auch in »friedlichen« Zeiten hatte man in der DDR mit antisemitischen Übergriffen zu rechnen. So wurden zwischen 1946 und 1990 mindestens 208 Mal jüdische Gräber oder ganze Friedhöfe geschändet, davon allein 1956 sechs in Zittau, Berlin und Eberswalde, 1964 ebenfalls sechs unter anderem in Neubrandenburg, Beeskow und Karl-Marx-Stadt (Chemnitz), 1968 acht unter anderem in Dresden,

Mühlhausen und Zerbst, 1977 acht weitere quer durch die Republik und im schlimmsten Jahr 1988 gar 14. Das Jahr 1978 scheint eine Zäsur zu sein, denn bis dahin wurden Grabsteine »nur« umgeworfen oder zertrümmert. Ab 1978 jedoch – das erste Mal auf dem Friedhof an der Schönhauser Allee in Berlin – wurden sie regelmäßig mit Hakenkreuzen und SS-Runen beschmiert.[19] Vermutlich gehört diese neonazistische »Politisierung« der Friedhofsschändung somit in jene Reihe von Ereignissen, die um 1978 *beiderseits* der Mauer eine »Renaissance der nationalen Frage« signalisierte.[20]

Man kann somit die Frage nach der Reichweite und Nachhaltigkeit der Auseinandersetzung mit der NS-Geschichte in der DDR nicht anders als mit einem ambivalenten Resümee beantworten. Einerseits war die SED mit ihrer generalstabsmäßig in Gang gesetzten antifaschistischen Erziehung der Ostdeutschen zu »neuen Menschen« in vielerlei Hinsicht erfolgreich. Die Last der historischen Schuld war unmissverständlicher Bestandteil aller öffentlichen und vieler privater Gespräche über Geschichte. Das Ausmaß der Verbrechen, die SS-Truppen Hand in Hand mit Einheiten der »faschistischen Wehrmacht« (vor allem unter der slawischen Zivilbevölkerung) begangen hatten, war den meisten Ostdeutschen hinreichend bekannt. Als die von Hamburger Forschern organisierte Ausstellung über die »Verbrechen der Wehrmacht« 1998 in Dresden gezeigt wurde, war das Gästebuch voll mit Einträgen ehemaliger DDR-Bürger, die angaben, in den gezeigten Bildern des Grauens nicht viel Neues gesehen zu haben. Ebenso gründlich hatte die SED die Leute davon überzeugen können, dass die Sowjetunion den »entscheidenden« Beitrag zum Sieg über »Hitlerdeutschland« geleistet und dass deren Bevölkerung dafür unfassbar großes menschliches Leid erlitten hatte. Dies schlug sich bis weit über die deutsche Teilung hinaus in Meinungsumfragen nieder, während eine große Mehrheit der Westdeutschen den entscheidenden Beitrag den Westalliierten zuschrieb.[21]

Nicht zuletzt war der Antifaschismus als »Prägung« (Christa Wolf) gerade in den frühen Jahren und gerade für Intellektuelle und Künstler eine Art Lebensgefühl und damit ein bis zuletzt wirksamer Kitt der ostdeutschen Gesellschaft. Er wurde trocken und brüchig, verlor aber als Bindemittel zwischen der Idee des Sozialismus und dem SED-Staat – als Versuch seiner Realisierung – nie ganz seine Anziehungskraft. Als die SED im Krisenherbst 1989 versuchte, den Antifaschismus als »moralische Falle« zu gebrauchen und die Oppositionellen als Neofaschisten diffamierte, widersprach die demonstrierende Bevölkerung vielfach, sang die »Internationale« und hielt ihr den »wahrhaftigen« Antifaschismus entgegen.[22] Nicht nur die Oppositionellen beklagten, dass das Ideal zur Formel verkommen war – und verteidigten zugleich dessen ursprünglichen Sinn: »Am Anfang war das Wort, am Ende die Phrase« oder »Nie wieder vorwärts in die Vergangenheit« hieß es 1989 auf den Plakaten der Demonstranten.

Einerseits muss man also dem »antifaschistischen« Umerziehungsprojekt der SED eine beträchtliche gesellschaftliche Reichweite attestieren. Andererseits führte es dazu, dass von einer differenzierten, die oft ambivalenten Erfahrungswelten individueller Biographien berücksichtigenden, also im Wortsinne »kritischen« Auseinandersetzung mit der NS-Vergangenheit in der DDR keine Rede sein konnte. Ob unter den »faschistischen Henkern« auf den Schwarz-Weiß-Fotos der Wehrmachtausstellung möglicherweise auch die eigenen Väter und Großväter zu finden waren, gehörte einfach nicht in den historischen Fragenkatalog der offiziellen antifaschistischen Widerstandserzählung. Familiäre Überlieferung und staatliches Geschichtsbild waren in der DDR zwei strikt voneinander getrennte Sphären. Anders als in der Bundesrepublik gab es weder in der Öffentlichkeit noch in den Schulen, noch in der Kunst den Versuch eines offenen, zwischen den Generationen ausgetragenen Gesprächs über den Anteil jedes Einzelnen an der Entstehung des Nationalsozialismus und seiner gewaltigen Zerstörungskraft. Und am heimischen Küchentisch changierte das gelegentliche Erzählen von Anekdoten aus »Hitlers Zeiten« zwischen Verklemmung, Verklärung und schlechtem Gewissen, denn jedwede Verstrickung war nicht nur den eigenen Kindern, sondern gleich einem ganzen Staatswesen gegenüber zu rechtfertigen. So kamen die gesellschaftlichen Grundlagen des Nationalsozialismus jenseits des »Monopolkapitals«, also die breite Mitwirkung der »Volksgemeinschaft« an Judenverfolgung und Vernichtungskrieg, kaum in den Blick.

Unter dem Strich dürfte damit die vergangenheitspolitische Rechnung der SED weitgehend aufgegangen sein. Seit der Vereinigung Deutschlands ist diese Rechnung jedoch zum Teil wieder offen. Systematische Interviews mit ostdeutschen Arbeiterinnen und Arbeitern haben beispielsweise ergeben, dass diese sich mehr oder weniger bewusst mit dem offiziellen Geschichtsbild in der DDR identifiziert hatten, die Leiden insbesondere der sowjetischen Zivilbevölkerung (und damit die besondere Beziehung zur Sowjetunion) genuin anerkannten, sich darüber hinaus aber »frei von historischer Verantwortung« fühlten, als »auf der richtigen Seite der Geschichte stehend«. Zugleich klangen ihre Lehren aus der NS-Vergangenheit in den Ohren ihrer Interviewer »häufig stereotyp und oberflächlich«.[23] Dieser zwiespältige Befund fasst das merkwürdig Alltägliche des DDR-Antifaschismus recht gut: Die dunkle deutsche Geschichte war omnipräsent, aber nur in Umrissen und Ausschnitten. Sie war kein Gegenstand reflektierender Betrachtung, sondern mobilisierender Bezugnahme. Sie sollte historische Einsicht in politisches Kapital verwandeln und den Sozialismus auf deutschem Boden als antifaschistisches Projekt rechtfertigen.

Dass diese Kritik am instrumentellen Umgang mit der NS-Vergangenheit keineswegs neu und nur vom siegreichen West-Ende her gedacht ist, illustrieren die Zeilen des Liedermachers Wolf Biermann, der 1976 ausgebürgert wurde: »So gründlich haben wir geschrubbt / Mit Stalins hartem Besen /

Dass rot verschrammt der Hintern ist / Der vorher braun gewesen.«

Welchen Gehalt, welchen gesellschaftlichen Wert, welche politischen Nachwirkungen hat nun eine Geschichtskultur, die einen bestimmten, ideologisch zugeschnittenen Teil der NS-Vergangenheit obsessiv wachhielt, viele andere historische Zusammenhänge aber systematisch vernachlässigte oder verzerrte? Man kann sich dieser Frage nur sinnvoll nähern, wenn man die politische Kultur berücksichtigt, in der diese durch und durch politisierte Form der »Vergangenheitsbewältigung« eingebettet war.

## Demokratie oder:
## »Plane mit, arbeite mit, regiere mit!«

1946 erschien im Berliner Verlag Neuer Weg eine Publikation mit dem Titel »Die Legende vom ›deutschen Sozialismus‹«. Laut Untertitel war dies ein »Lehrbuch für das schaffende Volk über das Wesen des deutschen Faschismus« und sein Autor ein Mann, der seit drei Jahrzehnten eine wichtige Rolle in der KPD spielte, die NS-Zeit im sowjetischen Exil verbracht hatte und bald zum ersten Staatsführer der DDR aufsteigen würde – Walter Ulbricht. Das Buch verrät nur wenig über das Wesen des Faschismus als erstem Versuch eines »deutschen Sozialismus«, dafür aber umso mehr über den ihm folgenden zweiten Versuch. Es beginnt mit diesen Worten: »Die 12jährige Nazi-Herrschaft hat mit Deutschlands größter Katastrophe geendet. Ruiniert und ausgeblutet liegt Deutschland darnieder. Der deutsche Name ist durch die bestialischen Menschenmorde von Charkow und Lidice, von Maidanek (sic) und Dachau mit Schande bedeckt. Die Todesöfen in Maidanek und Buchenwald stehen als Wahrzeichen der Blutherrschaft des faschistischen deutschen Imperialismus, der nur eine Lösung kannte: Töten, töten, töten! (...) Jedoch selbst nach der harten Lektion der militärischen Niederlage gibt es noch Deutsche, die der Meinung sind, der Nazismus habe früher doch ›manches Gute‹ gewollt. Solche Auffassungen sind eine Gefahr für die Nation. (…) Der Verfasser dieser Schrift hat es sich deshalb zur Aufgabe gestellt, (…) zu beweisen, daß der ›deutsche Sozialismus‹ nur eine Propagandawaffe war, um das deutsche Volk kriegswillig zu machen.«[24]

In diesen abstrakten Zeilen steckt sehr viel persönliche Erfahrung, bittere Erfahrung. Für Ulbricht wie für die meisten Kommunisten seiner Generation blieb es lebenslang ein Rätsel, warum die Deutschen, zumal die »Arbeiterklasse«, dem vermeintlichen nationalen Sozialismus Hitlers bis in einen Weltkrieg gefolgt waren. Unerklärlich, warum sie nicht erwacht waren – nicht 1933, nicht 1939, nicht 1941 und nicht einmal 1944. Unergründlich, warum sie nicht auf die Warnungen und Prophezeiungen der Antifaschisten gehört, sich nicht gegen das sie millionenfach verheizende NS-Regime gewandt hatten. Dabei sah Ulbricht die deutsche Arbeiterbewegung als die Heimstatt des sozialistischen Gegenentwurfs zum Kapitalismus, einer die *conditio humana* bedrohenden »Produktionsweise«, die nach Karl Marx und Rosa Luxemburg die sogenannte Soziale Frage als Ur-Frage des Zeitalters aufgeworfen hatte und zwangsläufig in Imperialismus, Krieg und (Selbst-)Zerstörung münden würde. Gerade hier, in Deutschland, glaubte Ulbricht, hätte der faschistische Versuch einer »Lösung« dieser Frage undenkbar sein müssen. Stattdessen konnte er sich von Deutschland aus entfalten und tun, was Faschisten am besten können: »Töten, töten, töten!« Hitlers Politik der nationalen Wiederauferstehung war in dieser Lesart keine »Lösung«, sondern eine gigantische »Arbeitsbeschaffungsmaßnahme«, deren einziger Zweck nicht das Wohl des kleinen Mannes, sondern der Erfolg des Krieges gewesen war. Sie verwandelte »6 Millionen Erwerbslose« in »6 Millionen Tote« – wobei Ulbricht mit dieser Zuspitzung auf die »eigenen« Opfer verwies, die des »schaffenden Volkes«, nicht etwa auf die jüdischen.[25]

Dieses Rätsel, genauer gesagt, die Unfähigkeit, dieses Rätsel zu entschlüsseln, hilft zu verstehen, was mit dem Versuch eines deutschen Sozialismus von links in der DDR gemeint war. Denn der nach sowjetischem Vorbild errichtete Staat war die Verkörperung der ebenso enttäuschenden wie leidvollen Erfahrungen der deutschen Kommunisten in der ersten Hälfte des 20. Jahrhunderts. Das Projekt einer »antifaschistisch-demokratischen Umwälzung«, sprich: Umerziehung, war Ausdruck des tiefsitzenden Misstrauens einer winzigen, dank der Sowjets plötzlich mit enormer Macht ausgestatteten Minderheit gegenüber dem kollektiven Versagen der Mehrheit der deutschen Bevölkerung zwischen 1933 und 1945. Man zog mit diesem Projekt also die »Lehren« aus einer singulären politischen Enttäuschungserfahrung. Es fußte nicht auf demokratischer Zuversicht, sondern auf misanthropischer Vorsicht.

Es gab gute Gründe, gegen die Ursprünge und Ausläufer der nationalsozialistischen Volksgemeinschaftspropaganda zu Felde zu ziehen, wie es Ulbricht 1946 mit seinem Büchlein und wenig später auch mit seiner handfesten, radikal zentralistischen »Einheitsfrontpolitik« zu bewerkstelligen suchte. Doch der politische Realismus, der in der Feststellung steckte, es gebe auch nach der totalen Niederlage noch Leute, die meinten, der »Nazismus habe früher doch ›manches Gute‹ gewollt«, war nicht von langer Dauer. Die SED machte sich bald glauben, ihr deklamatorischer Antifaschismus würde, gepaart mit der Enteignung und »Vertreibung« der Kapitalisten, auch alle geistigen Überreste der faschistischen Ideologie schnell hinwegfegen. Mit dem heraufziehenden Kalten Krieg bekam die Partei nach und nach die Mittel in die Hand, die Gesellschaft nach ihrer Vorstellung von »Antifaschismus« und »Demokratie« umzuformen. Der Handel mit dem Schlussstrich in der DDR, mit dem sich NS-Verführte durch politische Willfährigkeit Absolution erkaufen konnten, hatte neben drastischen geschichtskulturellen auch reale politische Konsequenzen. Denn dieser Handel basierte nicht nur auf einer Entlastungszusage, sondern auch auf einem vollmundigen Mitwirkungsversprechen: auf der Illusion einer nie dagewesenen politischen Teilhabe der Vielen an den Geschicken einer ganzen Nation.

Dieses Mitwirkungsversprechen ergab sich vorrangig gar nicht aus der Verfassung der DDR, nach der dieser Staat eine Republik war, in der die »Bürger ihre politische Macht durch demokratisch gewählte Volksvertretungen« ausübten. Dem Wunsch der sowjetischen Besatzungsmacht folgend, enthielt die erste Fassung von 1949 ein Bekenntnis zur ungeteilten Nation und orientierte sich weitgehend an der Weimarer Reichsverfassung. Doch sämtliche Bestimmungen, die Bürgerrechte und Gewaltenteilung regelten, waren bereits mit Inkrafttreten Makulatur. Der Verfassungsausschuss war nach einem SED-dominierten Delegationsprinzip besetzt, und die nicht gewählte provisorische Volkskammer verstieß mit der Annahme der Verfassung am 7. Oktober 1949 sogleich gegen deren höchsten Grundsatz, nach dem nämlich ihre Abgeordneten erst über »allgemeine, gleiche, unmittelbare und geheime Wahlen« zu bestimmen waren. Um dennoch den Schein einer breiten demokratischen Legitimation zu wahren, wurde die besondere Rolle der die »Arbeiterklasse« führenden »marxistisch-leninistischen Partei« erst 1968 hinzugefügt, und vom Antifaschismus war überhaupt nur in der Negation die Rede: Nach Artikel 6, Absatz 5 konnten »militaristische und revanchistische Propaganda in jeder Form, Kriegshetze und Bekundung von Glaubens-, Rassen- und Völkerhaß (...) als Verbrechen geahndet werden«.

Nein, Mitwirkung wurde in der DDR nicht unter Bezug auf eine Verfassung, sondern mit Blick auf eine Weltanschauung versprochen. Über mediale und schulische »Aufklärung«, Bildung und Erziehung, in die der Staat alle ihm zur Verfügung stehenden Ressourcen steckte, wurde der Bevölkerung vermittelt, worauf es beim Aufbau des Sozialismus und der dafür nötigen »demokratischen Umwälzung« ankomme: auf das Engagement und die Zustimmung jedes einzelnen »schaffenden Menschen«, der in der »sozialistischen Demokratie erstmals die Möglichkeit« habe, so das alltagstaugliche »Kleine politische Wörterbuch«, »die gesellschaftliche Entwicklung bewußt selbst zu gestalten und ihr Recht auf Mitarbeit bei der Leitung des gesamten politischen, wirtschaftlichen und kulturellen Lebens wahrzunehmen«.[26] Macht wurde nicht geteilt oder delegiert, sondern in einer Art basisdemokratischer Utopie ausnahmslos allen in Aussicht gestellt. Jeder und jede hatte angeblich ein Recht auf Leitungsverantwortung: »Plane mit, arbeite mit, regiere mit!«[27] Dieser völlig unironisch gemeinte Slogan, der unzählige Betriebswandzeitungen zierte, darf angesichts der Kluft zwischen Anspruch und Wirklichkeit als ein Gipfelpunkt des politischen Zynismus in der DDR gelten.

Historiker und Historikerinnen bezeichnen das politische System dieses Staates daher zu Recht als »partizipatorische Diktatur«.[28] Denn auch wenn es stets eine bedeutende Minderheit gab, die diesen Zynismus erkannte und verachtete und sich der Mitwirkungsutopie zu entziehen suchte, wurde der SED-Staat eben nicht nur von Zwangsmaßnahmen und dem ab 1961 radikal wirksamen Grenzregime zusammengehalten. Der »Staat der Arbeiter und Bauern« wurde vielmehr von Millionen von Menschen, »Staatsbürgern« oder »Werktätigen« – wie man gern anstelle von Bürger sagte – aktiv getragen und mitgestaltet. Sie sollten sich als Angehörige einer »sozialistischen Menschengemeinschaft« verstehen, in der die Interessen des Einzelnen mit denen der Gemeinschaft zusammenfielen. Oberster Garant dieser Interessenidentität war die aus den blutigen Kämpfen des totalitären Zeitalters hervorgegangene »marxistisch-leninistische« Partei, die »Mutter der Massen«, die auf sich selbst dichten ließ: »Sie hat uns alles gegeben. / Sonne und Wind und sie geizte nie. / Wo sie war, war das Leben. / Was wir sind, sind wir durch sie.«[29] Die SED war tatsächlich auf allen Ebenen des gesellschaftlichen Lebens präsent – über ihre eigenen Mitglieder und Parteiorganisationen sowie über eine Vielzahl sogenannter

Massenorganisationen für Jung und Alt, Bauer und Frau, Sportler und Soldat.

Einige Zahlen mögen das verdeutlichen: 1987 waren 14 Prozent der erwachsenen Bevölkerung – 2,3 Millionen – Mitglieder in der SED oder hatten einen »Kandidaten«-Status. 9,5 Millionen DDR-Bürger waren im Freien Deutschen Gewerkschaftsbund, 87 Prozent der jungen Menschen in der Freien Deutschen Jugend organisiert, 6,4 Millionen Ostdeutsche waren Mitglied der Gesellschaft für Deutsch-Sowjetische Freundschaft, und 97 Prozent aller männlichen Jugendlichen absolvierten eine paramilitärische Ausbildung in der Gesellschaft für Sport und Technik.[30] In diesem Sinne integrierend wirkte auch das 1953 von der SED erfundene »Beschwerderecht«. Im Laufe der Jahre gingen etwa 2,6 Millionen Bittgesuche und Beschwerdebriefe an die Staatsführung. Mittels dieser »Eingaben« etablierte sich in der DDR ein Modus der Konfliktlösung, der zwar einen plebiszitären Anstrich, faktisch aber nur eine systemstabilisierende Bedeutung hatte.[31]

Dieses vielfältige, mehr oder weniger aktive Mit-»Regieren« in Bezug auf das »gesamte Leben« in der DDR, diese so vermeintlich Realität gewordene »Volksdemokratie«, war von einem weit über die Partei hinausreichenden Standortbewusstsein gerahmt, in dem Geschichte, Gegenwart und Zukunft auf spezifische Weise miteinander verknüpft waren. Dieser Rahmen gab nicht nur formelhaften Halt, er bot ihn bis zu einem gewissen Grad auch tatsächlich, vor allem den älteren Angehörigen der Kriegs- und Aufbaugeneration, etwas weniger den Jüngeren, die in der DDR geboren waren.[32] Wenn die Staatsführung behauptete, wiederum völlig ironiefrei: »Der Marxismus ist allmächtig, weil er wahr ist«, sollte damit nicht das Volk für dumm verkauft werden.[33] Vielmehr steckte in dieser Parole eine völlig geschlossene politische Weltanschauung, die die sozialistische Gegenwart als logisches Ziel und letzten Zweck der Menschheitsgeschichte erscheinen ließ. Danach war der Kapitalismus zwar ein menschengemachtes, aber sich zunehmend verselbstständigendes System, das auf hemmungsloser Ausbeutung und Profitgier beruhte und damit selbst die Kräfte schuf, die ihn einst zerstören würden. Doch noch bevor dies »gesetzmäßig« geschehen konnte, hatte sich die Kapitalistenklasse in einen raubmörderischen Imperialismus gesteigert und im 20. Jahrhundert zwei Weltkriege (herbei-)geführt. Unermüdlich wurden Marx, Engels, Luxemburg und Lenin als die Propheten und Kronzeugen dieser Entwicklung ins Feld geführt.

Am vorläufigen Ende dieser Geschichte – 1945 – hatte die Sowjetunion, der erste sozialistische Staat der Welt, mit ihrem unvorstellbar kostspieligen Sieg über Hitler im Grunde nur (»geburtshelferisch«) ein sowieso feststehendes Untergangsszenario vollendet. Die deutschen Kommunisten reklamierten an diesem Sieg ihren Anteil und sahen in dieser Vollendung den Durchbruch einer sowohl 1848 als auch 1918 von »bürgerlichen Kräften« abgebrochenen revolutionären Tradition. Ihr zum Staatsgründungsmythos erhobener Antifaschismus war daher in eine »sehr viel weiter gespannte Legitimation aus der deutschen Geschichte heraus« eingebunden.[34] 1945 war keine Zäsur der Niederlage, sondern der Befreiung – »Völkerfrühling«. Mit dem erfolgreichen »Freiheitskampf der Völker« hatte sich, zumindest im sowjetisch kontrollierten »Friedenslager«, die Geschichte erfüllt. Dort stand man nun also auf der historisch richtigen Seite, und viele Bürger der DDR, nicht nur SED-Mitglieder, glaubten noch 1989, dass sich der »wahre« Sozialismus irgendwann als bessere, überlegene Alternative durchsetzen müsse und durchsetzen werde.

Doch dann war da noch die Nation. Gerade wenn es um die zeithistorische Einordnung der jüngsten Wiederkehr des Nationalismus geht, muss daran erinnert werden, dass das »Volk« in der DDR ein national, also ethnisch aufgeladenes Konzept blieb. Zwar leitete man die aus der Niederlage des Nationalsozialismus hervorgegangene »Volksdemokratie« aus dem eben skizzierten internationalistisch grundierten Geschichtsdeterminismus ab. Dennoch blieben die (geteilte) deutsche Nation und überhaupt das Nationale als Identifikationskategorien wichtige Versatzstücke der politischen Kultur. Bis auf das Jahrfünft zwischen 1971 und 1976, als der neu angetretene Erich Honecker seine Vision einer souveränen sozialistischen Nation forcierte, indem er allerlei »deutsche« Bezüge aus dem öffentlichen Sprachgebrauch entfernen ließ (aus dem Deutschlandsender etwa wurde die Stimme der DDR), blieb die deutsche Nation ein im Subtext aller sozialistischen Weltanschauungstexte und -verlautbarungen mitschwingender Bezugsrahmen. Zunächst war sie geteilt, nach dem Mauerbau dann sozialistisch gewachsen und schließlich, Ende der siebziger Jahre mit dem Schwenk hin zu »Erbe und Tradition« – also der ganzen deutschen, vor allem preußischen Geschichte –, noch immer politisch gespalten, aber historisch ungeteilt.

Dies lässt sich verdeutlichen, wenn man den Blick historisch weitet und auch den Umgang mit früheren Epochen und älteren nationalen Denkmälern und Erinnerungsorten berücksichtigt. Ulbricht hatte 1952, am siebten Jahrestag der Bombardierung Dresdens, vor 200 000 Bürgern gegen die »deutsch- und volksfeindliche Kriegspolitik der Adenauerregierung« gewettert und vor der »tödlichen Gefahr« eines erneuten, »von der Wallstreet« aus geplanten Bombenkriegs gewarnt.[35] 1958 hatte Ministerpräsident Otto Grotewohl die Gedenkstätte Buchenwald auf dem Ettersberg, der »mitten im Herzen Deutschlands liegt«, dem »deutschen Volke« übergeben und seinen Staat als den Schicksalsträger der gesamtdeutschen Nation dargestellt.[36] Und am 19. Oktober 1963 erklärte SED-Propagandachef Albert Norden anlässlich des 150. Jahrestages der Völkerschlacht bei Leipzig die DDR-Deutschen zu den »Fortsetzern« der »großen nationalen Erhebung« von 1813. Damals habe die preußische »Junker-Diktatur« noch »nationalen Verrat« begehen und den blutig errungenen Sieg verspielen können. Doch nun, 150 Jahre später, nach dem erneuten »Aufstand« der »patriotischen Nachfahren«, die wie Pieck und Ulbricht »auf russischem Boden das Banner der Befreiung Deutschlands« gepflanzt hätten, vollende sich in der DDR, dem »Fels deutscher Zukunft«, die Befreiung des deutschen Volkes. Nordens Rede war der Höhepunkt einer gigantischen Zeremonie: In vier »Marschsäulen« waren 10 000 Leipziger angerückt, mit drei Kanonenschüssen wurde die Feier um 18 Uhr eröffnet, 750 Sänger der Leipziger Chöre sangen Händels Freiheitschor, NVA-Truppen inszenierten einen Zapfenstreich, und abgeschlossen wurde das alles mit einem »großen Feuerwerk, das den massigen Bau des Denkmals in einen bunten Lichtvorhang hüllte«.[37]

Schließlich wurde auch am Kyffhäuser-Denkmal, wo Alexander Gauland im September 2017 seinen »Stolz« auf die »Leistungen deutscher Soldaten in zwei Weltkriegen« verkünden sollte, unverhohlen an national-militaristische Traditionen angeknüpft. In der dortigen Ausstellung hingen die NVA-Uniformen in einer Reihe neben jenen der einstmals gegen Napoleon angetretenen Befreiungskämpfer.[38] Bemerkenswert ist dabei, wie man auch vom Westen aus versuchte, eine Verbindung zu den jenseits der Grenze liegenden Erinnerungsorten wie dem Kyffhäuser oder dem Völkerschlachtdenkmal – und damit zur Idee der ungeteilten Nation – aufrechtzuerhalten. Ein seit 1958 jährlich veranstalteter Jugend-Wettbewerb konfrontierte die jungen Schreiber 1963 mit der Aufgabe: »Nimm zur Frage Stellung, ob Völkerschlacht- und Kyffhäuser-Denkmal uns Deutschen von heute noch etwas zu sagen haben und insbesondere etwas für die Aufgabe der Wiedervereinigung bedeuten können!«[39]

Trotz der beunruhigenden Ambivalenz und sicheren Reichweite der Inszenierungen der DDR als Heimstatt der »guten deutschen Nation« kann freilich von einem gesamt- oder gar großdeutschen Nationalismus vor 1989 nicht die Rede sein. Es gab aber durchaus einen kleindeutschen Regionalismus, der sich im Schatten der offiziellen Rhetorik munter entfaltete.[40] Regionale Traditionen, Sagen, Bräuche und Landstriche boten – zumal einer Bevölkerung ohne Reisefreiheit – reichlich Identifikationsstoff, sowohl jenseits der Nation, als auch jenseits von Sozialismus und Antifaschismus. Heimat ging letztlich nicht aus der Verinnerlichung ideologischer oder politischer Ordnungsvorstellungen hervor, sondern aus volkstümlichen, von fremden Einflüssen völlig unberührten Bindungsgefühlen. Mit Inbrunst sang jedes Kind in der DDR: »Unsre Heimat, das sind nicht nur die Städte und Dörfer / unsre Heimat sind auch all die Bäume im Wald. / Unsre Heimat ist das Gras auf der Wiese, / das Korn auf dem Feld und die Vögel in der Luft / und die Tiere der Erde / und die Fische im Fluß sind die Heimat. / Und wir lieben die Heimat, die schöne / und wir schützen sie, / weil sie dem Volke gehört, / weil sie unserem Volke gehört.«

Als die Nation dann 1990 im vereinigten Deutschland erneut eine ungeteilte und freie Existenzberechtigung erhielt, gab es plötzlich auch wieder Raum für einen gesamtdeutschen Nationalismus. Nicht wenige im In- und Ausland haben sich vor diesem nationalistischen Potenzial gefürchtet. Die vielen kleindeutschen, in vielfältiger Weise geschichtsbewussten Regionalismen in Ostdeutschland standen dieser Entwicklung durchaus nicht im Wege. Ganz im Gegenteil war die »Heimatliebe« etwa zu Sachsen, zum Rennsteig oder zum Märkischen Land geeignet, den radikalen Systemumbruch abzufedern – und zugleich eine der kulturellen Quellen, aus denen die Neue Rechte bald schöpfen konnte.

# KAPITEL 3

»*Widerstand*«
Mobilisierung von rechts in der
frühen Bundesrepublik

Adolf von Thadden gab sich optimistisch. Mit einem Wahlergebnis von 8 bis 12 Prozent, so der Vorsitzende der NPD, werde seine Partei am 28. September 1969 in den Bundestag einziehen. Das war nicht völlig abwegig, hatten die Nationaldemokraten doch in den vorangegangenen drei Jahren einen beispiellosen Aufstieg erlebt. Bei der Bundestagswahl 1965 erzielte die erst ein Jahr zuvor gegründete rechtsradikale Partei mit 2 Prozent bereits einen Achtungserfolg. Der Durchbruch gelang ihr im Jahr darauf, als sie bei den Landtagswahlen in Hessen und Bayern mit 7,9 beziehungsweise 7,4 Prozent in die Landesparlamente einzog. 1967 folgten Rheinland-Pfalz mit 6,9 Prozent, Schleswig-Holstein mit 5,8 Prozent, Niedersachsen mit 7,0 Prozent und Bremen mit 8,8 Prozent. Ihr bis dahin bestes Ergebnis fuhr die NPD dann bei der Landtagswahl im April 1968 in Baden-Württemberg ein: stolze 9,8 Prozent.

Nun also sollte die Bundestagswahl »mit einem Erfolg der NPD und einer vernichtenden Niederlage der roten Staatsfeinde enden«, wie die Parteizeitung *Deutsche Nachrichten* martialisch tönte.[1] Im August 1969 ging von Thadden auf sechswöchige »Deutschlandfahrt«, eine eng getaktete Wahlkampftour mit über 30 Auftritten im gesamten Bundesgebiet. Schon bei den Landtagswahlen hatte die NPD straff organisierte, frühzeitig einsetzende und flächendeckende

Wahlkämpfe geführt. Dabei hatte sie häufig in dünn besiedelten Regionen und kleinen Ortschaften Präsenz gezeigt, die von den etablierten Parteien im Wahlkampf vernachlässigt wurden. Für manche Besucher, so stellten Beobachter des Landtagswahlkampfes in Baden-Württemberg 1968 fest, war die »NPD-Versammlung die erste politische Versammlung nach dem Kriege«, an der sie teilnahmen.[2]

Die Wahlerfolge der NPD, die in die Hochphase der Außerparlamentarischen Opposition (APO) und der Jugendrevolte von Achtundsechzig fielen, riefen von Beginn an gesellschaftliche Gegenkräfte auf den Plan. Gewerkschaften, Studenten und zivilgesellschaftliche Bündnisse begleiteten auch von Thaddens »Deutschlandfahrt« mit Gegendemonstrationen, zu denen sich Tausende von Teilnehmern einfanden. Die Stimmung war aufgeheizt; regelmäßig kam es zu gewalttätigen Auseinandersetzungen mit dem Ordnerdienst der NPD, dessen aggressives Verhalten Beobachter an die Auftritte der SA in der Weimarer Republik erinnerte. Im Juli 1969 prügelten die Ordner in Frankfurt mehrere Studenten krankenhausreif, die friedlich gegen eine NPD-Versammlung im Cantate-Saal protestiert hatten, und gingen auch gegen Polizeibeamte gewalttätig vor. Knapp zwei Wochen vor der Bundestagswahl gab Klaus Kolley, der unter anderem wegen illegalen Waffenbesitzes vorbestrafte Bundesbeauftragte für den Ordnungsdienst, nach einer Pressekonferenz seines von Demonstranten bedrängten Parteivorsitzenden in Kassel Schüsse aus einer Pistole ab und verletzte zwei Menschen.

Die Behauptungen der Parteiführung, bei den Ausschreitungen ihrer Ordner handle es sich stets um Notwehr – was mitunter zugetroffen haben mag – oder um vereinzelte Entgleisungen, wurden immer unglaubwürdiger. Dass die NPD, deren Wahlkampfparole »Sicherheit durch Recht und Ordnung« lautete, selbst immer mehr als Bedrohung von Sicherheit und Ordnung erschien, trug möglicherweise mit dazu bei, einen Teil ihrer potenziellen Wählerschaft abzuschrecken. Vielleicht war aber, wie der Journalist Herbert Riehl-

Heyse im Rückblick meinte, inzwischen auch einfach »der Lack ab«. Der demagogisch versierte Politprofi von Thadden beschwor zwar weiterhin pathetisch den Kampf gegen das »Kartell der Systemparteien«, doch in den drei Jahren, in denen die am Ende insgesamt 61 Abgeordneten der NPD in den Landtagen parlamentarische Alltagsarbeit zu leisten hatten, waren sie vor allem durch Konzept- und Ahnungslosigkeit in konkreten Sachfragen aufgefallen.[3]

Jedenfalls scheiterte die NPD bei der Bundestagswahl mit 4,3 Prozent an der Fünf-Prozent-Hürde. Für von Thadden war klar, dass seine Partei Opfer einer »Verteufelungskampagne« geworden war.[4] Das entsprach der von seinen Leuten unter dem Schlagwort »Lizenzpresse« gepflegten Behauptung, die zumeist kritische Berichterstattung über die NPD sei das Werk einer »auf die Umerziehungspolitik der Besatzungsmächte zurückgehenden Monopolherrschaft der Linken in den Massenmedien«, zu deren Beseitigung dann das »Wertheimer Manifest« der Nationaldemokraten von 1970 aufrief.[5]

Bis zur Bundestagswahl 2017 galt die Aussage, dass es seit der Wahlniederlage der NPD von 1969 keiner Partei rechts von der Union mehr gelungen ist, einem Einzug in den Bundestag so nahe zu kommen. Der rasante, wenn auch kurzzeitige Aufstieg der Nationaldemokraten stellte den vorläufigen Höhepunkt einer politischen Mobilisierung von rechts dar, zu der es seit Gründung der Bundesrepublik immer wieder mehr oder weniger erfolgreiche Anläufe gegeben hatte. Von Anfang an stilisierte sich das »nationale Lager« dabei zum unterdrückten Widerstand gegen die als Fremdherrschaft empfundene liberale Demokratie, die 1949 im Westen Deutschlands eine zweite Chance bekommen hatte.

## »Konservative Revolution« oder: Das »Gute« am Nationalsozialismus

1951 erschien im Stuttgarter Friedrich Vorwerk Verlag ein schmales Büchlein von Gerhard Ludwig unter dem Titel »Massenmord im Weltgeschehen«. Auf die Einführung folgte auf 27 eng bedruckten Seiten eine Tabelle der nach Meinung des Verfassers über 300 »wichtigsten Massenmorde seit Christi Geburt« einschließlich Opferzahlen und »tatbeteiligter Nationen«. Auf der vorletzten Seite der Liste wurden die »›Einsatzgruppen‹-Aktion und KZ-Vernichtungen während des Dritten Reiches« mit »mehreren Millionen« Opfern genannt, und an anderer Stelle fanden »Vergasungen in einem Vernichtungslager« kurz Erwähnung. Doch nicht allein, dass sich die Deutschen in diesem Fall die Täterschaft mit Letten, Ungarn und Ukrainern teilen durften. Wenige Zeilen später waren sie selbst Opfer eines in den Augen des Verfassers noch schlimmeren Verbrechens, nämlich der gegen die ost- und sudetendeutsche Bevölkerung gerichteten »infernalischen Ausrottungsaktionen« der Polen und Tschechen nach Ende des Krieges.[6]

Die Verbrechen des Nationalsozialismus wurden von Ludwig also weder verherrlicht noch grundsätzlich geleugnet. Vielmehr folgte sein Büchlein einer dritten Strategie, die sich langfristig – auch unter dem Eindruck der in der Bundesrepublik schrittweise verschärften strafrechtlichen Bestimmungen gegen die Leugnung und Verharmlosung des Holocaust – als die bei Rechten populärste erweisen sollte: der Relativierung. Hierzu zählt die Aufrechnung gegen die deutschen Opfer von Krieg und Vertreibung, deren Zahl bei Ludwig, wie so häufig in den folgenden Jahrzehnten, um ein Vielfaches zu hoch angegeben wurde. Vor allem aber wurde die von Deutschen begangene systematische Ermordung von Millionen Menschen durch die unterschiedslose Einreihung in eine lange Liste weltgeschichtlicher Gräueltaten gleichsam zum Verschwinden gebracht. Ein furchtbares Geschehen, gewiss; aber doch nur Ausdruck einer universellen menschlichen Mordlust, die zu allen Zeiten und an allen Orten zum Ausbruch kommen konnte. Im deutschen Fall waren die Verbrechen zudem allein von einer kleinen Gruppe von »Extremisten« unter den Nationalsozialisten zu verantworten. Diese unterschied Ludwig von den »Idealisten«, die nur das Beste gewollt hatten, nun aber zum Opfer einer – gemeint war die Entnazifizierung – »hexenwahnartigen Kollektiv-Haftung« wurden.[7]

Eine komplementäre Version solcher Argumentationsweisen präsentierte Alexander Gauland Anfang Juni 2018 in seiner berüchtigten »Vogelschiss«-Rede. Im Unterschied zu Ludwig marginalisierte er den Nationalsozialismus – und damit auch dessen Verbrechen – nicht vor dem Hintergrund welthistorischen Massenmordens, sondern indem er ihn zum unschönen, letztlich aber leicht zu säubernden Schmutzfleck auf einer mythischen tausendjährigen deutschen Erfolgsgeschichte erklärte. Die kritische Erinnerung an den Nationalsozialismus ist rechten Gruppen und Parteien in der Bundesrepublik immer ein Dorn im Auge gewesen, stand und steht sie doch ihrer nationalistisch-autoritären Agenda im Weg. Umso erbitterter bekämpften sie das neue historische Bewusstsein für den Nationalsozialismus und den Holocaust, das seit den achtziger Jahren vor allem aufgrund zivilgesellschaftlicher Initiativen (und eben nicht qua Dekret der »Eliten«) heranreifte – und dessen Denunziation bald die Phrase vom »Schuldkult« diente, die gerne auch von Vertretern der AfD im Munde geführt wird.

Die heute wieder laut beklagte linke »Meinungsdiktatur« – der Ausdruck tauchte spätestens 1997 in der rechtsradikalen Publizistik auf[8] – herrschte aus Sicht der Rechten im Grunde seit den Anfängen der Bundesrepublik. Nicht nur die NPD geißelte in den sechziger Jahren die sich intensivierende juristische und mediale Auseinandersetzung mit den Verbrechen des Nationalsozialismus als deutschenfeindliche Umerziehungspropaganda. Ins gleiche Horn stieß Armin

Mohler, Geschäftsführer der Carl Friedrich von Siemens Stiftung in München. 1965 mokierte sich der rechtskonservative Publizist, dessen Schriften zum vielzitierten »weltanschaulichen Kanon« der Neuen Rechten zählen,[9] über den »Bewältigungs-Rummel« in der Bundesrepublik, der das Werk von linken Intellektuellen sei, die ihr Volk verachteten, die Massenmedien beherrschten und von ausländischen »Gönnern« unterstützt würden. Im Inneren führe dies zu einem »neuen Totalitarismus«, während die Moralisierung der Außenpolitik eine selbstbewusste nationale Interessen- und Machtpolitik verhindere.[10]

Für Mohler war der Kampf gegen die »Vergangenheitsbewältigung« ein Lebensthema. Er hatte dafür politische Gründe, die über die bei den Westdeutschen immer wieder aufwallende Schlussstrichstimmung hinausgingen. Mohler war Anhänger der sogenannten »Konservativen Revolution« – eine von ihm nicht erfundene, aber popularisierte Sammelbezeichnung für die antidemokratischen radikalnationalistischen Geistesströmungen der Weimarer Republik, deren Ideen er in die Bundesrepublik hinüberzuretten versuchte. 1920 in Basel geboren, war er – nach eigener Auskunft inspiriert von den politischen Schriften Ernst Jüngers, dem er ab 1949 für einige Jahre als Privatsekretär diente – 1942 illegal über die Grenze nach Deutschland gegangen, um sich der Waffen-SS anzuschließen. Nachdem dieses Unterfangen aus nicht eindeutig geklärten Gründen gescheitert war, ging Mohler zum Studium zurück nach Basel. Dort wurde er schließlich mit der Arbeit »Die Konservative Revolution in Deutschland 1918–1932« promoviert, die 1950 im gleichen Verlag publiziert wurde, in dem ein Jahr später »Massenmord im Weltgeschehen« erschien. Spätestens mit der nun als »Handbuch« firmierenden erweiterten Neuauflage von 1972 avancierte Mohlers Buch dann zur Weltanschauungsfibel der Neuen Rechten.

Ob dem Vorsitzenden der CSU-Landesgruppe im Bundestag Alexander Dobrindt bewusst war, in welche ideengeschichtliche Kiste er griff, als er in der *Welt* vom 4. Januar 2018 zu einer »konservativen Revolution« gegen die »linke Revolution« der Achtundsechziger aufrief, weiß wohl nur er selbst. Jedenfalls wird sich kein noch so konservativer Demokrat mit den politischen Vorstellungen gemein machen können, die Mohler unter diese Bezeichnung zusammenfasste. Im Wesentlichen subsumierte er darunter drei Gruppen: die *Jungkonservativen*, die eine hierarchisch-autoritäre Staats- und Gesellschaftsform herbeisehnten, die mal als »Drittes Reich«, mal als »deutscher Sozialismus« bezeichnet wurde; die *Nationalrevolutionäre*, die Ähnliches wollten, sich aber besonders revolutionär, also militanter und moderner gaben; und schließlich die zumeist rabiat antisemitischen *Völkischen*, die die Deutschen rassisch und kulturell zu ihren vermeintlichen nordisch-germanischen Wurzeln zurückführen wollten. Was diese drei ideologisch heterogenen, aber eng verwandten Gruppierungen miteinander verband, war die radikale Ablehnung der Weimarer Republik. Denn die liberale Demokratie galt ihnen als »undeutsch« und »zersetzend«, als Ausdruck der »Überfremdung« Deutschlands durch die egalitären und freiheitlichen Ideale der Aufklärung.

Leute wie Mohler hatten nach 1945 das Problem, dass die konservativen Revolutionäre nicht nur ihre gesamte intellektuelle Energie darauf verwendet hatten, die Weimarer Republik geistig sturmreif zu schießen, sondern dass auch der Nationalsozialismus großzügig aus ihrem Ideenrepertoire geschöpft hatte. Edgar Julius Jung, einer der führenden Köpfe der Jungkonservativen, hatte dabei wie viele seiner Gesinnungsgenossen zwar mit einer gewissen Verachtung auf die intellektuelle Beschränktheit Hitlers und seiner Gefolgsleute geblickt, die NSDAP aber dennoch als nützliches »Referat Volksbewegung« betrachtet, das die Massen im nationalen Geiste gegen die Demokratie mobilisiere.[11] Allerdings ging er fehl in dem Glauben, die Nationalsozialisten würden sich nach der »Machtergreifung« aufgrund seiner intellektuellen Überlegenheit geistig von ihm führen lassen:

Jung gehörte zu den Ermordeten der Säuberungsaktion vom 30. Juni 1934, bei der sich die NS-Führung der SA-Spitze und anderer Personen entledigte, die zuvor als Mitstreiter gedient hatten, nun jedoch den Machtausbau störten.

Mohler verwies gerne darauf, dass unter den Vertretern der »Konservativen Revolution« auch Gegner und Opfer des Nationalsozialismus waren, manche sich gar im Widerstand fanden. Das entsprach der von der Neuen Rechten bis heute verfolgten Strategie, die enge Verflechtung zwischen beiden zu leugnen, um jungkonservatives, nationalrevolutionäres und völkisches Gedankengut wieder salonfähig zu machen. Dass, wie selbst Mohler einräumte, zahlreiche Vertreter der »Konservativen Revolution« den nationalsozialistischen Führerstaat zumindest eine Zeit lang sehr wohl als praktische Verwirklichung ihrer Ideen angesehen hatten, musste dementsprechend zu einem tragischen Missverständnis erklärt werden.[12]

In seiner privaten Korrespondenz gab Mohler offen zu, dass die säuberliche Trennung von Nationalsozialismus und »Konservativer Revolution« vor allem taktischen Erwägungen geschuldet war. Der Religionswissenschaftler Jakob Wilhelm Hauer, der 1933 die völkische »Deutsche Glaubensbewegung« gegründet hatte, sprach Mohler 1950 ein großes Lob für seine Dissertation aus, monierte aber, dass der Nationalsozialismus darin zu negativ dargestellt werde. Mohler antwortete, dass es noch nicht möglich sei, über den Nationalsozialismus »in sachlicher Weise öffentlich zu sprechen«. »Wie jeder vernünftige Mensch« gebe er Hauer darin recht, dass im Nationalsozialismus »auch sehr wertvolle Kräfte am Werk« gewesen seien; doch was andere verfänglicherweise als »guten Teil am Nationalsozialismus« bezeichneten, das nenne er eben »Konservative Revolution«.[13]

In »sachlicher Weise« über den Nationalsozialismus sprechen – das hieß aus dieser Sicht vor allem, die Singularität der nationalsozialistischen Massenverbrechen infrage zu stellen und jede besondere moralische Verantwortung abzuweisen, die sich daraus nach 1945 für die Deutschen ergab. Man kann Mohler und seinen neurechten Epigonen wie dem Verleger Götz Kubitschek dabei durchaus glauben, dass sie im Unterschied zu herkömmlichen Neonazis keine Sympathien für Hitler hegen. Denn aus ihrer Sicht hat der »Führer« für lange Zeit die Hoffnung darauf zerstört, dass sich in Deutschland noch einmal ein breiter nationalistisch-autoritärer Widerstand gegen die liberale, pluralistische Demokratie entfalten könnte. Die derzeit im neurechten Milieu verbreitete Identifikation mit dem konservativen Widerstand gegen den Nationalsozialismus um den Hitler-Attentäter Claus Schenk Graf von Stauffenberg, die der Selbstadelung zu antitotalitären Widerstandskämpfern dient, ist insofern gleichermaßen absurd wie ideologisch folgerichtig.

1952 unternahm Mohler einen ersten Versuch praktisch-politischer Betätigung, als er sich an der Formulierung eines Grundsatzpapiers der rechten Deutschen Partei beteiligte. Schnell jedoch zerstritt er sich mit der Parteiführung, deren politische Konzepte ihm zu »liberal« und spießbürgerlich waren. In den sechziger Jahren hätten ihn seine politischen Vorstellungen zur NPD führen können, doch stattdessen knüpfte Mohler Verbindungen zu Franz Josef Strauß, dem er zutraute, die »heimatlose Rechte« in einer Volkspartei rechts von der CDU zusammenzuführen. Um 1965 heuerte er tatsächlich als Ghostwriter beim CSU-Chef an. Doch hatten sich Mohlers Hoffnungen, als Einflüsterer der Macht zu wirken, nach einigen Jahren verbraucht; Strauß erschien ihm nun als ein unentschlossener, zu sehr auf Mehrheiten schielender Zauderer, und 1974 kam es schließlich zum Bruch.

In den achtziger Jahren war Mohler dann noch einmal für kurze Zeit als Ideengeber im Umkreis der Partei Die Republikaner tätig, deren Bundesvorsitz 1985 von seinem Duzfreund Franz Schönhuber übernommen wurde. Letztlich waren es jedoch nicht die stets in Enttäuschung endenden Ausflüge in die Niederungen der Parteipolitik, die Mohlers Bedeutung ausmachen, sondern seine Rolle als intellektueller Erbwahrer der »Konservativen Revolution« und als Stichwortgeber im Kampf gegen die »Vergangenheitsbewältigung«.

## Die »Nationale Opposition« in den fünfziger Jahren

Die Parteien am äußersten rechten Rand, die in der frühen Bundesrepublik eine gewisse politische Bedeutung erlangten, waren in erster Linie der »alten Rechten« im Spektrum zwischen Nationalsozialismus und deutschnationalem Rechtskonservatismus Weimarer Prägung zuzuordnen. Ihre häufig zwischen den einschlägigen Klein- und Kleinstparteien hin- und herwechselnden Vertreter ließen sich, wie bei der radikalen Rechten üblich, ungern als rechtsradikal oder rechtsextrem bezeichnen und bevorzugten als Selbstbezeichnung »nationales Lager« oder »nationale Opposition«. Dabei wirkten in den frühen fünfziger Jahren auf dem erst rudimentär gefestigten parteipolitischen Feld zwei Ereignisse als wichtige Grenzmarkierungen nach rechts: das Verbot der neonazistischen Sozialistischen Reichspartei (SRP) 1952 und im Jahr darauf die Aufdeckung des Naumann-Kreises, einer Gruppe ehemaliger ranghoher Nationalsozialisten, die versucht hatte, die FDP politisch in das »nationale Lager« zu ziehen.

Die im Oktober 1949 gegründete SRP stand schon stilistisch unverkennbar in der Tradition der NSDAP. Die Parteifahne zeigte statt des verbotenen Hakenkreuzes einen schwarzen Reichsadler auf rotem Grund, auf Parteiveranstaltungen sprachen »Reichsredner«, und Ordner standen uniformiert in Reithosen und hohen Stiefeln Wache. Mit besonderem Stolz vermeldete die SRP-Presse, dass für die musikalische Begleitung mehrerer Parteiversammlungen Herms Niel gewonnen werden konnte, der ehemalige Hauptmusikzugführer des Reichsarbeitsdienstes, der schon die Nürnberger Reichsparteitage der NSDAP mit seinen Marschliedern in die rechte Stimmung versetzt hatte.[14] Die

SRP vertrat die Auffassung, dass das Deutsche Reich in seinen Vorkriegsgrenzen weiterbestehe und sein rechtmäßiges Staatsoberhaupt der von Hitler zum Nachfolger ernannte, im Nürnberger Prozess zu zehn Jahren Haft verurteilte Großadmiral Dönitz sei.

Die Gründung der Bundesrepublik war aus dieser Sicht – die gegenwärtig in der Reichsbürgerszene weiter gepflegt wird – ein unrechtmäßiger Akt, mit dem die Alliierten den Deutschen eine ihnen überdies ungemäße Staatsform aufgezwungen hatten. Die staatstragenden Parteien stellten dementsprechend bloße Handlanger einer deutschfeindlichen Unterdrückungs- und Umerziehungspolitik dar und wurden als »Lizenzparteien« verunglimpft – eine Anspielung darauf, dass Parteigründungen während der Besatzungszeit einer Genehmigung der Alliierten bedurft hatten. Sich selbst verstand die SRP denn auch nicht als Partei, sondern als »Sammlungsbewegung des nationalen Widerstandes und deutschen Selbstbehauptungswillens«.[15] Neben der Forderung nach Wiederherstellung des Deutschen Reiches knüpfte die SRP ideologisch recht unverhohlen an nationalsozialistische Vorstellungen einer autoritär geführten homogenen »Volksgemeinschaft« an, die im »Dritten Reich« nur fehlerhaft umgesetzt worden seien.

Vorsitzender der SRP war der ehemalige SA-Mann Fritz Dorls, der 1929 der NSDAP beigetreten war und den Ideen ihres »sozialistischen« Flügels um die Brüder Strasser nahestand. Dorls war bei der Bundestagswahl 1949 über die niedersächsische Landesliste der Deutschen Konservativen Partei – Deutsche Rechtspartei, die wenig später in der Deutschen Reichspartei (DRP) aufging, in den Bundestag eingezogen. Einem drohenden Parteiausschluss wegen allzu offen neonazistischer Agitation entgingen Dorls und seine Mitstreiter durch den Parteiaustritt und die Gründung der SRP. Der eigentliche Star der Partei war jedoch Generalmajor a. D. Otto Ernst Remer, der als charismatischer Redner all jene »Ehemaligen« anzusprechen wusste, die das »Dritte Reich« in guter Erinnerung behalten hatten. Besonders stolz war Remer auf seine angeblich führende Rolle bei der Niederschlagung des Umsturzversuchs der »Eidbrecher« vom 20. Juli 1944 als Kommandeur des Berliner Wachbataillons »Großdeutschland«. Die Tatsache, dass Remer die Widerständler auf einer SRP-Veranstaltung als Landesverräter bezeichnet hatte, führte im März 1952 zu einer Verurteilung wegen übler Nachrede und Verunglimpfung des Andenkens Verstorbener durch das Landgericht Braunschweig; seiner Haftstrafe entzog sich Remer durch Flucht ins Ausland. Im Oktober desselben Jahres wurde die SRP, die 1951 mit 11 Prozent in den niedersächsischen Landtag und mit 7,7 Prozent in die Bremer Bürgerschaft eingezogen war, wegen ihrer »Wesensverwandtschaft« mit der NSDAP vom Bundesverfassungsgericht als verfassungsfeindlich verboten.

Parallel zu dem sich abzeichnenden Verbot der SRP unternahmen Vertreter des rechten Flügels der FDP – in der sich die lange Zeit gespaltenen Nationalliberalen und Linksliberalen zusammengefunden hatten – einen Versuch, aus ihrer Partei ein Sammelbecken für das »nationale Lager« rechts von der Union zu machen. Treibende Kraft hierbei war Friedrich Middelhauve, Vorsitzender der stark rechtslastigen nordrhein-westfälischen FDP. Gemeinsam mit den ebenfalls rechtsstehenden hessischen und niedersächsischen Landesverbänden brachte die nordrhein-westfälische FDP auf dem Bundesparteitag in Bad Ems im November 1952 das nationalistische »Deutsche Programm« zur Abstimmung. Es scheiterte zwar an der Ablehnung der südwestdeutschen, Berliner und Hamburger Liberalen, doch wurde Middelhauve zum stellvertretenden Parteivorsitzenden gewählt.

An der Formulierung des »Deutschen Programms« hatten mehrere ehemalige hochrangige Nationalsozialisten mitgewirkt: Neben Middelhauves Sekretär Wolfgang Diewerge, einst SS-Standartenführer und Leiter der Rundfunkabteilung in Goebbels' Propagandaministerium, zählten zu den Verfassern der ehemalige SS-Obergruppenführer, Verwaltungs-

und Personalchef der Gestapo und »Reichsbevollmächtigte« im besetzten Dänemark Werner Best sowie der ehemalige SS-Brigadeführer und Amtschef im Reichssicherheitshauptamt Franz Alfred Six. Den Kontakt zu diesem Personenkreis hatte Middelhauves Vertrauter Ernst Achenbach vermittelt, vor 1945 Leiter der Politischen Abteilung der Deutschen Botschaft im besetzten Paris, wo er auch an der Deportation der französischen Juden beteiligt war. In Zusammenarbeit mit Best koordinierte Achenbach, nun Landtagsabgeordneter und Vorsitzender des außenpolitischen Ausschusses der FDP, von seinem Essener Anwaltsbüro aus Kampagnen zur Amnestierung von NS-Kriegsverbrechern.

Achenbach unterhielt auch Verbindungen zu Werner Naumann, der ebenfalls seinen fachlichen Rat zum »Deutschen Programm« eingebracht hatte. Der SS-Brigadeführer und Staatssekretär im Propagandaministerium war von Hitler testamentarisch zu Goebbels' Nachfolger ernannt worden. Nun war er der Kopf des nach ihm benannten »Naumann-Kreises«, einem Netzwerk ehemaliger NS-Spitzenfunktionäre, die mit dem Ende des »Dritten Reiches« einen Karriereknick erlitten hatten. Der Kreis zielte darauf, Einfluss auf die politischen Parteien in der Bundesrepublik zu nehmen, und durch den strammen Rechtskurs Middelhauves schien die FDP zu einem lohnenden Objekt zu werden. Zwar äußerte Naumann im November 1952 gegenüber seinen Mitstreitern gewisse Zweifel, ob man wirklich »eine liberale Partei am Ende in eine NS-Kampfgruppe umwandeln« könne, doch komme es auf den Versuch an.[16]

Welche Aussichten ein solcher Unterwanderungsversuch hätte haben können, lässt sich kaum sagen, denn ihm wurde schon Anfang 1953 ein Ende bereitet. Am 15. und 16. Januar nahmen die britischen Besatzungsbehörden Naumann und sechs seiner Gesinnungsgenossen auf Grundlage der alliierten Vorbehaltsrechte fest. Das entschlossene Vorgehen der Briten stieß in der deutschen Öffentlichkeit allerdings auf breite Ablehnung, und Bundeskanzler Adenauer musste den britischen Hohen Kommissar Kirkpatrick überzeugen, die Strafverfolgung der Naumann-Gruppe den deutschen Behörden zu überlassen. Ende März 1953 wurde durch den Bundesgerichtshof eine Voruntersuchung wegen Bildung einer verfassungsfeindlichen Vereinigung und Geheimbündelei eingeleitet. Drei Monate später waren alle Betroffenen einschließlich Naumann wieder auf freiem Fuß, da die zuständigen Richter keinen dringenden Tatverdacht erkennen konnten, und am Ende lehnte der Sechste Strafsenat des Bundesgerichtshofs die Eröffnung eines Hauptverfahrens ab.

Auch wenn Naumann und Konsorten rechtlich ungeschoren davonkamen, trug die Aufdeckung ihres Netzwerks durch die Briten zusammen mit dem Verbot der SRP doch dazu bei, dass der Traum des »nationalen Lagers« von einer großen rechten Sammlungspartei vorerst begraben werden musste. Bei der zweiten Bundestagswahl am 6. September 1953 konnten die Unionsparteien einen überragenden Wahlsieg einfahren, während die Deutsche Reichspartei gerade einmal auf 1,1 Prozent kam. Auf Bundesebene etablierte sich weitgehend das Drei-Parteien-System aus CDU/CSU, SPD und FDP, das bis zum Einzug der Grünen in den Bundestag 1983 Bestand haben sollte. Zwar zogen auch der in Teilen weit nach rechts ausschlagende Gesamtdeutsche Block/Bund der Heimatvertriebenen und Entrechteten (GB/BHE) und die Deutsche Partei wieder in den Bundestag ein und bildeten eine Regierungskoalition mit Union und FDP. Doch beide Parteien versanken – im Sog der Adenauer'schen Integrationspolitik – bis zu Beginn der sechziger Jahre in der Bedeutungslosigkeit.

## Der kurze Frühling der NPD

Die Westdeutschen begannen in den fünfziger Jahren, die materielle Not der Nachkriegszeit hinter sich zu lassen und sich im »motorisierten Biedermeier« (Erich Kästner) des »Wirtschaftswunders« behaglich einzurichten. Die patriarchalische Erscheinung Adenauers befriedigte die weiterhin ausgeprägten autoritären politischen Bedürfnisse, seine großväterlich-zivile, rheinisch-joviale Art stand jedoch zugleich im denkbar größten Kontrast zum viele Jahre umjubelten »Führer«. »Bonn ist nicht Weimar« – das war die beruhigende Diagnose, die der Schweizer Journalist Fritz René Allemann 1956 mit Blick auf die politische Entwicklung der jungen Bundesrepublik stellte. »Keine Experimente!« – mit diesem Slogan zog die CDU ein Jahr später in den Wahlkampf zur dritten Bundestagswahl, bei der die Unionsparteien, einzigartig in der Geschichte der Bundesrepublik, eine knappe absolute Mehrheit erlangten. Die zersplitterte, inhaltlich und strategisch zerstrittene »nationale Opposition« bekam in dieser Zeit parteipolitisch keinen Fuß mehr auf den Boden. Das bedeutete freilich keineswegs, dass ihr Personal und ihre potenzielle Wählerschaft verschwunden gewesen wären. Das sollte sich in den sechziger Jahren zeigen, die einerseits eine Phase der gesellschaftlichen Liberalisierung und Modernisierung waren, während andererseits – und zum Teil in Reaktion darauf – die NPD ihren kurzen Aufstieg erlebte.

Wie können die Wahlerfolge der NPD in der zweiten Hälfte des Jahrzehnts erklärt werden? Zunächst lassen sich einige äußere Faktoren nennen, die ihn begünstigten, wenngleich sie für sich genommen keine hinreichende Erklärung bieten. Zum einen erlebte die Bundesrepublik nach Jahren des ungebrochenen wirtschaftlichen Aufschwungs 1966 und 1967 eine erste ökonomische Flaute. Im Rückblick erscheint sie vergleichsweise harmlos, doch löste sie bei den Zeitgenossen durchaus Verunsicherungen aus. Zum anderen war es 1966 zur Bildung der ersten Großen Koalition und damit zu einer politischen Annäherung zwischen Union und SPD gekommen, während gleichzeitig in der FDP der rechte Flügel an Einfluss verlor. Insofern wurde am rechten Rand der bürgerlichen Wählerschaft ein gewisses Wählerpotenzial frei; allerdings gab es auch bedeutsame Wählerwanderungen von der SPD zur NPD. Gleichzeitig gelang es der NPD in ihrer Erfolgsphase, einen großen Teil des zersplitterten rechtsradikalen Lagers an sich zu binden.

Die Auswirkungen des bereits erwähnten gesellschaftlichen Wandels sollten ebenfalls nicht unterschätzt werden. Nach den wirtschaftlich dynamischen, kulturell aber stagnierenden fünfziger Jahren kam es in den Sechzigern in vielen Bereichen zu gesellschaftlichen Umbrüchen. Neuartige Jugend- und Konsumkulturen entfalteten sich, die Sexualmoral begann sich zu lockern, ein kritischer Journalismus entwickelte sich, autoritäre Strukturen wurden hinterfragt, kurz: Die Bundesrepublik kam in Reformstimmung. Auch die Unionsparteien konnten sich dieser Entwicklung nicht völlig verschließen, wollten sie nicht Wähler in der Mitte verlieren. So trugen sie 1969 die Strafrechtsreform mit, durch die beispielsweise Ehebruch als Straftatbestand gestrichen und der Paragraph 175, der homosexuelle Handlungen unter Strafe stellte, abgemildert wurde. Die vorwiegend studentisch geprägte, später als Achtundsechziger-Bewegung bezeichnete APO, die seit 1967 enormen Zulauf erfuhr, hat diesen gesellschaftlichen Wandlungsprozess nicht in Gang gesetzt, sondern baute auf ihm auf und radikalisierte ihn. Die NPD konnte sich denjenigen, die von diesen Entwicklungen verunsichert und überfordert waren, zumindest eine Zeitlang als entschlossene Hüterin von Zucht und Ordnung präsentieren.

Die Gründungsversammlung der NPD fand am 28. November 1964 in Hannover statt. Strategischer Kopf der neuen nationalen Sammlungspartei war ihr Geschäftsführer und späterer Bundesvorsitzender Adolf von Thadden, ein erfahrener und gut vernetzter Parteiorganisator, der in der DRP Karriere gemacht und 1961 deren Vorsitz übernommen hatte. Die DRP hatte sich in ihrem Parteiprogramm von 1958 den Kampf für eine »Volksgemeinschaft der Zukunft« unter der Losung »Jedem das Seine – Alles für Deutschland!« auf die Fahnen geschrieben und forderte unter anderem die »Wiederherstellung des Reiches in seinen geschichtlichen Grenzen«.[17] Nach dem Verbot der SRP im Oktober 1952 war die DRP etlichen ehemaligen SRP-Mitgliedern (von denen viele bereits ursprünglich in der DRP gewesen waren) zur parteipolitischen Heimat geworden. Das war für die DRP insofern heikel, als sie Gefahr lief, als Nachfolgeorganisation der SRP ebenfalls mit Verbot belegt zu werden. Im Zuge des verschärften Vorgehens gegen rechtsextreme Organisationen nach der antisemitischen »Schmierwelle« von 1959/60 wurden Forderungen nach einem Verbot der DRP laut, handelte es sich doch bei der Ausgangstat, der Schändung der Kölner Synagoge mit Hakenkreuzen und judenfeindlichen Parolen, um das Werk zweier junger Mitglieder der Partei.

Im rechtsradikalen Parteienspektrum konnte die DRP Anfang der sechziger Jahre eine dominierende Stellung beanspruchen, doch hatte sie mit kontinuierlichem Wählerschwund zu kämpfen und kam bei der Bundestagswahl von 1961 auf weniger als ein Prozent. In dieser Situation unternahmen einige DRP-Funktionäre unter der Führung von Thaddens einen erneuten Anlauf zur Gründung einer rechten Sammlungsbewegung. Um die üblichen Intrigen, Machtkämpfe und Abspaltungen bei Parteifusionen im rechten Lager zu vermeiden, setzte von Thadden dabei zunächst auf informelle Arbeitsgemeinschaften und Wahlbündnisse in Kommunen und Ländern. Erst als sich der Sammlungskurs unter DRP-Führung als erfolgreich erwiesen hatte, kam es 1964 zur formellen Gründung der NPD und kurz darauf zur Auflösung der DRP.

Von Thadden war dabei bemüht, der NPD ein weniger radikales Image zu verpassen und sie allen organisatorischen und personellen Kontinuitäten zum Trotz nicht als bloß umetikettierte DRP erscheinen zu lassen. Die Strategie der zumindest äußerlichen Mäßigung lässt sich zum einen als Lehre aus dem SRP-Verbot sowie als Reaktion auf die erhöhte öffentliche Aufmerksamkeit für rechtsradikale Umtriebe nach der »Schmierwelle« verstehen. Zum anderen war sie notwendig, um neben dem radikal rechten auch jenes bürgerlich-nationalkonservative Lager anzusprechen, das sich der Eingliederung in die Unionsparteien und die FDP verweigerte beziehungsweise von deren rechten Rändern abzuwerben war. Diese Zielsetzung spiegelte sich auch in der Personalpolitik der NPD wider. Faktisch kontrollierten von Thadden und seine DRP-Clique den Parteiapparat, während sich die Parteibasis aus dem gesamten rechtsradikalen Spektrum rekrutierte; doch es wurde darauf geachtet, auf der öffentlich sichtbaren Führungsebene Personen zu installieren, die sich weder durch eine besondere NS-Belastung noch durch eine Karriere im rechtsradikalen Parteienmilieu der Bundesrepublik angreifbar gemacht hatten.

Ein bedeutendes Aushängeschild dieser Art war der erste Parteivorsitzende. Der Betonfabrikant Friedrich Thielen war lange Mitglied der CDU-Fraktion in der Bremer Bürgerschaft gewesen, bevor er 1959 in die DP übertrat und sich schließlich für die NPD-Gründung engagieren ließ. Zwar eskalierten 1967 innerparteiliche Konflikte zwischen Thielen und dem Thadden-Kreis, die zum Rückzug Thielens und zur Wahl von Thaddens führten, den Thielen jetzt als »ausgemachten Strolch« titulierte.[18] Doch die Rolle der bürgerlich-konservativen Galionsfigur, die in der Gründungsphase für die Außendarstellung der Partei wichtig gewesen war, erschien entbehrlich, nachdem die NPD sich etabliert und etliche Wahlerfolge eingefahren hatte.

Im Vergleich zu ihren Vorgänger- und Konkurrenzparteien präsentierte sich die NPD inhaltlich gemäßigt. In ihrem ersten Parteiprogramm von 1967 etwa bekannte sie sich zur »freiheitlich-demokratischen Grundordnung« – allerdings blieb ihr auch nichts anderes übrig, da das kurz zuvor beschlossene Parteiengesetz die politischen Parteien in der Bundesrepublik hierauf verpflichtete. Die Vokabel »Volksgemeinschaft«, die zu den zentralen Propagandaformeln des Nationalsozialismus gezählt hatte und von den Rechtsparteien nach 1945 ganz selbstverständlich weiter benutzt worden war, wurde dadurch umgangen, dass die Wörter »Volk« und »Gemeinschaft« in den Verlautbarungen der Partei nur noch getrennt voneinander Verwendung fanden.

Offenbar traute die Parteiführung aber nicht jedem Parteimitglied zu, dem rhetorischen Mäßigungskurs zu folgen. So wies von Thaddens langjähriger politischer Kampfgefährte Otto Hess, der in den dreißiger Jahren in der SA hoch aufgestiegen und in der NPD für Propaganda zuständig war, die Redner und Versammlungsleiter der Partei in einem Rundschreiben vom Januar 1965 an, die »nationalen Phrasen aus der Zeit von gestern oder gar vorgestern« zu vermeiden. Ebenso sollte davon Abstand genommen werden, in der politischen Auseinandersetzung auf die »Judenfrage« zu sprechen zu kommen.[19] Antisemitische und rassistische Einstellungen fanden jedoch jenseits des Parteiprogramms immer wieder in NPD-eigenen Publikationen wie dem »Politischen Lexikon« oder der Wochenzeitung *Deutsche Nachrichten* ihren Niederschlag, und auch hohe Parteivertreter leisteten sich in Reden und Interviews gelegentliche »Ausrutscher«.

Das Parteiprogramm, das erst drei Jahre nach der Gründung der NPD verabschiedet wurde, blieb inhaltlich und ideologisch unbestimmt, denn konkrete Festlegungen hätten das dem heterogenen Sammlungscharakter der Partei innewohnende Konfliktpotenzial offen hervortreten lassen. Worauf man sich einigen konnte, war, dass man der »Überfremdung« den Kampf ansagte, die von den Bonner »Lizenz-«, »Monopol-« oder »Altparteien« betrieben werde. Der Kampf gegen die »Überfremdung« Deutschlands bezog sich zunächst auf die Behauptung, in zwei Jahrzehnten der »Fremdherrschaft« und »Umerziehung« durch die alliierten

Siegermächte und ihre deutschen Handlanger seien systematisch die deutschen »Werte und Lebensformen« verdrängt worden. Die NPD geißelte den »Ungeist der Unterwerfung« und die Anerkennung deutscher »Kollektivschuld«, die angeblich die deutsche Politik beherrschten. Zudem werde, so das mit »Deutschland den Deutschen – Europa den Europäern« überschriebene Parteimanifest von 1964, die »Lüge von der deutschen Alleinschuld« am Zweiten Weltkrieg dazu benutzt, um »von unserem Volk fortgesetzt Milliardenbeträge« zu erpressen. Das war eine Anspielung auf die Entschädigungs- und Wiedergutmachungszahlungen der Bundesrepublik, aber wohl auch auf die noch junge Entwicklungshilfe, die von der NPD als Verschwendung deutschen Geldes für fremde Völker bekämpft wurde. Darüber hinaus wurde, wie schon von der Weimarer Rechten, die wirtschaftliche »Überfremdung mit ausländischem Kapital« gegeißelt.[20]

In den Wahlkämpfen kam seit Mitte der sechziger Jahre unter dem Schlagwort der »Überfremdung« jedoch ein neues Thema hinzu: die Abwehr von Einwanderung in Gestalt der sogenannten Gastarbeiter, also der seit Mitte der fünfziger Jahre von der Bundesrepublik angeworbenen ausländischen Arbeitnehmer. Damit besetzte die NPD unter dem Eindruck der erwähnten Wirtschaftskrise frühzeitig ein Thema, das Anfang der achtziger Jahre in den Mittelpunkt rechtsradikaler Programmatik rücken sollte. Die NPD forderte einen gesetzlich garantierten Vorrang von Deutschen bei der Arbeitsplatzvergabe und die Abschaffung des Kindergeldes für Gastarbeiter; die *Deutschen Nachrichten* warnten vor der »Unterwanderung des deutschen Volkstums« durch »Mischehen« und behaupteten, dass Gastarbeiter Krankheiten einschleppten und – wie es auch heute wieder in der rechten Agitation gegen Flüchtlinge gängig ist – grundsätzlich kriminell veranlagt seien.[21]

Es lässt sich nicht mit Sicherheit sagen, welchen Anteil dieser oder jener Programmpunkt an den Wahlerfolgen der NPD hatte. Jedenfalls gelang es ihr, auch Wähler jenseits der traditionellen Hochburgen der Rechtsparteien in den protestantisch-mittelständisch geprägten ländlichen Regionen Norddeutschlands mit ihrem hohen Vertriebenenanteil anzusprechen. Darunter waren vermehrt Katholiken und Arbeiter, wobei unter diesen jedoch der Zuspruch zur NPD umso geringer ausfiel, je stärker die Kirchen- beziehungsweise Gewerkschaftsbindung war.

Während die NPD-Wählerschaft sozioökonomisch kein eindeutig bestimmbares Profil zeigte, war ihre Zusammensetzung nach Geschlecht und Alter statistisch auffällig. Die Mitgliedschaft war, wie bei rechten Parteien üblich, stark männlich geprägt – nur etwa zehn Prozent waren Frauen –, und auch unter ihren Wählern waren Männer überrepräsentiert. Bei der Bundestagswahl von 1969 waren zwei Drittel derjenigen, die NPD wählten, Männer, sodass die Partei mit über sechs Prozent in den Bundestag eingezogen wäre, hätten nur die männlichen Bundesbürger gewählt. Von Wählern, die jünger als 30 oder älter als 60 Jahre waren, erhielt die NPD unterdurchschnittlichen Zuspruch. Die Gruppe der 45- bis 60-Jährigen hingegen, die den Nationalsozialismus als Jugendliche und junge Erwachsene erlebt hatten, war unter den NPD-Wählern überdurchschnittlich stark vertreten. Die Affinität zur NPD wurde also möglicherweise zum einen durch eine politische Sozialisation in den Krisenjahren der Weimarer Republik und im »Dritten Reich« begünstigt und zum anderen – damit zusammenhängend – durch die Erfahrung einer Entwertung der eigenen Biographie in den »besten Jahren« aufgrund des Systembruchs von 1945. Psychologisch ähnliche Faktoren mögen heute im Osten Deutschlands eine Rolle spielen: Nicht zufällig weist die AfD-Wählerschaft nach Alter und Geschlecht ein vergleichbares Profil auf.

Nachdem die NPD 1969 bei der Bundestagswahl gescheitert war, geriet sie in eine Krise, die ihren Abstieg einleiten sollte. Ein Grund hierfür war, dass die Union nach dem Regierungsantritt der sozialliberalen Koalition wieder stärker nach rechts rückte, sich als konservative Opposition gegen die Gesellschaftsreformen und die Neue Ostpolitik der Regierung Brandt profilierte und SPD und FDP angesichts des neuen Linksterrorismus auch beim Thema innere Sicherheit vor sich hertrieb. Von den ökonomischen Krisenerscheinungen der siebziger Jahre, die ausgeprägter waren als in den späten sechziger Jahren, konnte die NPD nicht profitieren. Zunächst reagierte die Parteiführung mit dem Versuch der programmatischen Mäßigung, um sich der Union als Bündnispartner zur »Abwehr des Kommunismus« im Inneren und Äußeren anzudienen. Im »Wertheimer Manifest« von 1970 hieß es nun: »Die NPD ist konservativ.« Dieser Satz war auf dem Parteitag jedoch nur mit einer knappen Mehrheit angenommen worden. Viele der rechten Gruppierungen, die sich in der Partei versammelt hatten, waren dem Legalitäts- und Mäßigungskurs Adolf von Thaddens allein deshalb gefolgt, weil er sich zeitweilig als erfolgreich erwiesen hatte. Jetzt drängten vor allem die jüngeren Mitglieder auf eine systemoppositionelle Radikalisierung, und schnell zeigte sich, dass die Parteiführung diese Kräfte nicht mehr unter Kontrolle hatte.

So gewannen die radikalen Kräfte auch in der »Aktion Widerstand« die Oberhand, die von der NPD im Herbst 1970 als Reaktion auf die Entspannungspolitik der sozialliberalen Koalition gegründet wurde und eigentlich auf einen antikommunistischen Schulterschluss mit dem bürgerlich-konservativen Lager zielte. Auf Demonstrationen der »Aktion Widerstand« wurden Transparente gezeigt, die unter anderem mit Bezug auf Willy Brandt und Herbert Wehner »Hängt die Verräter!« forderten, und zum ersten Mal wurde der dem Hitlergruß ähnelnde »Widerstands-Gruß« gezeigt, bei dem Daumen, Zeige- und Mittelfinger am ausgestreckten Arm zu einem W gespreizt werden.[22] Dass es bei diesen Protestveranstaltungen immer wieder zu gewalttätigen Ausschreitungen gegen die Polizei kam, verstärkte den öffentlichen Eindruck, den die NPD im Bundestagswahlkampf hinterlassen hatte, und stand in deutlichem Widerspruch zu ihren Mäßigungs- und Legalitätsbekundungen.

Bei den Landtagswahlen 1970 und 1971 erlitt die NPD durchgehend große Stimmenverluste und kam nirgends mehr über die Fünf-Prozent-Hürde. Ende 1971 warf von Thadden schließlich das Handtuch und trat vom Parteivorsitz zurück. Die NPD bestand weiter, doch verlor sie ihr Sammlungsmonopol im rechtsradikalen Lager. Unter den zahlreichen kleinen Gruppierungen, in die dieses sich erneut aufsplitterte, waren solche, die wieder offen neonazistisch auftraten. Es gab aber auch solche, die sich als Neue Rechte verstanden und sich mit den Ideen der »Konservativen Revolution« identifizierten. Deren ideologische Erben erleben heute einen neuen Frühling.

# KAPITEL 4

»*Deutschland ist kein Einwanderungsland*«
Ankunft und Abwehr in der Migrationsgesellschaft

Immer wieder dasselbe Bild: Junge Männer steigen aus dem Zug, stehen am Bahnsteig neben ihren Koffern. Sie kommen aus dem südlichsten Europa, aus den entlegenen, armen Regionen des Kontinents; bald auch aus der Türkei. Alleinreisend, ohne Familie, mit ihrem Handgepäck als ganzem Besitz, hoffen sie auf ein besseres Leben – allerdings nicht in Bochum oder Köln, Stuttgart oder München, sondern in ihrer Heimat. In möglichst kurzer Zeit wollen sie möglichst viel Geld verdienen, um sich selbst und ihren Familien aus der Armut zu helfen, Land zu kaufen, ein Haus zu bauen und ihren Kindern eine gute Ausbildung zu ermöglichen. Niemand rechnet damit, dass aus dem befristeten Arbeitsvertrag ein dauerhafter Aufenthalt wird, geschweige denn damit, dass die Gastarbeiter ihr Leben in der Bundesrepublik verbringen, ihre Familien nachholen oder hier heiraten und Kinder großziehen werden. Und niemand ahnt, dass diese Kinder dann in Bochum oder Köln, Stuttgart oder München zur Schule gehen und besser Deutsch als die Sprache ihrer Eltern sprechen werden.

Das erste Anwerbeabkommen war 1955 mit dem ehemaligen Achsenpartner Italien geschlossen worden, fünf Jahre später, im März 1960, folgten die Verträge mit Spanien und Griechenland, danach die Abkommen mit der Türkei, Portugal, Marokko, Tunesien und Jugoslawien. Sie markieren den Beginn einer langen Geschichte der Gastarbeit in der Bundesrepublik; einer Geschichte des Ankommens, Arbeitens und – zunächst eher selten – des Bleibens. Einer Geschichte, die viel länger dauerte, als der Begriff denken ließ, so lange, bis er irgendwann gar nicht mehr passte; heute, im Einwanderungsland Deutschland, wirkt er wie aus einer anderen Zeit. Damals aber brachte »Gastarbeit« auf knappe Weise zum Ausdruck, dass die Arbeit von Ausländern als Zwischenlösung im Wirtschaftsboom geplant war – als Einladung auf Zeit. Die Gastarbeiter wurden befristet beschäftigt, oft mit Einjahresverträgen, die nach Bedarf verlängert werden konnten. Sie hatten keine, wie man heute sagt, Bleibeperspektive, viele wollten auch keine. Welcher Weg führt von hier zum Einwanderungsland Deutschland?

Es ist eine paradoxe Folge dieser Arbeitsmigration, dass mit ihr Einwanderung zum Thema und zu einer gesellschaftlichen Tatsache wurde. Während die politischen Eliten, vor allem der seit 1982 regierende Bundeskanzler Helmut Kohl, den Begriff nur in der Negation über die Lippen brachten (»Die Bundesrepublik Deutschland ist kein Einwanderungsland«), näherten sich deutsche und ausländische Arbeiter über konfliktreiche Begegnungen im Betrieb einander an. Auch im Alltag gewöhnte man sich aneinander – in der Bundesrepublik viel mehr als in der DDR, wo die »ausländischen Werktätigen«, jenseits der Propaganda von der »Völkerfreundschaft«, streng von den Deutschen separiert wurden.

So wurde die Bundesrepublik seit den sechziger Jahren zu einem Einwanderungsland *avant la lettre*, trotz widriger politischer Rahmenbedingungen und lange bevor sich der Begriff seit Ende der neunziger Jahre gesellschaftlich durchzusetzen begann. Unter der rot-grünen Regierung wurde schrittweise ein modernisiertes Staatsbürgerschaftsrecht verabschiedet, das nicht mehr nur auf Abstammung beruhte (*ius sanguinis*), sondern Geburtsort und Lebensmittelpunkt anerkannte (*ius soli*). Damit holte die Politik endlich nach, was längst gesellschaftliche Realität war – wenngleich eine weiterhin umstrittene. Wie aus Deutschland ein Einwanderungsland wurde und warum dieser Umstand bis heute hart umkämpft ist, lässt sich nur verstehen, wenn dieser Prozess »von unten« rekonstruiert wird: aus der Perspektive der Einwanderungsgesellschaft selbst.

Dass Konflikte seit den achtziger Jahren vermehrt in Ausländerhass und rassistische Gewalt mündeten, lag auch daran, dass die Exekutive den Prozess der faktischen Einwanderung mit keiner realistischen Integrationspolitik begleitete. Im Gegenteil diente die Präsenz von Ausländern im »Einwanderungsland wider Willen« (Klaus Bade) allzu oft dazu, gesellschaftliche Ressentiments und Konflikte zu instrumentalisieren.[1] Dabei wurde der wohl anthropologische Affekt der Abwehr von Fremden, der sich direkt nach 1945 in Ost wie West auch gegenüber den Flüchtlingen und Ostvertriebenen geäußert hatte, in der Bundesrepublik erst in dem Moment politisch kampagnenfähig, als sich mit den türkischen Gastarbeitern und ihren Familien eine als kulturell und religiös, aber eben auch ethnisch fremd stigmatisierte Einwanderergruppe dauerhaft niederließ. Ausländer – das waren Türken, weniger die italienischen oder griechischen Restaurantbesitzer von nebenan. Anfang der achtziger Jahre gingen rechtsradikale Organisationen wie die »Bürgerinitiative Ausländerstopp« auf Stimmenfang, und nicht nur konservative Politiker bezweifelten, dass die fremde Kultur überhaupt integrationsfähig sei.

Ob entsprechende Äußerungen unbedacht fielen oder kalkuliert gewählt wurden: Sie waren Resultat der Anti-Ausländer-Stimmung und heizten sie zugleich an. Ein aggressiver Türkenhass brach sich Bahn, Diffamierungen und Übergriffe waren an der Tagesordnung. Daneben entwickelte sich ein rechter Terror, der auf die rassistische Gewalt nach der deutschen Einheit ebenso vorausweist wie auf die Morde des sogenannten Nationalsozialistischen Untergrunds seit der Jahrtausendwende. Wer die heutigen Konfliktlagen rund um das Thema Einwanderung verstehen will, muss also beides in den Blick nehmen: konfliktreiche Integration und aggressive Exklusion.

## Von der Arbeit auf Zeit zum Aufenthalt auf Dauer

Das westdeutsche Wirtschaftswunder hatte der Gesellschaft Wachstumsraten um die zehn Prozent und einen akuten Arbeitskräftemangel beschert, der nur bis zum Mauerbau 1961 durch die Beschäftigung von Flüchtlingen aus der DDR abgemildert werden konnte. Danach kamen ausländische Arbeiter in so großer Zahl, dass die Bundesbahn Sonderzüge einsetzte: Der Zug von Istanbul nach Dortmund fuhr 50 Stunden, und der Hellas-Express zwischen Athen und Dortmund bediente mit 2948 Kilometern die längste internationale Direktstrecke. »Hält nur zum Aussteigen«, vermerkten die Kursbücher mit jener Lakonie, die der knappen Zwecksprache der Fahrpläne eigen ist.

Eigentlich müssten die anonymen Serienbilder der in Deutschland ankommenden Arbeiter ikonischen Status haben; sie sind *das* Symbol der frühen Arbeitsmigration in die Bundesrepublik. Aber Ikonen brauchen einen Namen. Bekannt und immer wieder abgedruckt wurde deswegen das Foto des millionsten Gastarbeiters Armando Rodrigues de Sá. Dass gerade dieser Portugiese mit Hut bis heute so vielen Bundesbürgern im Gedächtnis ist, gründet im Zufall der Zahl. Als de Sá am 10. September 1964 in Köln-Deutz, dem neben München größten Ankunftsbahnhof für Gastarbeiter, aus dem Zug stieg, wurde er aus dem Heer der Ankömmlinge gefischt. Jemand hatte seinen Namen zuvor auf einer Liste angekreuzt: Er sollte der 1 000 000. sein! Von Wirtschaftsvertretern und Politikern bekam Rodrigues de Sá einen Blumenstrauß und ein Moped geschenkt. Die Pressefotografen knipsten ihn aus allen Perspektiven, und so wurde der 38-Jährige zum gar nicht mehr so jungen Gesicht der Gastarbeit und zur Verkörperung des Wirtschaftswunders – ein

Held der Arbeit im demokratischen Westdeutschland. Die weitere Lebensgeschichte des Zimmermanns, der Frau und Kinder in seinem Heimatdorf zurückgelassen hatte, wo er Ende der siebziger Jahre an Krebs sterben sollte, interessierte fortan niemanden mehr.

In dieser ersten Phase bundesrepublikanischer Arbeitsmigration gingen Politiker und Arbeitgeber davon aus, dass man die Gastarbeiter, sollte eine Rezession drohen, schnell zurückschicken könne. Als dieses Kalkül in der ersten ernsten Nachkriegsrezession 1974/75 nicht aufging, drehte sich die Stimmung; in der Geschichte des Rassismus nach 1945 bilden diese Jahre deshalb die entscheidende Zäsur. Denn nach dem Anwerbestopp von 1973 holten viele Frau und Kinder nach. Die absolute Zahl der Ausländer in der Bundesrepublik stieg also just in dem Moment an, in dem die Zahl der ausländischen Arbeitskräfte zurückging. Aus den alleinreisenden Gastarbeitern, die Jahre zuvor an irgendeinem Bahnhof aus dem Zug gestiegen waren, um in einem ihnen unbekannten Betrieb ihre Arbeit aufzunehmen, wurden in den nächsten Jahren deutsch-italienische, deutsch-griechische oder deutsch-türkische Familien.

Die große Mehrheit der insgesamt 14 Millionen Gastarbeiter, die zwischen dem ersten Anwerbeabkommen von 1955 und dem Anwerbestopp von 1973 in die Bundesrepublik gekommen und zuweilen mehrfach ein- und wieder ausgereist waren, kehrte indes dauerhaft in ihre Herkunftsländer zurück. Die etwa drei Millionen Menschen, die blieben, richteten ihre Lebenspläne aus unterschiedlichen Gründen neu aus: Sie gehörten mittlerweile zur Stammbelegschaft in ihren Betrieben, hatten sich selbstständig gemacht oder eine Familie gegründet. Andere blieben, weil sich die wirtschaftliche Lage im Herkunftsland nicht verbesserte und sich die Risiken einer Rückkehr nicht kalkulieren ließen. Diese Familien lebten von nun an zwischen den Welten.

Am Anfang ging es also gar nicht um »Integration«. Das wird in den Debatten um die erste Gastarbeitergeneration und die Fehler der Bonner Ausländerpolitik jener Jahre häufig vergessen. Die Gastarbeiter wurden weder als Bleibende noch als Konkurrenten begriffen, sondern als »ein Subproletariat vorwiegend schlecht qualifizierter Hilfsarbeiter« mit minimalen gesellschaftlichen Teilhaberechten.[2] Während die meisten Einheimischen sich ihre Tätigkeiten aussuchen konnten, oft auch von Arbeiter- in Angestelltenverhältnisse aufstiegen, übernahmen Ausländer einfache Hilfsarbeiten; ein Phänomen, das als »Unterschichtung« bezeichnet wird. Im Gedächtnis der Westdeutschen ist es bis heute präsent: in Gestalt des türkischen Müllmanns im orangefarbenen Anzug.

Deutsch mussten die Gastarbeiter nur insoweit lernen, als es die Arbeit im Betrieb verlangte. Sprach- oder gar Integrationskurse gab es nicht; Betriebe wie Volkswagen in Wolfsburg oder Ford in Köln verteilten Wörterbücher mit berufsspezifischem Vokabular. Zwei Drittel der ausländischen Arbeiter lebten in einfachen Gemeinschaftsunterkünften, Wohnheimen oder Lagern, in enger Gemeinschaft und getrennt vom deutschen Umfeld. Ihr Leben erschöpfte sich im steten Rhythmus des Zur-Arbeit-Gehens und Von-der-Arbeit-Kommens. In der Freizeit schrieben sie Briefe nach Hause – aus denen sich heute viel über den Arbeitsalltag erfahren lässt –, lasen Gastarbeiterzeitungen und besuchten die italienischen, spanischen oder griechischen Restaurants, die zunächst für die eigenen Landsleute öffneten, bald aber allgemein beliebt waren. Wenn sich die Deutschen gegenüber den Gästen als wenig gastfreundlich erwiesen, dann wohl eher aus Indifferenz denn aus Ablehnung. Man sah in den Fremden anonyme Förderer gesellschaftlichen Wohlstands. Über die Schwelle zum eigenen Leben ließ man sie hingegen nur ungern treten – Rainer Werner Fassbinder hat das in »Angst essen Seele auf« 1974 eindrucksvoll in Szene gesetzt.

An den Anblick ausländischer Arbeitskräfte waren die Deutschen seit dem Zweiten Weltkrieg gewöhnt. Insgesamt rund zehn Millionen Zwangsverpflichtete etwa aus Polen,

Frankreich, der Sowjetunion oder Italien arbeiteten bis 1945 als sogenannte Fremdarbeiter in der deutschen Kriegswirtschaft. Damals kam auch der Begriff des Gastarbeiters in Gebrauch: Mit ihm ließen sich die auf freiwilliger Basis gekommenen Arbeitskräfte aus verbündeten Staaten von den »Ostarbeitern« unterscheiden, die auf der untersten Stufe der Diskriminierungsskala standen. »Europa arbeitet in Deutschland« lautete der Titel einer 1943 veröffentlichten Propagandabroschüre, darin Bilder freudiger Gastarbeiter, die über den noch immer imaginierten »Endsieg« hinaus beim Aufbau eines nationalsozialistisch dominierten Europas mitarbeiten sollten und angeblich auch wollten.[3]

Kontinuitäten lassen sich also erkennen, aber man sollte sie nicht überstrapazieren. Fast eine halbe Million Italiener arbeitete seit 1938 auf der Basis bilateraler Verträge zwischen den Achsenpartnern in der nationalsozialistischen Aufrüstungs- und Kriegswirtschaft; eine Zusammenarbeit, die 1943 mit dem Bruch der Achse endete. Danach jedoch wurden noch einmal fast so viele Italiener als Zwangsarbeiter nach Deutschland deportiert und unter elenden Bedingungen zur Arbeit gepresst. Auf die Vorerfahrungen einer staatlich regulierten Arbeitsmigrationspolitik ließ sich nach 1945 gleichwohl aufbauen, und so ist es kein Zufall, dass das erste zwischenstaatliche Abkommen vom Dezember 1955 die »Achse« Berlin–Rom gleichsam reaktivierte. Im Vordergrund standen außenpolitische Erwägungen der gerade souverän gewordenen Bundesrepublik: Westbindung und europäische Integration. Noch bis Ende der sechziger Jahre stellten die Italiener unangefochten die größte Gruppe unter den ausländischen Arbeitern – 1960 waren es bereits 100 000.

Die Arbeitsbedingungen der Italiener wie aller nachfolgenden Gruppen ausländischer Arbeiter waren de jure gut: Dass sie ihren deutschen Kollegen auf dem Papier gleichgestellt waren, verdankte sich vor allem dem Engagement der Gewerkschaften. Als Vorzeigebetrieb galt Volkswagen, dessen Wolfsburger Stammwerk Anfang der sechziger Jahre bundesweit eine der größten italienischen Belegschaften beschäftigte. Peinlich genau wurde darauf geachtet, die Unterschiede zum Zwangsarbeitereinsatz während des Kriegs zu betonen, ein humanes Arbeits- und Lebensumfeld zu schaffen und – längst nicht immer erfolgreich – durch Sprachregelungen möglichst zu verhindern, dass unter den Einheimischen von »Fremdarbeitern« im »Lager« die Rede war. Auch personelle Kontinuitäten reichten bis in die Nachkriegszeit: So war der für die Unterbringung der Gastarbeiter zuständige Ludwig Vollmann bis 1945 für die Fremdarbeiterlager verantwortlich gewesen.[4]

Trotz alledem war die Furcht vor der ökonomischen wie lebensweltlichen Konkurrenz durch die Ausländer von Anfang an latent wirksam: Als Allensbach 1956 im Zusammenhang mit dem deutsch-italienischen Pilotvertrag die Stimmung im Land erhob, sprachen sich 55 Prozent der Deutschen gegen die Anwerbung ausländischer Arbeitskräfte aus (allerdings hatte die Arbeitslosenquote 1954 noch bei über sieben Prozent gelegen und sank erst in den nächsten Jahren signifikant, 1956 lag sie bei 4,4, 1961 nur noch bei 0,8 Prozent).[5] Während der ersten kleinen Rezession 1966/67 beschwerte sich ein in den Wolfsburger Werken beschäftigter Italiener in einem Brief über die Unhöflichkeit der Beamten in den Behörden. Die Deutschen glaubten offenbar, meinte er, »dass die Ausländer ihnen das Brot wegnehmen und dass wir ihre Heimat ausbeuten«.[6] Auf deutschen Arbeitsplätzen wurden Ausländer ohnehin nur geduldet, wenn keine Einheimischen sie wollten. Dieser »Inländerprimat« hat bis heute Geltung und wird im Rahmen der Diskussion um ein Einwanderungsgesetz und die Anwerbung dringend benötigter Fachkräfte gegenwärtig erneut reaktiviert.

Ablehnung schlug den Gastarbeitern auch entgegen, wenn sie das Restaurant um die Ecke besuchen oder die Wohnung nebenan mieten wollten. In den Wolfsburger Gaststätten, so der italienische VW-Arbeiter, »gibt es nicht mehr jene Freundlichkeit von früher, im Gegenteil, wenn du reingehst, scheinen sie sagen zu wollen: hier gibt es keinen Platz für Euch Italiener«. Manch ein Lokalbesitzer münzte das Recht, bestimmten Personen – den üblichen Betrunkenen und Pöblern – den Zutritt zu verweigern, in ein generelles Hausverbot für Ausländer um und hängte ein Schild an seine Tür: »Ausländer nicht erwünscht!« oder »Keine Türken!«[7] Dass es solche Diskriminierungen nicht nur vereinzelt, sondern in einer ernstzunehmenden Größenordnung gegeben haben muss, spiegelt das nachholende Kommunalrecht: In einer Änderung der Ausführungsbestimmungen zur Berliner Gaststättenverordnung war 1984 zu lesen, dass der Gastwirt sein Hausrecht nicht missbrauchen dürfe, um »willkürlich Personen lediglich wegen ihrer Hautfarbe, Rasse, Herkunft oder Nationalität vom Besuch seiner Gaststätte« auszuschließen.[8]

Andersherum frequentierten die Deutschen die ausländischen Restaurants mit wachsender Leidenschaft, wenn ihnen nach einem exotischen Erlebnis zumute war; die Geschichte der ausländischen Gastronomie in der Bundesrepublik ist ein ganz besonderes Beispiel für die deutsch-migrantische »Interkultur«.[9] Dass Pizza und Pasta, Souvlaki, Gyros und Döner (und viele andere Nationalgerichte) aus unserem Speiseplan nicht mehr wegzudenken sind, ist eine alltägliche und deswegen unauffällige Folge der Präsenz von Ausländern. Unterschätzen sollte man diesen Beitrag zur Alltagskultur nicht: Es entstanden Räume des Austauschs, die über eine niedrige Schwelle zur Begegnung mit dem »Anderen« und »Fremden« führen konnten und führten.

Zum interkulturellen Unterricht sollte man den Besuch der Deutschen »beim Italiener« aber nicht hochstilisieren. Denn den Einheimischen ein exotisches Erlebnis zu verschaffen – das war die andere zulässige Funktion der Anwesenheit von Ausländern in der Bundesrepublik. Christoforos Stefanidis, einst Gastarbeiter bei Bosch in Stuttgart, später Besitzer eines griechischen Restaurants in Karlsruhe, erinnert sich den höchst amüsanten Aufzeichnungen seines Sohnes zufolge nicht daran, dass seine Frau und er nach der Eröffnung des

»El Greco« 1970 diskriminiert worden seien.[10] Im Gegenteil schien sich ein neuer Philhellenismus Bahn zu brechen, der an Konjunkturen der Griechenlandbegeisterung im 19. Jahrhundert anschloss. Den Westdeutschen ermöglichte der Besuch südeuropäischer Restaurants einen Kurzurlaub vom Alltag. Gleichzeitig erwärmten sie sich zunehmend dafür, ihre Sommerurlaube in just jenen Mittelmeerländern zu verbringen, aus denen die meisten Gastarbeiter kamen.

Exotismus kann eine vornehme Form der Diskriminierung sein. Auch noch die Angehörigen der zweiten Einwanderergeneration galten der deutschen Mehrheitsbevölkerung nicht selten als Experten für ein Land, das sie kaum aus eigener Anschauung, sondern nur aus Familienerzählungen kannten. Der Psychologe Mark Terkessidis erinnert sich daran, dass er in seiner Schulzeit als »Fachmann für Griechenland« galt – obwohl er »noch nie in Griechenland gewesen« war. Er wurde nach Klima und Geschichte, nach Sitten und Mythen oder ganz allgemein danach gefragt, »wie es denn bei uns so sei«.[11] Allein sein Name war Zeichen einer unüberwindlich scheinenden Differenz.

Solch alltägliche Diskriminierung kommt ohne ausländerfeindliche Parolen aus und erfolgt oft unbedacht, ist aber vielleicht gerade deswegen verbreitet. Darum hat sich Terkessidis weniger mit dem scharfkantigen Rechtsradikalismus und dem dumpfen Ausländerhass der Neonazis beschäftigt als mit dem Alltagsrassismus in der Mitte der Gesellschaft. Davon sind auch Menschen geprägt, die niemals »Deutschland den Deutschen – Ausländer raus« grölen würden. Ähnlich wie die Forschung zur Geschichte des Nationalsozialismus in den letzten zwei Jahrzehnten nach der Beteiligung immer weiterer Bevölkerungsgruppen am Ausschluss und an der Verfolgung von Juden und anderen »Gemeinschaftsfremden« fragt, erkundet Terkessidis die »Banalität des Rassismus« im bundesdeutschen Alltag.[12]

So wird Migranten, selbst wenn sie keine »Ausländer« mehr, sondern längst deutsche Staatsbürger sind, bis heute häufig eine besondere Behandlung zuteil. Das gilt mit Blick auf gesellschaftliche Institutionen und Strukturen – all die Ausländer- und Integrationsbeauftragten, die Integrationskurse und interkulturellen Trainings – ebenso wie für den öffentlichen Diskurs. Es mag angemessener sein, von »Migranten« oder Menschen »mit Migrationshintergrund« zu sprechen statt von »Ausländern« oder »Gastarbeitern«. Ins »Migrantenstadl« werden Menschen mit Einwanderungsbiographie allerdings gelegentlich recht unterschiedslos und auch gegen ihren Willen gesperrt.[13] Der Schriftsteller Navid Kermani richtete deshalb einen eindringlichen Appell an die Buchhändler, seine Werke nicht immer ins Regal für Migrationsliteratur zu stellen, sondern da einzusortieren, wo sie hingehören: zur deutschen Literatur.[14] Und nicht nur die Journalistin Mely Kiyak ärgert sich regelmäßig über die Willkür, mit der sie als »Expertin« zu Konferenzen eingeladen wird, die sich Migrationsthemen aller Art widmen.[15]

## »Kanaken raus«

Dass die Praxis alltäglicher Grenzziehung lange vor der rassistischen Gewalt nach der Wiedervereinigung in explizite Ausländerfeindschaft und zuweilen in handfeste Gewalt umschlug, lag daran, dass die Politik auf die veränderten Gegebenheiten einer Einwanderungsgesellschaft nicht adäquat reagierte. Aus anonymen Gästen wurden Nachbarn auf Dauer, mit Namen, Gesichtern und Geschichten. Zugleich wurden die gesamtgesellschaftlichen Kosten dieses Einwanderungsprozesses sicht- und spürbar: Wohnraum musste zur Verfügung gestellt, Kinder mussten ausgebildet, Familien sozial abgesichert werden. Ende der sechziger Jahre begannen Politiker und Experten, Kosten-Nutzen-Rechnungen aufzustellen, die immer häufiger zuungunsten der Gastarbeiter ausfielen.

Die Logik von Anwerbung und Rückkehr war in der Rezession 1966/67 noch aufgegangen, auch wenn ausländerfeindliche Einstellungen zu dieser Zeit Konjunktur hatten und beispielsweise die NPD in zahlreiche Landesparlamente einzog. Ein knappes Jahrzehnt später war das nicht mehr der Fall. Die sogenannte Ölkrise, auf die in diesem Zusammenhang häufig verwiesen wird, war allerdings nur der äußere Anlass für den Anwerbestopp Ende 1973. Zum Umdenken führte eher die seit Jahren gärende Diskussion über die Bilanz der Ausländerbeschäftigung. Schon die sozialliberale Koalition unter Helmut Schmidt unternahm erste Versuche, die Zahl der Ausländer in der Bundesrepublik nachhaltig zu senken. Ironische Folge dieser Anwerbestopp- und Rückführungspolitik war die Tatsache, dass die absolute Zahl der Ausländer in der Bundesrepublik nicht sank, sondern wegen des Familiennachzugs noch anstieg. Denn der Anwerbestopp stellte viele ausländische Arbeiter vor eine Lebensentscheidung: Sollten sie das Land auf Dauer verlassen? Gab es Beschäftigungsmöglichkeiten in der alten Heimat? Oder sollten sie bleiben und sich auf unbestimmte Zeit im Provisorium einrichten?

Von dieser Entscheidung betroffen waren vor allem die türkischen Gastarbeiter, die Anfang 1972 mit knapp einer halben Million die Italiener als größte Gruppe unter den Arbeitsmigranten überrundet hatten. Das zehn Jahre zuvor geschlossene Anwerbeabkommen hatte die türkische Wirtschaft und Gesellschaft von den Geldern abhängig gemacht, die die Gastarbeiter nach Hause schickten. Und noch immer war die wirtschaftliche Lage in der Türkei so schlecht, dass es kaum Perspektiven gab. Entsprechend stieg die türkische Wohnbevölkerung allein bis Ende der siebziger Jahre auf 1,27 Millionen an.[16] Vor allem in den Ballungsgebieten wurden die Türken als eigene Gruppe sichtbar: Plötzlich war die deutsche Bevölkerung im Alltag und auf den Straßen mit ganzen Familien konfrontiert und nicht mehr nur mit einzelnen Kollegen im Betrieb. In Supermärkten einkaufende türkische Frauen mit Kopftuch, türkische Kinder auf den Spielplätzen und in den Schulen wurden von vielen als bedrohlich wahrgenommen. »Die Türken kommen – rette sich, wer kann«, lautete ein *Spiegel*-Titel im Juli 1973, ein halbes Jahr vor dem Anwerbestopp.[17] Auf dem Cover drängte sich eine kinderreiche türkische Familie im Fenster eines abbruchreifen Hauses. Jahre vor der Metapher vom »vollen Boot« und noch weit entfernt von den apokalyptischen Umvolkungsphantasien der Neuen Rechten schürte Deutschlands einflussreichstes Nachrichtenmagazin die Fremdenangst.

1964 hatte Rodrigues de Sá als millionster Gastarbeiter noch den ökonomischen Erfolg der westdeutschen Nachkriegsgesellschaft repräsentiert. Die türkischen Großfamilien in den »Ghettos« westdeutscher Ballungsgebiete hingegen verkörperten das Ende des wirtschaftlichen Aufstiegs: die Grenzen des Wachstums und die Kosten der Krise. Für jeden sichtbar machten sie auf die unvorhergesehenen sozialen Folgekosten einer auf Dauer gestellten Zuwanderung aufmerksam, mit der niemand gerechnet hatte – und die niemand wollte. Statt des gesellschaftlichen Wohlstands wuchs in den Augen vieler jetzt nur noch die Zahl der Ausländer.

Der Prozess einer verstetigten Einwanderung veränderte den Blick vieler Deutscher auf die ehemaligen Gastarbeiter, aus denen Fremde auf Dauer wurden. Sukzessive wich die ökonomische Perspektive der Furcht vor einer kulturellen »Unterwanderung« oder »Überfremdung« durch Ausländer, wie es im Heidelberger Manifest hieß, das eine Gruppe von Hochschulprofessoren im Juni 1981 veröffentlichte. Das galt zumal angesichts türkischer »Ghettos« wie in Berlin-Kreuzberg oder Hamburg-Wilhelmsburg. Traditionsreiche Berliner Eckkneipen, so der *Spiegel* in dem erwähnten Artikel, müssten den Döner-Buden weichen, die wie Pilze aus dem Boden schössen. Diese Schnell-und-billig-Gastronomie versprach kein exotisches Esserlebnis mehr, sondern symbolisierte die Ausbreitung der fremden Kultur. Das Andere, Fremde, vermeintlich Bedrohliche wurde in derart plastischen Bildern ausgemalt, dass Türken bald als nicht mehr integrationsfähig galten. Dieser Trend verschärfte sich nach dem Regierungswechsel 1982, als Pläne kursierten, die Zahl der Türken um die Hälfte zu senken und Kindern über sechs Jahren das Recht zum Nachzug zu verweigern.

Die immer offenere Diskriminierung hat eine wesentliche Ursache in dieser krassen Kulturalisierung gesellschaftlicher Konflikte und deren politischer Instrumentalisierung. Die Gastarbeiter der sechziger Jahre waren nicht viel mehr gewesen als ihre Funktion: Männer ohne Eigenschaften, Kärrner für den Wirtschaftsboom. Vor dem Hintergrund der eigenen blendenden Zukunftsaussichten war es den Einheimischen ein Leichtes gewesen, die fremden Kollegen achselzuckend zu akzeptieren. Das war nun nicht mehr möglich. Der Strukturwandel hin zu einer Dienstleistungsgesellschaft, die neuerliche Wirtschaftskrise mit rasant steigenden Arbeitslosenzahlen und die sichtbar werdenden Bruchlinien zwischen Minderheiten und Mehrheitsgesellschaft verunsicherten viele. Das Identifikationspotenzial der Wirtschaftswunderjahre war längst aufgebraucht, und auf der Suche nach einer neuen »Identität« – der Begriff fand Ende der siebziger Jahre Eingang in den allgemeinen Sprachgebrauch – wurde das Fremde als das Andere zur negativen Bezugsgröße.

Mit besorgniserregender Regelmäßigkeit schlugen Empörung und Wut jetzt in Ausländerhass oder gar in Gewalt um. Dabei wurden die Opfer üblicherweise als »Türken« oder »Kanaken« diffamiert, selbst wenn sich die Angriffe gegen andere Ausländergruppen richteten. »Der Türke« stand pars pro toto für die fremde Kultur und für die Einwanderung wider Willen. Das beklemmende Kapitel des Ausländerhasses in den achtziger Jahren gehört zur wenig beachteten Vorgeschichte der rassistischen Gewalt nach der Wiedervereinigung – ob es sich um orthographisch fehlerhafte Schmierereien in Telefonzellen handelte (»Kanacken raus«) oder um Türkenwitze, die unter Schülern, in Familien oder Betrieben kursierten und in denen die »Kümmeltürken« nicht selten in der Mülltonne entsorgt wurden.[18] Als Alexander Gauland die ehemalige Integrationsbeauftragte Aydan Özoğuz im Wahlkampf 2017 »nach Anatolien entsorgen« wollte, kalkulierte er wohl gezielt mit dieser rassistischen Semantik.

Der *Spiegel*, dessen Berichterstattung in den achtziger Jahren auf merkwürdige Weise zwischen Panikmache und sachlicher Recherche changierte, brachte ausländerfeindliche Delikte regelmäßig ans Licht der Öffentlichkeit und betonte zudem die Bedeutung des gewalttätigen Alltagsrassismus. Man dürfe, so war im Juli 1982 zu lesen, die Aufmerksamkeit nicht nur auf die skandalträchtigen Schlüsselereignisse eines dezidiert rechtsradikalen Terrors lenken, der sich Anfang der achtziger Jahre schnell ausformte und aktenkundig wurde. Damit würde der Blick »auf die rapide zunehmende alltägliche Gewaltanwendung und -androhung gegenüber Ausländern« verstellt. Noch im Jahr zuvor habe sich Fremdenhass »vor allem in Parolengeschmier und Pöbeleien« manifestiert; nun aber werde »immer häufiger rabiat zugeschlagen, spontan gestochen und auch schon mal geschossen, keineswegs nur von organisierten Neonazis«.[19]

Gewaltvergehen im Alltag ereigneten sich häufig in öffentlichen Verkehrsmitteln.[20] Nachdem zwei deutsche Arbeiter im Mai 1982 einen Türken in der Berliner U-Bahn beschimpft und zusammengeschlagen hatten, wurden sie zu einer mehrmonatigen Freiheitsstrafe auf Bewährung verurteilt. Weil damals der Vergleich von Juden im Nationalsozialismus und Türken in der Bundesrepublik verbreitet war, erscheint plausibel, dass der im Zusammenhang mit diesem Vorfall notierte Ausspruch auch wirklich gefallen war: »Früher hätte man so etwas vergast.«[21] Die historische Analogie wurde allerdings nicht nur in provokant diffamierender Weise, sondern auch in kritisch entlarvender Absicht gebraucht: »Ja, früher waren's die Juden / Und heute sind die Türken dran«, sang Udo Lindenberg 1984; sein Lied trug den Titel »Sie brauchen keinen Führer«.

Alltagsrassistische Übergriffe blieben im Schatten einer rechten Terrorgewalt, deren Netzwerke sich in den Jahrzehnten zuvor formiert hatten und nun radikalisierten. In der Silvesternacht 1981 erschlugen rechte Rocker den Türken Seydi Battal Koparan, im Mai 1982 verbrannte sich die türkische Gastarbeiterin und Dichterin Semra Ertan in St. Pauli aus Protest gegen den Ausländerhass, im Frühsommer desselben Jahres wurde Tefvik Gürel im schleswig-holsteinischen Norderstedt von Rechten totgeschlagen, im Juli schoss der Neonazi Helmut Oxner, ein Sympathisant der »Wehrsportgruppe Hoffmann«, in einer vor allem von farbigen Amerikanern besuchten Nürnberger Diskothek wahllos sechs Menschen nieder; zwei Amerikaner und ein Ägypter starben. Oxner soll, bevor er sich selbst erschoss, in Deckung gehenden Polizisten zugerufen haben: »Ich schieße nur auf Türken.« Der kolportierte Satz offenbarte, dass das omnipräsente Stigma des »Türken« längst einen fundamentalen Ausländerhass bezeichnete.

Viele Türken lebten jetzt in einem Deutschland, dessen Topografie mit Begriffen wie Ghetto oder Parallelgesellschaft nur unzureichend beschrieben ist. Diese abgekoppelte Welt gründete auf der Fiktion eines nur vorübergehenden Aufenthalts, in ihr galten eigene Regeln und herrschte die Angst vor Willkür. Als Türke Ali hat Günter Wallraff den Bundesdeutschen 1985 vorgeführt, wie beschränkt und provisorisch man in dieser Welt lebte, oft ohne Rechte und vor allem ohne eine Lobby, die sie eingeklagt hätte. Bei Thyssen als Leiharbeiter eingesetzt, arbeitete Wallraff für geringen Lohn und häufig in Doppelschichten, ohne Atemschutzmaske und Schutzkleidung. »Ein Stück Apartheid findet mitten unter uns statt«, heißt es in seinem Bestseller »Ganz unten«. Immerhin: Die fünf Millionen verkauften Exemplare deuten an, dass etwas in Bewegung geraten war.[22]

## Sklavenarbeit im sozialistischen Bruderland

Richtet man den Blick gen Osten und betrachtet das parallele Phänomen der sogenannten Vertragsarbeit in der DDR, dann verändert sich die Perspektive. Zweifellos offenbaren die gesellschaftlichen Konflikte in der alten Bundesrepublik einen sich radikalisierenden Ausländerhass. Zugleich aber lässt sich an ihnen eine allmählich gelingende Integration ablesen: eine langsam glückende Ankunft der ehemaligen Gastarbeiter in der deutschen Gesellschaft, wo sie Wurzeln schlugen und mit Kind und Kegel ansässig wurden – Tür an Tür mit deutschen Nachbarn. Aus dem Zusammenleben resultierten Konflikte um Positionen und Ressourcen, deren breites Spektrum vom unauffälligen Nachbarschaftsstreit bis zum gewalttätigen Übergriff reichte. Dort, wo sie im Zivilen verblieben, deuteten sich die Umrisse einer Einwanderungsgesellschaft an. Auf dem Weg des Learning by Doing wurden aus Gastarbeitern Mitbürger – jenseits aller politischen Floskeln. Dass Konflikte demokratische Gesellschaften integrieren können, wie Ralf Dahrendorf schon in den bewegten sechziger Jahren wusste, gilt für Einwanderungsgesellschaften in besonderem Maße.[23]

Diese Entwicklung vom arbeitenden Ausländer zum Nachbarn und Mitbürger hat es in der DDR nicht gegeben – der omnipräsenten Propaganda von der »sozialistischen Völkerfreundschaft« zum Trotz. Dabei hatten die Ostdeutschen schon rein quantitativ mit wesentlich weniger Ausländern zu tun. Bis Mitte der siebziger Jahre – da hatte die Bundesrepublik den Zuzug schon wieder ausgesetzt – beschäftigte das Land nur ungefähr 20 000 Arbeiter und Arbeiterinnen aus »sozialistischen Bruderstaaten«. Insgesamt lebten in der DDR nie mehr als rund ein Prozent Ausländer, während ihr Anteil an der Bevölkerung in der Bundesrepublik 1989 acht Prozent betrug. Die propagandistische Begleitmusik tönte von der Beschäftigung der »ausländischen Werktätigen« als einem Akt sozialistischer Solidarität. Nicht nur beruflich, auch politisch sollten die seit den frühen sechziger Jahren aus Polen und Ungarn, später aus dekolonisierten sozialistischen Jungstaaten wie Algerien und Angola, in den achtziger Jahren vor allem aus Mosambik und Vietnam ins Land geholten Arbeiter vom fortgeschrittenen Realsozialismus der DDR profitieren. Auf paternalistische Weise wurde ihre Arbeit als eine gewissermaßen die gesamte Persönlichkeit umfassende Ausbildungsmission dargestellt; ihre Erfahrungen sollten die Vertragsarbeiter dann beim Aufbau des Sozialismus im eigenen Land einbringen. Im DDR-Fernsehen erklärten deutsche Brigadiers wissbegierig nickenden ausländischen Auszubildenden wohlwollend Werk und Welt.

Diesem Modell einer sozialistisch-humanistischen Ausbildung stellte die Propaganda die kapitalistisch-menschenunwürdige Ausbeutung in der »BRD« gegenüber. Von Mitte der fünfziger Jahre an unterzog die ostdeutsche Presse die Behandlung der Gastarbeiter im Westen einer fundamentalen ideologischen Kritik. Mit Blick auf die Tatsachen durchaus dicht an der Wahrheit, passten die Zeitungen ihre Berichterstattung in die gebräuchlichen ideologischen Propagandaschablonen ein. So entstand ein grobes, generalisiertes Bild von der »Gastarbeit« im Kapitalismus als einem modernen Sklavenhandel, der direkt an die faschistische Fremdarbeiterbeschäftigung anschloss und ausländische Arbeitskräfte erbarmungslos ausbeutete.

Berichte über Diskriminierungen von Gastarbeitern luden die Leser zu solidarischer Empörung ein. Im Sommer 1963 etwa berichtete die *Berliner Zeitung* vom Protest italienischer Kommunisten gegen die von der deutschen Gastronomie verhängten Zutrittsverbote. Die Delegation habe von der römischen Regierung gefordert, in Bonn Einspruch dagegen zu erheben, dass »in Nürnberger Gaststätten und Cafés italienischen Gastarbeitern der Zutritt verwehrt wird«.[24] Gerne aufgespießt, weil politisch besonders gut zu instrumentalisieren, wurden die zahlreichen Mietskandale, die »Wuchermieten für Rattenlöcher«.[25] Tatsächlich bereicherten sich westdeutsche Vermieter an den Gastarbeitern, denen sie für schäbige Unterkünfte mitunter abenteuerliche Mieten abknöpften. Auch wenn die Kritik aus dem sozialistischen Osten oft ins Schwarze westdeutscher Missstände traf: Das leuchtende Gegenbild, das die Propaganda von den »ausländischen Werktätigen« in der DDR zeichnete, entsprach weder den vertraglichen Regelungen noch der gesellschaftlichen Realität.

Das gilt vor allem für das letzte Jahrzehnt der DDR, als die Zahl der ins Land geholten »ausländischen Werktätigen« (Vertragsarbeiter wurden sie erst nach 1989 genannt) rasant anstieg. Um angesichts veralteter Technik, ausgebliebener Modernisierung und des auch fluchtbedingten Arbeitskräftemangels in einigen Wirtschaftszweigen die Produktion überhaupt aufrechterhalten zu können, wurden rund 16 000 Mosambikaner und fast 60 000 Vietnamesen angeworben. Grundlage bildeten zwischenstaatliche Regierungsabkommen, die, ähnlich wie in der Bundesrepublik, eine Aufenthaltsbefristung vorsahen.

Die Mosambikaner, deren Land seit 1975 dekolonisiert und sozialistisch war, aber mitten im Bürgerkrieg steckte, hofften auf eine Ausbildung und darauf, Geld für ein besseres Leben in der Heimat zurücklegen zu können. Als sie jedoch aus den Interflug-Maschinen stiegen, die sie von Maputo nach Ostberlin gebracht hatten, wurden sie den volkseigenen Betrieben ohne Wahl- oder Einspruchsmöglichkeit zugeteilt und dort für unqualifizierte Hilfsarbeiten eingesetzt. Der Aspekt der Ausbildung spielte nur eine nachgeordnete Rolle; realiter wurden die Vertragsarbeiter zur Arbeit nach Plan herangezogen. Viele landeten in der gesellschaftlich wenig angesehenen Leicht- und vor allem der Textilindustrie, wo der Arbeitskräftemangel besonders eklatant war.[26] Sowohl im Betrieb als auch außerhalb waren die Ausländer einem strikten Reglement aus Verhaltensanordnungen unterworfen: von der Einlasskontrolle in den meist etwas außerhalb gelegenen Wohnheimen über die paternalistische Betreuung durch Einheimische und Funktionäre aus den eigenen Reihen bis hin zur Beobachtung durch die Stasi. Aus der ihnen zugedachten Rolle aussteigen konnten sie nur mit viel Eigensinn, Finesse und einem ausgeprägten Freiheitsdrang, manchmal ganz buchstäblich: wenn sie nachts aus den Wohnheimfenstern kletterten, um sich in die Wohnungen ihrer deutschen Freundinnen zu stehlen.[27]

Dass auch noch – oder: gerade – die intimsten Lebensbereiche der Vertragsarbeiter staatlicher Kontrolle unterlagen, zeigt, wie menschenunwürdig die Bedingungen des ostdeutschen Arbeitsregimes waren. Familienzusammenführungen etwa waren, anders als in der Bundesrepublik, nicht erlaubt; binationalen Eheschließungen mussten beide Vertragsstaaten zustimmen, und erst kurz vor dem Mauerfall wurde es unter bestimmten Bedingungen möglich, ein Bleiberecht zu beantragen. Für ausländische Arbeiterinnen bedeutete eine Schwangerschaft unwiderruflich die Auflösung des Arbeitsvertrages (anders als für Männer, die zuweilen Kinder in der DDR zurückließen). Entweder wurden die Arbeiterinnen dann in ihre Heimatländer »zurückgeführt« oder zur Abtreibung gedrängt, die in der DDR seit 1972 legal war.

Auch eine 1987 zwischen Vertretern der DDR und der Sozialistischen Republik Vietnam geschlossene Vereinbarung machte unmissverständlich deutlich: Mit dem »Delegierungsauftrag«, also der »zeitweiligen Beschäftigung und Qualifizierung«, war eine Schwangerschaft unvereinbar.[28] Deswegen sollten die Betreuer nicht nur auf »Möglichkeiten zur Schwangerschaftsverhütung hinweisen«, sondern auch »erläutern«, dass vietnamesische Frauen das Recht hätten, »die Schwangerschaft kostenlos unterbrechen zu lassen«. Diesem Beispiel ließen sich viele andere zur Seite stellen, die allesamt auf eine frappierende Abschottung der ausländischen Arbeiter in der DDR verweisen. Während die Propaganda nicht müde wurde, die Ausländer als Brüder in den Brigaden zu begrüßen, folgten deren Verhaltensregeln einer segregationistischen Logik.

Die Konflikte, die aus dieser Kluft zwischen Propaganda und Realität erwuchsen, gingen weiter und waren schärfer als in der Bundesrepublik. Sie wurden weder öffentlich diskutiert noch politisch moderiert; von Integration konnte keine Rede sein. Wo Konflikte entstanden, wurden regelmäßig die Vertragsarbeiter zu deren Urhebern erklärt und des Landes verwiesen. Deshalb kann kaum verwundern, dass es bereits vor dem Mauerfall kollektive Angriffe auf Ausländer gab, die sich aufgrund der subkulturellen Fascho- und Hooliganszene in den achtziger Jahren rasch ausbreiteten.[29] Schon im August 1975 entlud sich beispielsweise in Erfurt über mehrere Tage hinweg die Gewalt gegen Algerier, im Sommer 1980 rotteten sich mit Zaunlatten bewaffnete Rechte – in der DDR als »Rowdys« verharmlost und verurteilt – vor einem Wohnheim in Eberswalde zusammen, in dem Kubaner lebten.

Auf beiden Seiten der Mauer war in den achtziger Jahren ein gefährlicher Mix von politisch forcierter Integrationsabwehr und einem selbstermächtigten Ausländerhass entstanden. Nach einer kurzen Euphorie über den Mauerfall wurde diese Dynamik in Ost- wie Westdeutschland auf jeweils unterschiedliche Art und Weise reaktiviert.

# KAPITEL 5

*»Vergangenheit, die nicht vergehen will«*
Engagement und Ermüdung im »Erinnerungsdienst«

Sonntag, 11. Oktober 1998, kurz nach Mittag. In der Frankfurter Paulskirche steuert das jährliche Hochamt des altbundesrepublikanischen Bildungsbürgertums seinem Ende entgegen. Soeben hat sich Martin Walser mit einer halbstündigen Rede für den Friedenspreis des Deutschen Buchhandels bedankt, nun erhebt sich die Festversammlung applaudierend zu seinen Ehren. Drei Personen in der ersten Reihe jedoch – Ignatz und Ida Bubis, aber auch Friedrich Schorlemmer, der neben ihnen sitzt – verharren reglos auf ihren Plätzen. Am Tag darauf erklärt der Vorsitzende des Zentralrats der Juden in Deutschland, was ihn hatte versteinern lassen: »Leute wie der DVU-Vorsitzende Gerhard Frey und Ex-Republikaner-Chef Franz Schönhuber sagen es auch nicht anders. Das ist geistige Brandstiftung.«[1]

Bubis' Reaktion auf Walsers Vortrag kam nicht aus heiterem Himmel. Schon seit den achtziger Jahren glaubte der Großschriftsteller, so hatte es sein Laudator Frank Schirrmacher gerade noch einmal erläutert, »die Nation rehabilitieren, die Inflationierung des Faschismus-Vorwurfs außer Verkehr setzen, das Geschichtsgefühl wecken« zu müssen. Dem Holocaust-Überlebenden Ignatz Bubis war das nicht entgangen, und Walsers jüngstes Werk, der autobiographische Roman »Ein springender Brunnen«, war Teil und Ausdruck dieser Mission. Walser – wie Bubis Jahrgang 1927 – verteidigt darin eine Kindheit im »Dritten Reich«, die den

Knaben in Wasserburg am Bodensee ideologisch unbehelligt heranwachsen lässt. Dass Auschwitz in dieser Erzählung eine Leerstelle bleibt, hatte Marcel Reich-Ranickis »Literarisches Quartett« sogleich bemängelt. Es war deshalb nicht zuletzt an die Adresse seiner Kritikerkollegen gesprochen, wenn Schirrmacher, der Mitherausgeber der *Frankfurter Allgemeinen*, die den Roman gerade erst vorabgedruckt hatte, Walser in seiner Laudatio zugutehielt: »Der Autor müht sich ab an dem großen Paradoxon seiner Generation: objektiv unschuldig, womöglich sogar glücklich gewesen zu sein und gleichzeitig per Geburtsurkunde Teil eines schuldig gewordenen Ganzen gewesen zu sein.«[2]

Doch was Bubis empörte und zu dem scharfen Wort von der »geistigen Brandstiftung« greifen ließ, war letztlich nicht Walsers Entwicklungsroman und dessen im Grunde konventionell-verklärender Blick auf die eigene Jugend. Es waren vielmehr die geschichtspolitischen Schlussfolgerungen, die der Altersgenosse, augenscheinlich gekränkt ob der verhaltenen Reaktionen auf sein Werk, in Frankfurt zu ziehen sich bemüßigt fühlte.

Tatsächlich ging Walser in seiner Dankesrede weit über alles hinaus, was er bis dahin an Sperrigem zur Auseinandersetzung mit der deutschen Vergangenheit formuliert hatte – und zu seiner eigenen, ja keineswegs unbeachtlichen Rolle darin: »Von den schlimmsten Filmsequenzen aus Konzentrationslagern habe ich bestimmt schon zwanzigmal weggeschaut. Kein ernstzunehmender Mensch leugnet Auschwitz; kein noch zurechnungsfähiger Mensch deutet an der Grauenhaftigkeit von Auschwitz herum; wenn mir aber jeden Tag in den Medien diese Vergangenheit vorgehalten wird, merke ich, daß sich in mir etwas gegen diese Dauerpräsentation unserer Schande wehrt. Anstatt dankbar zu sein für die unaufhörliche Präsentation unserer Schande, fange ich an wegzuschauen. Wenn ich merke, daß sich in mir etwas dagegen wehrt, versuche ich, die Vorhaltung unserer Schande auf Motive hin abzuhören und bin fast froh, wenn ich glaube, entdecken zu können, daß öfter nicht mehr das Gedenken, das Nichtvergessendürfen das Motiv ist, sondern die Instrumentalisierung unserer Schande zu gegenwärtigen Zwecken. Immer guten Zwecken, ehrenwerten. Aber doch Instrumentalisierung.«

Mit solchen Sätzen in einer politisch besonderen Situation – Helmut Kohl war gerade abgewählt, dessen Nein zu neuen Forderungen nach Entschädigung von ehemaligen NS-Zwangsarbeitern folglich nichts mehr wert – gab Walser nicht nur seine Selbstentpflichtung aus dem von ihm inzwischen nachgerade verachteten »Erinnerungsdienst« bekannt. Der Dichter, der vier Jahrzehnte zuvor im neu-linken *Kursbuch* die Insuffizienz der deutschen Strafjustiz angesichts des Judenmords angeprangert hatte (»Unser Auschwitz«), bediente sich dazu vor größtmöglicher Öffentlichkeit – die Rede wurde live im Fernsehen übertragen – auch einer Sprache, wie man sie von der apologetischen Rechten kannte. Und er nahm, das hatte Bubis richtig gesehen, Anleihe bei deren Begriffen. Wo diese von der »Auschwitz-Keule« sprachen, erklärte Walser, »vor Kühnheit zitternd«: »Auschwitz eignet sich nicht dafür, Drohroutine zu werden, jederzeit einsetzbares Einschüchterungsmittel oder Moralkeule oder auch nur Pflichtübung. Was durch Ritualisierung zustande kommt, ist von der Qualität des Lippengebets. Aber in welchen Verdacht gerät man, wenn man sagt, die Deutschen seien jetzt ein ganz normales Volk, eine ganz gewöhnliche Gesellschaft?«

Der in Frageform gekleidete Normalisierungswunsch, der eine apologetische Semantik in die Mitte der Gesellschaft holte, war Walser sicherlich noch wichtiger als das böse Keulenwort. Doch dieses blieb haften, neben seiner ordinären Kritik an den Diskussionen um das geplante Berliner Denkmal für die ermordeten Juden Europas, von denen er prophezeite, darin könne »die Nachwelt einmal nachlesen, was Leute anrichteten, die sich für das Gewissen von anderen verantwortlich fühlten. Die Betonierung des Zentrums der Hauptstadt mit einem fußballfeldgroßen Alptraum. Die Monumentalisierung der Schande.«

Im Vorfeld seines 90. Geburtstags 2017, nach mancherlei vorangegangenen Interpretationsversuchen, nahm Walser Abstand von den beiden seinerzeit am schärfsten kritisierten Punkten seiner Rede, die ihm immer wieder vorgehalten worden waren – der Polemik gegen das Denkmalprojekt und dem Vorwurf der Instrumentalisierung deutscher Schuld: in einem Nachtrag zu seiner Rede und lange nach dem frühen Tod von Ignatz Bubis (1999), mit dem er sich auf Drängen Schirrmachers zwei Monate nach der Preisverleihung getroffen hatte.[3] Bei diesem Austausch im Haus der *Frankfurter Allgemeinen*, den das Blatt auf nicht weniger als drei Zeitungsseiten dokumentierte, zog Bubis den Vorwurf der »geistigen Brandstiftung« zurück, während Walser erneut seine Expertise im Umgang mit der NS-Vergangenheit hervorhob (»ich war in diesem Feld beschäftigt, da waren Sie noch mit ganz anderen Dingen beschäftigt«).[4]

Halbwegs einig zeigten sich die Kontrahenten im Dezember 1998 – Rot-Grün war frisch an der Macht, die Bonner Republik auf dem Weg nach Berlin – darin, dass die Sprache des Erinnerns einer »Erneuerung« bedürfe. Das war eine doch eher oberflächliche Gemeinsamkeit, zumal wenn man bedenkt, dass die gesellschaftliche Bereitschaft zur Auseinandersetzung mit der Vergangenheit gerade in den neunziger Jahren eine Art Dauerkonjunktur gehabt hatte. Damit einhergegangen waren freilich, wie in den beiden Dekaden davor, nicht nur Reaktionen diffuser Abwehr und Verdrängung, sondern auch jene notorische, konkrete Ablehnung von rechts, die uns gegenwärtig erneut und verschärft begegnet: als Widerspruch, ja »Widerstand«, der Walsers Worte aufgreift (Björn Höcke: »Denkmal der Schande«), im Unterschied zu damals nun aber nicht mehr als die Einrede der »Ehemaligen« und »Ewiggestrigen«, sondern als jene der nachgewachsenen Rechten.

## Entsorgungsbemühungen seit den Siebzigern

»Was bedeutet die Hitlerwelle?«, fragte Marion Gräfin Dönhoff im September 1977 in der Zeit.[5] Seit zwei Monaten sorgte damals schon ein Film für volle Kinos, den der erfolgsgewohnte Journalist und Hitler-Biograph Joachim Fest gemeinsam mit dem Filmemacher Christian Herrendoerfer aus NS-Material zusammengebaut hatte und über dessen problematische Ästhetik – genauer gesagt: über dessen Unwillen oder Unvermögen, sich der propagandistischen Bildsprache des Regimes zu entziehen – längst eine lebhafte Diskussion entbrannt war.

Doch für solche Feinheiten interessierte sich die Gräfin so wenig wie für den im Programmheft postulierten Anspruch der Autoren, »die Faszination der Karriere Hitlers« zu zeigen, und zwar »unvoreingenommen, sachlich und rational« und »ohne auch nur in die Versuchung zu geraten, dieser zu erliegen«.[6] Was Dönhoff bekümmerte: dass man Stichworte wie »Hitlerwelle, Führerboom, Hakenkreuznostalgie, Renazifizierung« inzwischen nicht mehr einfach als »Blödsinn« abtun könne, obwohl es »absurd« sei anzunehmen – wie vor allem im Ausland zu hören –, dass aus dieser Richtung ernste Gefahr drohe. Allerdings gebe es einen »Überdruß an dem moralisierenden Ton, der die anfängliche *reeducation* fortsetzte. Schon der Beginn nach 1945, die Rechtsprechung allein durch die Sieger, die alles, was da kreuchte und fleuchte, anklagten, war sehr unglücklich, und führte dazu, daß viele sich daraufhin berechtigt glaubten, alles zu verdrängen. Im Übrigen stirbt die ältere Generation mit ihrem moralischen Entsetzen allmählich aus, und übrig bleiben die Jüngeren mit ihrem Unwissen.«

Tatsächlich konnte von einem Aussterben der Zeitgenossen der NS-Zeit in den siebziger Jahren noch nicht die Rede sein, aber der Eindruck grassierender Unbildung war nicht falsch. Gerade erst hatte eine Auswertung von 3000 Schüleraufsätzen (»Was ich über Adolf Hitler gehört habe«) quer durch alle Schularten deprimierende Ergebnisse erbracht – etwa in der Art: »Als ihm eines Tages der Krieg über den Kopf wuchs, stürzte er sich mit seiner Freundin die Klippen hinunter.«[7]

Parallel zu dem verbreiteten Desinteresse an der Vergangenheit hatte sich im vielbeschworenen »roten Jahrzehnt« der Bundesrepublik – gleichsam im Windschatten der fortschrittsfixierten Achtundsechziger-Diskurse – eine Memoria-Ecke ausgebildet, in der frivole Hochglanz-Hefte über »Das III. Reich« gediehen, der Handel mit Hitler-Devotionalien florierte und Illustrierte mit Enthüllungen aus der Kammerdienerperspektive Auflage machten. Über die Konsumenten dieser Nazi-Nostalgie wurde seinerzeit nicht groß reflektiert; hauptsächlich wird man sie unter den »Ehemaligen« vermuten dürfen, die mittlerweile das Pensionsalter erreicht und im Ruhestand ein Bedürfnis nach historisch-autobiographischer Selbstvergewisserung entwickelt hatten. Seit Joachim Fest und Wolf Jobst Siedler 1969 die spröden, im Spandauer Kriegsverbrechergefängnis notierten »Erinnerungen« von Hitlers Rüstungsminister Albert Speer in einen überraschend sprachmächtigen und nurmehr subtil apologetischen Sensationserfolg verwandelt hatten, wurde dieses Publikum systematisch bedient. Für fast ein Jahrzehnt floss aus den Federn oft fragwürdiger Sachbuchautoren, aber auch aus den Randzonen der Geschichtswissenschaft ein steter Strom mehr oder weniger seriöser Bücher über das Personal des »Dritten Reiches«. Joachim Fests »Hitler« (1973) war mit seinen 1200 Seiten nicht nur vom Umfang her das unbestrittene Spitzenprodukt dieser Gattung.

Stilistisch brillant evozierte Fests Biographie, wenn auch überdeckt von kritischer Eindeutigkeit im Urteil, jene Perspektive tragischer Größe, die vielen Zeitgenossen augenscheinlich entgegenkam: so zum Beispiel mit dem Gedankenspiel, Hitler könnte 1938 einem Attentat zum Opfer gefallen sein. Wären seine »aggressiven Reden« dann nicht längst vergessen, und würden die Deutschen dann zögern, ihn als einen ihrer »größten Staatsmänner«, ja als »Vollender ihrer Geschichte« zu preisen? »Sechseinhalb Jahre trennten Hitler von diesem Ruhm«, resümierte Fest – und ließ die Antwort auf die selbstgestellte Frage in der Schwebe: »Kann man ihn ›groß‹ nennen?« Eine Reihe von Zeithistorikern grummelte ob solchen Geraunes, doch deutlichen Widerspruch formulierte erst Sebastian Haffner fünf Jahre später in seinen »Anmerkungen zu Hitler« (1978) – allerdings auch er nicht, ohne ein Loblied auf Hitlers »Leistungen« zu singen und auf den Umstand, »daß sie ohne Krieg vollbracht worden waren«.[8]

Bei Lichte besehen waren solche Argumentationen ein ganzes Stück entfernt von jener kritischen Nüchternheit, die Fest (Jahrgang 1926) mit vielen anderen aus seiner Generation für sich in Anspruch nahm und auf die sich natürlich auch ein Remigrant wie Haffner (Jahrgang 1907) berief. Aber dahinter stand das Gefühl, Hitler auf diese Weise auch für sich selbst gleichsam abgehakt zu haben. Von daher glaubte man sich berechtigt, nach drei Jahrzehnten bundesrepublikanischer Demokratie, Vergangenheitsbewältigung und zuletzt auch noch der Ausstrahlung der amerikanischen Fernsehserie »Holocaust« (1979), die einen Begriff geprägt und von der sich die Nation »betroffen«[9] gezeigt hatte, nun wieder stärker die älteren und schöneren Epochen der deutschen Geschichte herauszustreichen. So folgte der Hitler- die Preußen-Welle.

Die Fokussierung auf den 1945 untergegangenen und zwei Jahre später durch den Alliierten Kontrollrat auch de jure aufgelösten Hohenzollernstaat blieb allerdings nicht auf den Westen beschränkt. Eher könnte man von einem deutschdeutschen Wetteifern sprechen, denn noch bevor im Sommer 1981 in West-Berlin die Ausstellung »Preußen – Versuch einer Bilanz« für Aufsehen sorgte, war Unter den Linden, also in der Hauptstadt der DDR, das Reiterstandbild des »Alten Fritz« wiederaufgestellt worden. Passend dazu hatte die Historikerin Ingrid Mittenzwei im reaktionären Preußen nach »progressiven Tendenzen« suchen und die Biographie Friedrichs II. einer »Neubewertung« unterziehen dürfen. »Erbe und Tradition« lautete das betuliche Motto dieses Kurswechsels in der ostdeutschen Kultur- und Geschichtspolitik. Dessen Höhepunkt bildete 1985 der erste Band von Ernst Engelbergs gleichzeitig in Ost und West erschienener Bismarck-Biographie (»Urpreuße und Reichsgründer«).

Im Westen beförderten den Preußen-Boom populäre Texte und Bücher vor allem von Sebastian Haffner und Christian Graf von Krockow sowie die kultur- und identitätspolitischen Ambitionen Michael Stürmers und Wolf Jobst Siedlers. Letzterer trat, vor und hinter den Berliner Kulissen bestens vernetzt, Anfang der achtziger Jahre als Gründer eines eigenen Verlags auf den Plan, um mit repräsentativen historischen Buchreihen (»Die Deutschen und ihre Nation«, »Das Reich und die Deutschen«) eine neue geistige Heimstatt für das konservativ-liberale Bürgertum zu schaffen, das sich nicht erst seit der Achtundsechziger-Revolte, seit dieser Zeit aber besonders, beschädigt wähnte. Zu den prominentesten Stimmen in diesem Siedler-Deutschland zählten Helmut Schmidt (»Menschen und Mächte«, 1987), Marion Gräfin Dönhoff, deren »Kindheit in Ostpreußen« (1988) für eineinhalb Jahre auf den Bestsellerlisten stand, und Richard von Weizsäcker (»Von Deutschland aus«, 1985; »Vier Zeiten«, 1997). Nimmt man Franz Josef Strauß hinzu, dessen »Erinnerungen« 1989 posthum bei Siedler erschienen, so ist das Kräftefeld bereits weitgehend markiert, in dem die Geschichtsdebatten der achtziger Jahre im Wesentlichen ausgetragen werden sollten: nämlich noch ohne die erst jetzt in Gestalt der Grünen parteipolitisch hervortretende Generation der Achtundsechziger.

Als 1983 der 50. Jahrestag der nationalsozialistischen Machtübernahme anstand – vier Monate nach dem konstruktiven Misstrauensvotum gegen Helmut Schmidt, das Helmut Kohl zur Kanzlerschaft in einer schwarz-gelben Koalition verholfen hatte –, sahen Befürworter der von Kohl seit Jahren verlangten »geistig-moralischen Wende« die wissenschaftliche und gesellschaftliche Beschäftigung mit der NS-Zeit im Stadium ihrer Bilanzierbarkeit angekommen. Entsprechend kontrovers und hitzig ging es Mitte Januar, sechs Wochen vor der vorgezogenen Neuwahl des Bundestags, auf einer internationalen Konferenz zur Zäsur von 1933 im Berliner Reichstagsgebäude zu. Doch die kritisch-aufklärerische Zeitgeschichtsschreibung konnte sich behaupten; die zahlreichen »runden« Gedenktage der folgenden zwölf Jahre boten ein ums andere Mal Anlass und Gelegenheit zu vertieften Forschungsanstrengungen und zu neuen öffentlichen Thematisierungen der verbrecherischen Vergangenheit.

Zu denen, die genau das hatten kommen sehen und nicht mochten, zumal nach dem überraschenden Erfolg der Fernsehserie »Holocaust«, gehörte Ernst Nolte. »Die negative Lebendigkeit des Dritten Reiches« war bereits im Sommer 1980 ein ganzseitiger Aufsatz in der *Frankfurter Allgemeinen* überschrieben, der auf einen Vortrag in Armin Mohlers Münchner Siemens-Stiftung zurückging und in dem der (eine Zeitlang als Linker missverstandene) Faschismusforscher drei »Postulate« für die Geschichtsschreibung formulierte: Erstens solle das »Dritte Reich« aus seiner »Isolierung« herausgenommen werden, zweitens sei seiner »Instrumentalisierung« entgegenzutreten, der es »einen guten Teil seiner Lebendigkeit verdankt«, und drittens schließlich könne seine »Dämonisierung« nicht akzeptiert werden. Mehr als eine halbe Dekade vor dem Beginn des »Historikerstreits« hatte Nolte damit eigentlich schon alles gesagt, was später für Empörung sorgte – einschließlich seiner These vom bolschewistischen »Original« und dem nationalsozialistischen Judenmord als »verzerrte(r) Kopie«: »Auschwitz resultierte nicht in erster Linie aus dem überlieferten Antisemitismus und war im Kern nicht ein bloßer ›Völkermord‹, sondern es handelt sich vor allem um die aus Angst geborene Reaktion auf die Vernichtungsvorgänge der russischen Revolution.«[10]

Das Bedürfnis nach Apologie und die Bereitschaft zur Auseinandersetzung mit der nationalsozialistischen Vergangenheit lagen in der alten Bundesrepublik stets und von Anfang an nah beieinander: ein gleichsam dialektisches Verhältnis, das sich auch und gerade in den geschichtsbewegten achtziger Jahren fortschrieb. Immer häufiger meldete sich nun auch die Politik auf diesem Diskursfeld zu Wort, und es etablierte sich, was später Geschichtspolitik genannt werden sollte.

Im Frühjahr 1985 schob sich der 40. Jahrestag des Kriegsendes zwischen den zwei Jahre zuvor begonnenen 50-Jahres-Reigen. Bundespräsident Richard von Weizsäcker setzte durch, dass ihm das Parlament eine Bühne gab. Konzipiert als eine Ansprache unter der Maxime »die Deutschen unter sich«, erklärte er den 8. Mai 1945 zum »Tag der Befreiung«. Der ehemalige Wehrmachtsoffizier hob damit auf eine normative Ebene, was er 15 Jahre zuvor als einfacher Abgeordneter der CDU im Bundestag zu Protokoll gegeben hatte: »Keiner möge seine persönlichen Erlebnisse zum Maßstab für alle machen.«[11]

Weizsäckers gerade auch im Ausland hochgeschätzte Rede vollzog letztlich zwar nur nach, was unter seriösen Zeithistorikern schon längst und inzwischen auch bis in die linke Mitte der westdeutschen Gesellschaft hinein als Konsens gelten durfte, was aber im konservativen Bürgertum durch die alte Formel vom »Zusammenbruch« jahrzehntelang verschwiemelt worden war: nämlich dass erst das von außen militärisch erzwungene Ende des »Dritten Reiches« den Weg freigemacht hatte für die Wiederbegründung der Demokratie – jedenfalls im Westen. Entsprechend rumorte es auf der Rechten vernehmlich angesichts der terminologischen Eindeutigkeit des Präsidenten. Unnachgiebige Verteidiger der Wehrmacht vom Schlage Alfred Dreggers, des Vorsitzenden der CDU / CSU-Bundestagsfraktion, wollten wenn schon nicht am »Zusammenbruch«, so doch zumindest am »Tag der Niederlage« festhalten.

Zehn Jahre später, im Frühjahr 1995, sollten die Apologeten wieder in der Offensive sein: Zum 50. Jahrestag des Kriegsendes gab es in der Hauptstadt des geeinten Deutschland einen großen Staatsakt mit Vertretern der mittlerweile Geschichte gewordenen Vier Mächte, dem wochenlange Deutungskämpfe vorausgegangen waren. Eine neurechte Szene, beträchtliche Teile des bürgerlich-konservativen Lagers, aber auch Ostdeutsche, denen die Erfahrung der sowjetischen Besatzung in den Knochen saß, rebellierten lautstark gegen die »einseitige« Festlegung auf den Begriff der Befreiung. Und Kanzler Kohl nutzte die Gelegenheit, seinem Intimfeind von Weizsäcker, dem unterdessen Roman Herzog als Bundespräsident gefolgt war, eine kaum verkappte Rüge nachzurufen: »Niemand hat das Recht, festzulegen, was die Menschen in ihrer Erinnerung zu denken haben.«[12]

Doch das waren fast Petitessen, gemessen jedenfalls am »Historikerstreit«, der im Jahr nach der Weizsäcker-Rede das historisch-politische Fundament der Republik vibrieren ließ. Tatsächlich offenbarte kein anderes Ereignis der achtziger Jahre die fortbestehenden Spannungen im bundesdeutschen Geschichtsverständnis so sehr wie die im Sommer 1986 von Jürgen Habermas ausgelöste Kontroverse.[13]

Unmittelbarer Anlass war eine Rede von Ernst Nolte über die »Vergangenheit, die nicht vergehen will«, die er bei den Frankfurter Römerberg-Gesprächen hätte halten wollen. Dort ausgeladen, fand Nolte wieder einmal Hilfe bei der *Frankfurter Allgemeinen*, in deren Spalten er seine sechs Jahre zuvor ventilierten Erwägungen wiederholen durfte und jetzt zu der These vom »faktische(n) Prius« des bolschewistischen »Klassenmords« gegenüber dem »Rassenmord« der Nationalsozialisten verschärfte. Anders als die Zeithistoriker, die Noltes geschichtsphilosophische Spekulationen seit Längerem ignorierten, packte Habermas entschlossen zu – und sorgte mit seiner Intervention rasch für internationales Aufsehen. »Eine Art Schadensabwicklung« betitelte der Frankfurter Philosoph seinen Text in der *Zeit*. Es handelte sich, weit über Nolte hinaus, um eine scharfe »Kampfansage« gegen die »apologetischen Tendenzen in der deutschen Zeitgeschichtsschreibung«, die neben dem zeitweiligen Kohl-Berater Michael Stürmer auch Andreas Hillgruber und Klaus Hildebrand ins Visier nahm, zwei anerkannte Experten für die Außenpolitik des »Dritten Reiches«.[14]

In die bald kaum noch überschaubare Debatte der nächsten Monate griff eine Vielzahl von Kombattanten ein, meist leidenschaftlich und nicht selten ad hominem. Als der Gefechtsqualm sich schließlich verzog, wurde deutlich, wie tief die intellektuellen Verletzungen reichten, die man sich wechselseitig zugefügt hatte – obwohl oder gerade weil der Vergleich von Völkermördern wie Hitler, Stalin und, als jüngstem Fall, Pol Pot in Kambodscha empirisch bemerkenswert unergiebig geblieben war. Am Ende erwies sich die »Kontroverse um die Einzigartigkeit der nationalsozialistischen Judenvernichtung« (so der Untertitel der Dokumentation ihrer wichtigsten Texte) als eine in erster Linie politisch-normative Auseinandersetzung innerhalb der Generation der einstigen Flakhelfer und jungen Frontsoldaten. Im Kern ging es um die Frage nach dem Ort und Stellenwert des Holocaust im deutschen Gedächtnis. Aber das brachte erst, ein gutes Jahr später, ein Angehöriger der Achtundsechziger-Generation in aller Klarheit zur Sprache: der deutsch-israelische Historiker Dan Diner, als er den Begriff des »Zivilisationsbruchs« einführte, der seinen Ausgangspunkt im Denken Hannah Arendts hatte (»Dies hätte nicht geschehen dürfen«).[15]

Im Bundestagswahlkampf 1986/87 lagen solche Einsichten scheinbar noch in weiter Ferne. »Es ist höchste Zeit, dass wir aus dem Schatten des 3. Reiches und aus dem Dunstkreis Adolf Hitlers heraustreten und wieder eine normale Nation werden«,[16] tönte damals – offenkundig animiert von der laufenden Historikerdebatte – Franz Josef Strauß. Das war keineswegs eine besonders rechte Position, sondern die im bürgerlich-konservativen Milieu jahrzehntelang kultivierte Zielvorstellung im Umgang mit der Vergangenheit – sei es im Sinne eines simplen »Schlussstrichs«, sei es, ein wenig eleganter, als »Ende der Nachkriegszeit«, wie es immer wieder in Regierungserklärungen hieß, nicht nur bei Ludwig Erhard, sondern auch bei Willy Brandt. Erst in der Dekade nach dem »Historikerstreit« sollten solche Positionen randständiger werden. Damit einher ging ein doppelter gesellschaftlicher Erkenntnisprozess: Zum einen trat, unter dem inzwischen fest etablierten Begriff Holocaust, der Mord an den europäischen Juden als Zentralverbrechen der NS-Zeit zunehmend ins allgemeine Bewusstsein. Zum anderen setzte sich der Gedanke langsam durch, die Auseinandersetzung mit der Vergangenheit als eine Aufgabe von prinzipieller Unabschließbarkeit zu begreifen.

Zu diesem Wandel, für den der strapazierte Begriff des Paradigmenwechsels tatsächlich einmal zu passen scheint, trugen seit den frühen achtziger Jahren weitere zivilgesellschaftliche Entwicklungen bei. So thematisierte der von der Körber-Stiftung ausgelobte Schülerwettbewerb Deutsche Geschichte in zwei aufeinanderfolgenden Ausschreibungen mit großem Zuspruch den Alltag im Nationalsozialismus. Und an vielen Orten, zumal im Umkreis von Universitäten, entstanden sogenannte Geschichtswerkstätten, in denen »Barfußhistoriker« lokale Aspekte nicht nur, aber bald doch vor allem der NS-Geschichte erforschten. Eine der erfolgreichsten dieser Initiativen mündete schließlich in West-Berlin in das von Land und Bund geförderte Dokumentationszentrum »Topographie des Terrors« auf dem ehemaligen Gestapo-Gelände an der Prinz-Albrecht-Straße. Anderswo fanden halbvergessene Lager und lange vernachlässigte Gedenkstätten dank dieses neuartigen Engagements »von unten« endlich die notwendige Aufmerksamkeit.

Wohl auch in Sinnstiftungskonkurrenz gegenüber diesen Initiativen, aus denen Ausstellungen, Bücher und ganze Dokumentationszentren entstanden, trieb der promovierte Historiker Helmut Kohl seit 1985/86 die Gründung eines Deutschen Historischen Museums in (West-)Berlin und eines Hauses der Geschichte der Bundesrepublik in Bonn voran. Im linksliberalen Milieu wähnte man hinter dem breiten Rücken des Bundeskanzlers nicht zu Unrecht eine Riege konservativer Historiker am Werk, und auch das verschärfte die Befürchtungen, es gehe letztlich um eine »Entsorgung« der braunen Vergangenheit. Aufgebaut hatte sich dieser Verdacht spätestens seit der erwähnten Reichstags-Konferenz vom Januar 1983, genauer gesagt seit dem Furore machenden Abschlussvortrag von Hermann Lübbe. Unter der Überschrift »Der Nationalsozialismus im politischen Bewußtsein der Gegenwart« hatte der Sozialphilosoph eine funktionalistische Rechtfertigung des Beschweigens der Vergangenheit in den fünfziger Jahren formuliert, die nur als Kritik an angeblichen Übertreibungen der Gegenwart verstanden werden konnte.[17]

Aus der Distanz von drei Jahrzehnten erscheinen die achtziger Jahre als eine Phase der geschichtspolitischen Dauererregung, die mit Kohls Amtsantritt begonnen hatte. Nicht alles, aber vieles ging dabei auf den neuen Bundeskanzler selbst zurück: etwa das missverständliche Wort von der »Gnade der späten Geburt«, mit dem er 1984 nicht nur in Israel viele vor den Kopf stieß, obgleich mit Blick auf seinen eigenen Geburtsjahrgang (1930) auch etwas Zutreffendes darin lag. Noch größer war Kohls persönliche Verantwortung im sogenannten Bitburg-Skandal vom Frühjahr 1985, als er den amerikanischen Präsidenten Ronald Reagan gegen jeden Rat und trotz einer Vielzahl internationaler, auch jüdischer Proteste zum vereinbarten gemeinsamen Besuch auf einem Soldatenfriedhof in der Eifel nötigte, obwohl dort inzwischen Gräber von Mitgliedern der Waffen-SS entdeckt worden waren. So war des Kanzlers Konto an vergangenheitsbezogenen Pannen und Peinlichkeiten – darunter auch sein Goebbels-Gorbatschow-Vergleich von 1986 – längst heillos überzogen, als Philipp Jenninger am 10. November 1988 im Bonner Bundestag eine zwar gut gemeinte, aber völlig verfehlte Ansprache hielt.

Der Parlamentspräsident, offenbar auch herausgefordert durch Richard von Weizsäckers noch immer nachhallende Rede zum Kriegsende 1985, hatte sich für den 50. Jahrestag der »Reichskristallnacht« einen bedeutenden Auftritt vorgenommen. Tatsächlich referierte Jenninger direkt und schonungslos über die Pogrome, bis hin zu Sätzen wie: »Alle sahen, was geschah, aber die allermeisten schauten weg und schwiegen.«[18] Doch der protokollarisch zweite Mann im Staate vermochte es nicht, die seinen Text dominierende Sprachform der erlebten Rede – zumal jene der Verfolger, nicht der Verfolgten – rhetorisch zu verdeutlichen. Und ohne Rücksicht auf die Gefühle der Überlebenden im Raum zitierte er die übelsten Worte der Täter: von Hitler, Göring, Freisler, ja selbst aus Himmlers Posener Rede von 1943, in der sich der Reichsführer SS des Judenmords rühmte. Als Jenninger geendet hatte, herrschte sprachloses Entsetzen im Bundestag, danach entwickelte sich rasch und von allen Seiten ein Sturm der Kritik. Keine 24 Stunden später war der darüber wie betäubt wirkende Redner nicht mehr Bundestagspräsident.

## Die Präsenz der Überlebenden und die Wünsche nach »Normalität«

Jenseits aller tagespolitischen Kalkulationen zeigte der jähe Sturz des Philipp Jenninger Veränderungen in der Tektonik des Gedenkens an, die sich in den neunziger Jahren verstärken und entfalten sollten: Der analytische und darstellerische Akzent nicht nur der Zeitgeschichtsschreibung, sondern gleichermaßen des öffentlichen Redens über die NS-Vergangenheit und der Formen ihrer medialen Aufbereitung hatte bis dahin auf den Erfahrungen und Verhaltensweisen der Mehrheitsgesellschaft gelegen. Nun verschob er sich hin zu den Opfern des Regimes, vor allem zu den Überlebenden des Holocaust. Die Jüngeren unter ihnen, zum Zeitpunkt ihrer

Befreiung oft erst Jugendliche oder sogar noch Kinder, traten jetzt zunehmend an die Öffentlichkeit: als »Zeitzeugen« vor Schulklassen, in Interviews für das expandierende Genre des Geschichtsfernsehens, mit autobiographischen Büchern. Ein Beispiel dafür war der überraschende Erfolg der literarisch anspruchsvollen Erinnerungen von Ruth Klüger, die als Kind mit ihrer Mutter unter anderem in Theresienstadt und Auschwitz gewesen war (»weiter leben. Eine Jugend«, 1992).

Verglichen damit fand die nicht minder reflektierte Autobiographie des Historikers Saul Friedländer, die bereits 1979 auf Deutsch erschienen war, fast zwanzig Jahre lang wenig Aufmerksamkeit; das änderte sich erst mit der Veröffentlichung seines zweibändigen Meisterwerks über »Das Dritte Reich und die Juden« (1998/2006), das wie keine Darstellung zuvor den Zeugnissen der Verfolgten und den Stimmen der Ermordeten Gehör verschaffte. Friedländers Engagement für eine »integrierte« Darstellung des Holocaust setzte nicht nur historiographisch neue Maßstäbe; mit der Autorität des Überlebenden beglaubigte er einen politisch-ethischen, auch ästhetischen Perspektivenwechsel, der in der Populärkultur schon ein wenig früher seinen Niederschlag gefunden hatte: vor allem in Steven Spielbergs mit sieben Oscars ausgezeichnetem Film »Schindlers Liste« (1993/94), den allein in Deutschland über sechs Millionen Kinobesucher und später noch einmal so viele Fernsehzuschauer sahen.

Zu den Überraschungen im so ereignisreichen ersten Jahrzehnt nach dem Mauerfall gehörte, dass die Entwicklung des gesamtgesellschaftlichen Umgangs mit der NS-Vergangenheit von der neuen politischen Realität so gut wie unbeeinflusst blieb. Die Westdeutschen trieben ihre Debatten voran, als gäbe es keinen Osten. Wo dieser Nachholbedarf hatte – zum Beispiel in der Auseinandersetzung mit dem nationalsozialistischen Judenmord, von dem in der DDR nie viel die Rede gewesen war –, musste dieser gewissermaßen im laufenden Diskursbetrieb befriedigt werden. Der unerwartete Rechtsradikalismus unter Jugendlichen in den neuen

Bundesländern wurde zwar ebenso als eine Herausforderung gesehen wie die Umgestaltung der Nationalen Mahn- und Gedenkstätten (Buchenwald, Ravensbrück, Sachsenhausen), die bis zuletzt dem im Kern verlogenen Antifaschismus der SED verpflichtet geblieben waren. Ansonsten aber folgten die Diskussionen in Sachen NS-Vergangenheit dem in der alten Bundesrepublik vorgezeichneten Weg.

Der freilich war seit Ende der achtziger Jahre immer mehr ein gemeinsamer des transatlantischen Westens geworden. Nach dem auch kommerziell gewaltigen Erfolg von »Schindlers Liste« zeichnete die von Spielberg gegründete Shoah Foundation weltweit mehr als 50 000 Videointerviews mit Überlebenden auf; die »Testimonials« stehen Forschung und Lehre heute online zur Verfügung. Doch noch ehe dieses Großprojekt richtig auf Touren kam, traf die Dissertationsschrift eines jungen amerikanischen Politikwissenschaftlers den Nerv eines riesigen Publikums, und dies nirgendwo stärker als in Deutschland.

»Hitlers willige Vollstrecker«, das im Sommer 1996 in deutscher Übersetzung erschienene Buch von Daniel Jonah Goldhagen, kaprizierte sich auf eine möglichst direkte, plastische Schilderung jener Grausamkeiten, vor denen die Forschung bis dahin zumeist haltgemacht hatte. Goldhagen beschrieb die Gewalt der Täter und das Leid der Opfer in geradezu filmischen Szenen, im Grunde vergleichbar mit Spielbergs Darstellung der Räumung des Krakauer Ghettos und der Mordlust des Kommandanten Amon Göth im Lager Płaszów. Unabhängig von seiner fragwürdigen These eines seit Jahrhunderten gewachsenen, besonderen »eliminatorischen Antisemitismus« der Deutschen, die von der internationalen Holocaustforschung nahezu ausnahmslos zurückgewiesen wurde, kam Goldhagen das Verdienst zu, die Frage nach den Motiven der Täter schärfer denn je beleuchtet zu haben. Vor allem aber offenbarte sein »Triumphzug« durch (West-)Deutschland – sein Auftritt in München füllte die Philharmonie –, dass die gesellschaftliche Bereitschaft zur

Selbstkonfrontation mit der Vergangenheit anhielt. »Auch nach der Wiedervereinigung und den Feiern zum 50. Jahrestag des Kriegsendes ist die Auseinandersetzung mit dem Holocaust noch nicht von der politischen Tagesordnung abgesetzt. Vielmehr kündigt sich eine neue Sensibilität für das Thema an«, diagnostizierte Volker Ullrich in der *Zeit*, die viel für die Durchsetzung des Buches getan hatte.[19]

Verglichen mit früheren Hochphasen der öffentlichen Beschäftigung mit der Geschichte des »Dritten Reiches« – Anfang der sechziger Jahre während des Eichmann- und des Auschwitz-Prozesses, Ende der siebziger Jahre anlässlich der Fernsehserie »Holocaust« –, schien es weitere 15 Jahre später, als sei man in eine zeitgeschichtliche Dauerkonjunktur eingetreten. Immer stärker überwogen nun das Fragebedürfnis und die Kommemorationsbereitschaft der nachgewachsenen Generationen die Vorbehalte der Zeitgenossen der NS-Zeit und deren sich abschwächende Vetomacht. Besonders eindrücklich zeigte sich das in der Debatte um die sogenannte Wehrmachtsausstellung. Diese lief bereits, als Goldhagen die Sympathien eines Publikums entgegenflogen, das sich, wie wiederum die *Zeit* notierte, durch den ebenso eingängig wie schlicht argumentierenden Bestseller geradezu »befreit« fühlte.

Ursprünglich als Ableger eines noch weitaus ambitionierteren Projekts zur Globalgeschichte von 1945 konzipiert, wanderte die im März 1995 eröffnete Fotoausstellung des Hamburger Instituts für Sozialforschung unter dem Titel »Vernichtungskrieg. Verbrechen der Wehrmacht 1941–1945« länger als vier Jahre durch mehr als zwei Dutzend deutsche Städte (mit Stationen auch in Potsdam, Erfurt und Dresden). Anfangs fast nur von Lob begleitet, wurde die Schau vor allem in München und Bremen zum Politikum, als sich Vertreter der Unionsparteien scharf gegen die angeblich pauschale Verunglimpfung der Wehrmacht und die »Diffamierung« von 18 Millionen deutschen Soldaten wandten. Den Aufruf zum öffentlichen Protest wussten rechtsradikale Gruppen für sich zu nutzen: In der Münchner Innenstadt suchten am 1. März 1997 rund 5000 Anhänger der NPD die von der Polizei nur mit knapper Not verhinderte Konfrontation mit ihren Gegendemonstranten. Doch das war bloß der Auftakt einer Mobilisierung von rechts, bei der sich auch Götz Kubitschek erste Sporen verdiente und die 1999 in Saarbrücken in einem bis heute ungeklärten Sprengstoffanschlag gipfeln sollte, als dessen Urheber der Nationalsozialistische Untergrund vermutet wird. Selbst nach einer Debatte im Bundestag im Frühjahr 1997, in der Befürworter und Kritiker der Ausstellung einander klug und respektvoll begegneten, hielt die Polarisierungskraft des Themas an. Einerseits strömten unvermindert die Besucher – darunter viele nachdenkliche einstige Soldaten –, andererseits ließen vor allem die Gegner im akademischen Milieu nicht locker. Als bekannt wurde, dass die Ausstellung auch in den USA gezeigt werden sollte, verloren deren Attacken jedes Maß. Die orchestrierte Empörung über (wie sich später herausstellte: wenige) tatsächliche Fehler und angebliche Fälschungen in der Fotopräsentation bewog Jan Philipp Reemtsma, den Mäzen des Hamburger Instituts, im November 1999 schließlich dazu, die Ausstellung zurückzuziehen. Zwei Jahre später wurde in Berlin eine neue Version präsentiert. Doch da war das Hauptanliegen der ursprünglichen Kuratoren um Hannes Heer längst erreicht: Die gesellschaftliche Wirkmacht der jahrzehntealten Legende von der »sauber« gebliebenen Wehrmacht, gegen die die Geschichtsschreibung bis dahin wenig ausgerichtet hatte, war durch die Bilderschau gebrochen.

Das Ende dieser Debatte bedeutete deshalb in gewisser Weise auch eine Zwischenbilanz hinsichtlich der Frage nach dem »Schlussstrich« unter die Vergangenheit. Sie wird den Deutschen von den Demoskopen bekanntlich seit Jahrzehnten gestellt – in einer sich fortwährend verändernden Generationenkonstellation, in unterschiedlichen Kontexten und, nicht weniger wichtig, in diversen Varianten. Halbwegs klar ist dabei eigentlich immer nur, dass es um den Umgang mit »Drittem Reich« und Holocaust geht. 1991, in einer ersten größeren Umfrage nach der Vereinigung, befürworteten laut Emnid nicht weniger als 60 Prozent der Deutschen einen »Schlussstrich«; 2007 waren es bei dem gleichen Institut zwei und 2013 fünf Prozentpunkte weniger. Die Meinungsforscher von Forsa kamen Ende 1998 sogar auf 63 Prozent, die sich zu einem solchen Schritt bekannten, 2015 hingegen »nur« noch auf 42 Prozent. Man muss diese Ergebnisse nicht ernster nehmen als die Worte, in denen darüber berichtet wird, denn oft genug bleibt unklar, was jeweils genau gemessen wurde. Und aussagekräftiger ist vielleicht sogar die Gegenposition: Der Anteil derjenigen, die einen Schlussstrich explizit für »falsch« hielten, stieg im Laufe des von Emnid beobachteten Zeitraums von 20 auf 42 Prozent.[20]

Doch keiner der zitierten Befunde fand in den Medien so große Beachtung wie der Forsa-Spitzenwert der Schlussstrich-Befürworter vom Dezember 1998. Fast überall konnte man lesen, dass beinahe zwei Drittel der Deutschen »die Aufarbeitung der Judenverfolgung in der NS-Zeit« – so eine der variierenden Formulierungen – für beendet erklären wollten. Offenbar schwang in dem Befund die Walser-Bubis-Kontroverse mit, aber auch die Frage der Zwangsarbeiterentschädigung, die mit dem Amtsantritt von Rot-Grün in Bonn zwei Monate zuvor aktuell geworden war. Womöglich hatten aber auch diverse Einlassungen des neuen Bundeskanzlers die Stimmungslage beeinflusst. Immerhin hatte sich Gerhard Schröder zur Walser-Rede mit dem Satz zitieren lassen, ein Schriftsteller müsse das sagen dürfen, ein Bundeskanzler nicht.[21] Und zum bevorstehenden Bau des am Ende von seinem Vorgänger Kohl auf den Weg gebrachten Holocaust-Denkmals in Berlin hatte Schröder bemerkt, er wünsche es sich als einen Ort, zu dem die Menschen »gerne hingehen«. Dass er in der Beschäftigung mit der Vergangenheit keinen Wert an sich sah, hatte der Sozialdemokrat bereits in seiner Regierungserklärung zu Protokoll gegeben, als er sich zum »Selbstbewußtsein einer erwachsenen Nation« bekannte,

»die sich niemandem über-, aber auch niemandem unterlegen fühlen muß, die sich der Geschichte und ihrer Verantwortung stellt, aber bei aller Bereitschaft, sich damit auseinanderzusetzen, doch nach vorne blickt«.[22]

»Total normal?« fragte daraufhin der *Spiegel* in einer Titelgeschichte, und unter dem Umschlagfoto mit dem Lagertor von Auschwitz: »Ist die Schuld verjährt?« Mit demselben Unbehagen betrachtete *Die Zeit* den generationellen Unterschied zwischen Kohl (Jahrgang 1930) und Schröder (Jahrgang 1944): »Markiert darum der Wechsel von den Endsechzigern zu den Mittfünfzigern, von der HJ-Generation zu den 68ern einen Paradigmenwechsel im Verhältnis zur Geschichte? Rot-Grün als neue Regierung, die in fröhlicher Unbefangenheit vor der Jahrhundertwende den berüchtigten Schlußstrich zieht?«[23]

Tatsächlich liefen die Dinge dann deutlich anders, als Schröder es wohl im Sinn hatte. Die internationalen Verhandlungen über die Entschädigung von Ausländern, die während des Zweiten Weltkriegs als Zwangsarbeiter in der deutschen (Rüstungs-)Industrie und Landwirtschaft eingesetzt waren, gestalteten sich kompliziert und langwierig – nicht zuletzt, weil die zur Hälfte an dem dafür vorgesehenen Fonds beteiligte »Stiftungsinitiative der deutschen Wirtschaft« Rechtsgarantien gegen mögliche weitergehende Sammelklagen in den USA verlangte. Auch wenn sich am Ende manche Unternehmer sehr bitten ließen, ehe sie ihren Obolus entrichteten, konnte die im Sommer 2000 gegründete Stiftung »Erinnerung, Verantwortung und Zukunft« über die Jewish Claims Conference und weitere Partnerorganisationen vor allem in Polen, Russland, Weißrussland und der Ukraine binnen sieben Jahren schließlich rund 5 Milliarden Euro an 1,66 Millionen ehemalige Zwangsarbeiterinnen und Zwangsarbeiter auszahlen.

Dass die Medien den Weg zu diesem späten Abkommen als Teil der bundesrepublikanischen Geschichte der »Wiedergutmachung« beschrieben und den Fokus dabei oft auf die amerikanisch-jüdischen Unterhändler legten (obgleich die Mehrheit der künftigen Leistungsempfänger keine Juden waren), war natürlich Wasser auf die Mühlen von Rechten und Antisemiten. Im Ganzen aber zeigte sich die deutsche Gesellschaft im ersten Jahrzehnt des neuen Jahrtausends gegenüber den jüdischen Überlebenden des Holocaust und ihrer Geschichte vielleicht aufgeschlossener als jemals zuvor. So wurde der von Bundespräsident Roman Herzog 1996 eingeführte und seit 2005 auch von den Vereinten Nationen begangene Holocaust-Gedenktag am 27. Januar, dem Tag der Befreiung von Auschwitz durch Soldaten der Roten Armee, fester Bestandteil einer sich jetzt auch begrifflich als solche etablierenden »Erinnerungskultur«, über die in der politischen Klasse der Republik bis zum Einzug der AfD in die Parlamente breiter Konsens bestand. Keine parteipolitische Frage mehr war auch die deutsche Mitwirkung an den bildungs- und geschichtspolitischen Initiativen, die im Januar 2000 vom »Stockholm International Forum on the Holocaust« ausgingen; dass sich damit sogar Hoffnungen verbanden, den Genozid an den Juden Europas als mahnenden Gründungsmythos des zusammenwachsenden Kontinents zu verankern, mag angesichts der jüngeren Entwicklungen vor allem in Ungarn und Polen wie eine bittere Ironie erscheinen.

Ebenso unumstritten wie die Notwendigkeit des Erinnerns an den Holocaust war in der deutschen Mehrheitsgesellschaft der »Nachwendezeit« die Förderung der Konzentrationslager-Gedenkstätten, die – parallel zur Institutionalisierung der »DDR-Aufarbeitung« – deutlich ausgebaut wurde. Gleiches galt für die in diesen Jahren neu gegründeten oder erweiterten jüdischen Museen, unter denen jenes in Berlin (seit 2001) gewiss die größte, aber nicht die einzige Erfolgsgeschichte ist.

Als am 10. Mai 2005 das Denkmal für die ermordeten Juden Europas eröffnet wurde, war dies nicht nur ein hochbedeutsamer Staatsakt im Zentrum der deutschen Hauptstadt, sondern auch Gipfelpunkt einer gesellschaftlichen Entwicklung, die seit den späten siebziger Jahren in einer Vielzahl geschichtspolitischer Initiativen »von unten« ihren Ausdruck gefunden hatte. Denn auch das Stelenfeld am Brandenburger Tor geht auf das bürgerschaftliche Engagement einiger weniger zurück, das noch zu Zeiten der deutschen Teilung begonnen hatte.

Die Empathie für die Opfer der Deutschen und die ausgeprägte Bereitschaft, Verantwortung für die Verbrechen vorangegangener Generationen zu übernehmen, legitimierten inzwischen freilich auch auf neue Weise das im nationalen Gedächtnis von jeher präsente Bedürfnis, die Deutschen selber als Opfer in den Blick zu nehmen. 2002 katapultierte der frühere Schauspieler Jörg Friedrich mit seinem geradezu szenisch geschriebenen Buch »Der Brand« das Thema des alliierten Bombenkriegs gegen die deutsche Zivilbevölkerung auf die Bestsellerlisten. Als Günter Grass noch im selben Jahr »Im Krebsgang« herausbrachte – seine Novelle über die mit Tausenden von Flüchtlingen aus Ostpreußen besetzte *Wilhelm Gustloff*, die ein sowjetisches U-Boot im Januar 1945 versenkte –, da war die Geschichte von Flucht und Vertreibung mit Macht zurück im deutschen Gedächtnis. Im Zeichen einer »gefühlten Geschichte«, die im besten Fall gerecht erinnern, auf Seiten der Rechten aber meist nur aufrechnen will, konkurrieren seitdem die Opfer der Deutschen wieder mit den Deutschen als Opfer.

EINHE
UNABHÄNG
SELBSTBESTI

*Deine Antwort*

NATIONALDEM

# KAPITEL 6

*»Links-rot-grün verseuchtes 68er-Deutschland«*
Vergangenheitsbewältigung von rechts

Lange Haare, Schlaghosen, ein »Palästinensertuch«, mit dem sich der Träger als »Antiimperialist« zu erkennen gab: Zumindest einige der jungen Leute, die sich am 22. September 1979 in Weinheim an der Bergstraße versammelten, könnte man auf den ersten Blick für Linksalternative halten – wären da nicht die Fahnen und Plakate, die sie als Junge Nationaldemokraten (JN) ausweisen, die zu ihrem Bundeskongress zusammengekommen waren. Vielleicht ist das heutige Auge einfach nicht mehr geübt darin, die »feinen Unterschiede« (Bourdieu) zwischen linken und rechten Jugendlichen in den späten siebziger Jahren zu entziffern. Soweit es sich auf anderen Fotos erkennen lässt, trugen die Männer, die sich unter dem Motto »Nazis raus aus Weinheim« zum Protest gegen den Aufmarsch der NPD-Nachwuchsorganisation versammelt hatten, ihre Haare im Durchschnitt noch etwas länger und hatten eine gewisse Vorliebe für Bärte, während die Frauen hier nicht nur zahlreicher waren, sondern auch bunter gekleidet.

Doch das Erscheinungsbild der jungen NPD-Anhänger, das sie ein Jahrzehnt zuvor in den Augen ihrer Parteigenossen vermutlich zu »Gammlern« gemacht hätte, denen eine Tracht Prügel gebührte, war nicht allein Ausdruck jugendkulturellen Zeitgeists. Darin drückte sich auch der Versuch eines Teils der radikalen Rechten aus, habituell und zum Teil auch ideologisch Anschluss an das alternative Milieu zu finden, das in den Siebzigern eine große Anziehungskraft auf die westdeutsche Jugend ausübte. Aus dem NPD-Umfeld kam zum Beispiel »Ragnaröck«, die 1977 gegründete erste, freilich wenig erfolgreiche Rechtsrockband. In Frankreich hatten sich bereits um 1968 rechtsradikale Diskussionszirkel gebildet, die strategisch von den Mobilisierungserfolgen der Neuen Linken lernen wollten und sich analog als »Nouvelle Droite« bezeichneten. Wenig später zirkulierten Ideen einer Neuen Rechten auch in der Bundesrepublik. Heute sind es die völkischen Hipster der Identitären Bewegung, die versuchen, dem Radikalnationalismus der »Konservativen Revolution« mittels populärkulturellem Anstrich und von den Linken abgeschauten Protestpraktiken so etwas wie jugendlich-avantgardistischen Sex-Appeal zu verleihen.[1]

Etwas anderes hatte die *Die politische Meinung* im Sinn, das Hausblatt der Konrad-Adenauer-Stiftung, das im Sommer 1983 verkündete: »Die Rebellion von 1968 hat mehr Werte zerstört als das Dritte Reich. Sie zu bewältigen ist daher wichtiger, als ein weiteres Mal Hitler zu überwinden.« Verfasser des so beworbenen Beitrags war Chefredakteur Ludolf Herrmann, der gleichzeitig das Wirtschaftsmagazin *Capital* leitete und wegen seiner ätzenden Diktion auch in der CDU nicht unumstritten war. Glaubte man ihm, so war es anderthalb Jahrzehnte nach 1968 schlimmer um (West-) Deutschland bestellt als 1945. Denn aus den »Trümmern der Diktatur« seien damals »unverletzte Werte der deutschen Geschichte als rettendes Erbe gesichert« worden, namentlich »Goethe, das Christentum, der philosophische Idealismus, die Familie, das Gemeinwohl«. Nachdem die Deutschen die Nazi-Zeit moralisch völlig unbeschadet überstanden hatten, schlugen jedoch die »Wertezertrümmerer« von Achtundsechzig zu. Anfang der achtziger Jahre war laut Herrmann nichts mehr übrig, »was sie zerstören könnten«: Statt Ordnungsliebe, Arbeitsdisziplin, Familiensinn und Opferbereitschaft für das Vaterland herrschten in der Bundesrepublik jetzt der »Rausch der Selbstverwirklichung« und ein »übermäßig spendabler Sozialstaat«; eine von der »Bewältigungsdebatte« korrumpierte Erziehung habe eine »orientierungslose, frustrierte, antriebsschwache Jugend« hervorgebracht.[2]

Mit solchen Thesen suchte Herrmann intellektuelle Schützenhilfe für die »geistig-moralische Wende« zu leisten, die Helmut Kohl, zu dieser Zeit noch kein Jahr im Kanzleramt, den Konservativen in Aussicht gestellt hatte. Implizit ermahnte er den Bundeskanzler, seiner Ankündigung endlich Taten folgen zu lassen. Mehr als drei Jahrzehnte später besteht nach Meinung der AfD unverändert Handlungsbedarf. Jedenfalls wähnte sich ihr Ko-Vorsitzender Jörg Meuthen 2016 noch immer in einem »links-rot-grün verseuchten 68er-Deutschland«, das seine Partei endlich überwinden wolle.[3]

Achtundsechzig ist weniger ein Datum als vielmehr eine »Chiffre« (Detlev Claussen) für die damals global zu beobachtenden politisch-kulturellen Umbrüche, die sich in überwiegend linken Jugendrevolten und Protestbewegungen radikalisierten. Ganz eindeutig bestimmbar sind die gesellschaftlichen Auswirkungen nicht, wenngleich sie sich allgemein auf die Formel der »Liberalisierung« bringen lassen. Auch die Beziehung der Rechten zu Achtundsechzig ist durchaus ambivalent. Sie teilt die weitverbreitete bürgerlich-konservative Abneigung, um nicht zu sagen: das Ressentiment gegen die linken »Revoluzzer« und den vermeintlich durch sie verursachten Werte- und Sittenverfall. Zugleich nehmen auch konservative und rechte Politiker ganz selbstverständlich die Freiheiten der liberalisierten Gesellschaft in Anspruch, wenn sie sich scheiden lassen und wiederverheiraten oder – wie Jens Spahn und Alice Weidel – in gleichgeschlechtlichen Partnerschaften leben. Darüber hinaus haben vor allem junge rechte Aktivisten stets eine Faszination für die Mobilisierungserfolge der Linken Ende der sechziger Jahre gehegt und seitdem immer wieder versucht, mit »linken« Mitteln eine rechte »Kulturrevolution« zu initiieren: Achtundsechzig ist hier zugleich Feindbild und Vorbild.

## Nach Achtundsechzig – nationalistische Gewalt und Neue Rechte

Die siebziger Jahre gelten als Ära der Sozialdemokratie, mitunter gar als »rotes Jahrzehnt«,[4] in dem die Linke den politischen und gesellschaftlichen Verhältnissen in der Bundesrepublik ihren Stempel aufdrückte: Im Bund regierte durchgehend eine sozialliberale Koalition, und aus den Impulsen von Achtundsechzig gingen die Frauen-, die Umwelt- und die Friedensbewegung hervor, deren Anliegen schließlich mit den Grünen auch eine parteipolitische Vertretung fanden. Mit dem linksalternativen Milieu entstand eine Gegenkultur, deren Werte und Lebensstil große Anziehungskraft auf die westdeutsche Jugend hatten; parallel dazu entstand die bizarre Welt der kommunistischen K-Gruppen, die das Proletariat zur Revolution führen wollten. Und schließlich ist es noch der Terrorismus der RAF, gipfelnd im »Deutschen Herbst« 1977, der das Bild der siebziger Jahre bestimmt.

Eine solche Aufzählung ist jedoch unvollständig. Sie ignoriert die Erfolge der konservativen und rechten Gegenmobilisierung in den politisch polarisierten siebziger Jahren, die unter diesem Blickwinkel auch als »schwarzes Jahrzehnt« erscheinen können.[5] Studentenbewegung, sozialliberale Reformpolitik und Terrorismus verunsicherten das bürgerlich-konservative Lager, das nun enger zusammenrückte. Zwar konnten SPD und FDP ihre Regierungsmehrheit auf Bundesebene verteidigen, doch abgesehen von der Bundestagswahl 1972 waren die Siebziger das Jahrzehnt, in dem die Unionsparteien bessere Wahlergebnisse einfahren konnten als jemals zuvor und danach. Das zeigte sich vor allem auf Länderebene: Bei den Landtagswahlen in Schleswig-Holstein, Rheinland-Pfalz und Baden-Württemberg errang die CDU mehrmals nacheinander die absolute Mehrheit, in Bayern kam die CSU 1974 zum ersten Mal auf über 60 Prozent, und bei der Bundestagswahl 1976, zu der die Christdemokraten mit der Parole »Freiheit statt Sozialismus« antraten, erzielten sie mit 48,6 Prozent ihr bestes Ergebnis seit 1957.

Schon die Unionsmehrheit im Bundesrat sorgte dafür, dass von einem sozialliberalen Durchregieren in den siebziger Jahren nicht die Rede sein konnte. Auch begann sich der Reformoptimismus, den Willy Brandt bei seiner Regierungserklärung 1969 auf die Formel »Mehr Demokratie wagen« gebracht hatte, nach einigen Jahren abzuschwächen. Symbol dafür wurde im Mai 1974 die Übergabe der Kanzlerschaft vom »Visionär« Brandt an den pragmatischen »Krisenmanager« Helmut Schmidt, der die wirtschaftlichen Folgen der ersten Ölpreiskrise zu bewältigen hatte. Zur gleichen Zeit etablierte sich die Bezeichnung »Tendenzwende« für den – von den einen erhofften, von den anderen befürchteten – konservativen Umschwung in der Bundesrepublik.

Auch an den politischen Rändern waren die siebziger Jahre keineswegs nur »rot«. Die »nationale Opposition« hatte sich nach dem Scheitern der NPD bei der Bundestagswahl 1969 in öffentlich weniger sichtbare Klein- und Kleinstgruppierungen aufgespalten, die sich ideologisch und strategisch neu zu orientieren versuchten. Ein Ergebnis war die Entstehung einer Neonazi-Szene, die sich propagandistisch zunächst auf die Leugnung des Holocaust konzentrierte. Unter dem nachhaltig wirksamen Titel »Die Auschwitzlüge« erschien 1973 eine Broschüre von Thies Christophersen, der als SS-Sonderführer Auschwitz-Häftlinge beim Arbeitseinsatz in einer landwirtschaftlichen Versuchsanstalt des SS-Wirtschafts- und Verwaltungshauptamts beaufsichtigt hatte. Christophersen stritt die Existenz von Gaskammern in Auschwitz ab und behauptete, die gesunden und fröhlichen Häftlinge seien gut behandelt worden. Größeres Aufsehen erregte dann 1978 ein Auftritt der im Jahr zuvor von jungen, nicht mehr der »Erlebnisgeneration« angehörenden Neonazis um Michael Kühnen gegründeten Aktionsfront Nationaler Sozialisten. Bei einem Aufmarsch in Hamburg trugen ihre Mitglieder Eselsmasken und Schilder mit der

Aufschrift: »Ich Esel glaube immer noch, daß in deutschen KZs Juden ›vergast‹ wurden.«[6] Kühnen, 1977 wegen seiner politischen Betätigung aus der Bundeswehr entlassen, blieb bis zu seinem Tod 1991 eine einflussreiche Größe in der Neonazi-Szene, wenngleich er dort wegen seiner offenen Verteidigung der Homosexualität in den achtziger Jahren äußerst umstritten war.

Ende der siebziger Jahre häuften sich rechtsradikale Gewalttaten, die sich zu Beginn des folgenden Jahrzehnts zu einer regelrechten Terrorwelle mit zahlreichen Todesopfern auswuchsen. Auch hier ging es zunächst häufig darum, das Gedenken an die Opfer des Nationalsozialismus zu bekämpfen. So verübte der JN-Aktivist Peter Naumann 1978 in Rom mit seinem Gesinnungsgenossen Heinz Lembke einen Sprengstoffanschlag auf eine Gedenkstätte, die an die Ermordung von italienischen Zivilisten durch die SS erinnerte; im Jahr darauf sprengte er in Deutschland Sendemasten, um die Ausstrahlung der Fernsehserie »Holocaust« zu stören. Im Februar 1980 wurde das Landratsamt Esslingen, wo gerade eine Auschwitz-Ausstellung gezeigt wurde, zum Ziel eines weiteren Sprengstoffanschlags. Urheber waren die von Manfred Roeder gegründeten Deutschen Aktionsgruppen. Roeder, von Beruf Rechtsanwalt, hatte 1973 ein antisemitisches Vorwort zu Christophersens »Auschwitzlüge« verfasst und war in den folgenden Jahren mehrmals wegen seiner neonazistischen Propagandatätigkeit zu Geld- und Bewährungsstrafen verurteilt worden. 1978 setzte er sich ins Ausland ab, um einer Haftstrafe zu entgehen, nahm unter anderem Kontakt zur PLO auf, der er sich als antizionistischer Kampfgenosse empfahl, und erhielt schließlich politisches Asyl im Iran. Er kehrte jedoch verdeckt in die Bundesrepublik zurück, wo kurz darauf seine Aktionsgruppen zur Tat schritten und innerhalb eines halben Jahres sieben Anschläge verübten.

Nach dem Auftakt in Esslingen richteten sie sich vor allem gegen Asylbewerberunterkünfte, so Ende Juli 1980 in

Zirndorf und im August in Leinfelden-Echterdingen und in Lörrach, wo drei Eritreer verletzt wurden. Grausamer Schlusspunkt vor der Zerschlagung der Aktionsgruppen war der Brandanschlag auf ein Flüchtlingsheim im Hamburger Stadtteil Billbrook am 22. August 1980, der zwei Menschenleben forderte: Der 21-jährige Nguyen Ngoc Chan kam in der brennenden Unterkunft um, sein 18-jähriger Freund Do Anh Lan starb wenige Tage später an seinen Brandverletzungen. Die beiden vietnamesischen Flüchtlinge, die Roeder nach ihrem Tod als »Halbaffen« verhöhnte, waren erst einige Monate zuvor vom Flüchtlingsrettungsschiff *Cap Anamur* nach Hamburg gebracht worden.[7]

Eine weitere Brutstätte rechter Gewalt waren die eng mit der Neonazi-Szene verflochtenen sogenannten Wehrsportgruppen, deren Schießübungen und Kriegsspiele soldatische Männlichkeitsphantasien befriedigten und in der rechten Szene weit verbreitet waren. Die zum Teil mehrere hundert Mann starken Gruppen zeichneten sich durch professionelle Organisation und Ausrüstung aus. Besondere Prominenz erlangte die nach ihrem Chef Karl-Heinz Hoffmann benannte Wehrsportgruppe Hoffmann in Bayern. Der rechtsradikale Student Gundolf Köhler hatte an Übungen der Hoffmann-Gruppe teilgenommen; er legte am 26. September 1980 auf dem Münchener Oktoberfest jene Bombe, deren Explosion 13 Todesopfer (Köhler eingeschlossen) forderte und über 200 Verletzte hinterließ. Zweifel an Köhlers Alleintäterschaft konnten bis heute nicht ausgeräumt werden.

Ein Vierteljahr später wurden Shlomo Lewin, ehemaliger Vorsitzender der Jüdischen Gemeinde Nürnberg und geschäftsführender Vorsitzender der Gesellschaft für christlich-jüdische Zusammenarbeit in Erlangen, und seine Lebensgefährtin Frida Poeschke in ihrem Privathaus erschossen. Mutmaßlicher Täter war Uwe Behrendt, bis zu ihrem Verbot durch Bundesinnenminister Gerhart Baum im Januar 1980 Mitglied in Hoffmanns Wehrsportgruppe und einer seiner engsten Vertrauten. Lewin hatte vor seiner Ermordung öffentlich vor den Umtrieben der Wehrsportler gewarnt, während der bayerische Ministerpräsident Franz Josef Strauß nach Baums Verbot gespottet hatte, man solle einen »Kasper« wie Hoffmann, der einfach gerne im Kampfanzug »spazierengeht«, doch »in Ruhe lassen«.[8] Behrendt wurde niemals vor Gericht gestellt, sondern konnte nach der Tat mit Hoffmanns Hilfe in den Libanon flüchten, wo er sich angeblich das Leben nahm. Dass er genügend Zeit zur Flucht hatte, lag auch daran, dass die Polizei zunächst monatelang in der Jüdischen Gemeinde nach dem Täter gesucht hatte; hinzu kamen haltlose Spekulationen der Presse über Lewins vermeintliche Verbindungen zum israelischen Geheimdienst Mossad, die das unbescholtene Mordopfer in ein moralisches Zwielicht rückten. Man kann hierin ein ähnliches Muster erkennen wie zwei Jahrzehnte später bei den Ermittlungen zu den NSU-Morden mit ihren vorwiegend türkischstämmigen Opfern.

Im Vergleich zu ihrer Erfolgsphase in den späten Sechzigern machte die NPD im folgenden Jahrzehnt unter ihrem neuen Parteivorsitzenden Martin Mußgnug einen eher kümmerlichen Eindruck. Auf der einen Seite konnten die Unionsparteien, die in der Opposition verstärkt nationale Töne anschlugen, rechtskonservative Wähler binden, während eher »bürgerlich« orientierte NPD-Mitglieder sich der Deutschen Volksunion (DVU) anschlossen, die Gerhard Frey, der rechtsradikale Verleger der *Deutschen National-Zeitung*, 1971 als Verein gegründet hatte. Auf der anderen Seite versuchte sich die NPD öffentlich von neonazistischen und anderen allzu militant auftretenden Organisationen und Parteien abzugrenzen, was wiederum einen Teil der aktivistischen rechtsradikalen Jugend verprellte. Dennoch konnten die Jungen Nationaldemokraten, die die Abgrenzungsbeschlüsse der Parteiführung nicht immer ganz ernst nahmen, im Unterschied zur Mutterpartei ein Wachstum ihrer Mitgliederzahlen verzeichnen. Seit Mitte des Jahrzehnts wurden die erst Ende der sechziger Jahre gegründeten JN zur treibenden Kraft der programmatischen und stilistischen Erneuerung in der NPD, die damit der allgemeinen Verjüngungsstrategie der radikalen Rechten folgte.

Hierzu gehörte auch die Ansprache des Nachwuchses durch Schülerzeitschriften, die sich in der Aufmachung mit Cartoons und Foto-Collagen, antiautoritärer Attitüde und saloppem Sprachstil an linksalternativen Publikationen orientierten. Von besonderer Aggressivität war die Schülerzeitschrift *Gäck* der nach dem Vorbild der Hitler-Jugend organisierten Wiking-Jugend, die in pseudosatirisch-pubertärem Tonfall rassistische Stereotype und die These von der »Auschwitzlüge« verbreitete. Lehrern, die anderes erzählten, sollten die Schüler keinen Glauben schenken, seien diese doch – wie die Bundesrepublik als Ganzes – »marxistisch verseucht«.[9]

Ideologisch pflegten die Jungen Nationaldemokraten seit Mitte der siebziger Jahre vor allem »nationalrevolutionäre« Vorstellungen eines »antiimperialistischen Befreiungskampfes« gegen die Vereinigten Staaten und die Sowjetunion; sie plädierten für einen »dritten Weg« zwischen Kapitalismus und Kommunismus in Form eines volksgemeinschaftlichen Sozialismus. Mit dem Umweltschutz brachten sie zudem ein zeitgemäßes Thema in das Programm der NPD ein. Bald jedoch rückte mit der »Ausländerfrage« ein älteres Thema wieder in den Mittelpunkt, das allerdings nicht nur die rechtsradikale Agenda der achtziger Jahre bestimmen sollte.[10] Dabei kam es zu einer rhetorischen Verschmelzung mit dem zweiten rechten Dauerbrenner, dem Zorn darüber, dass man sich immer noch mit der nationalsozialistischen Vergangenheit auseinanderzusetzen hatte.

Die »Hitler-Welle« der siebziger Jahre hatte vor allem nostalgisches und voyeuristisches NS-Strandgut angespült, während sich der historische Nationalsozialismus auf der Linken in antikapitalistischen Faschismustheorien aufzulösen drohte. Dann sorgte die Ausstrahlung der amerikanischen Fernsehserie »Holocaust« Anfang 1979 in der

Bundesrepublik für ein neues gesellschaftliches Interesse an den Verbrechen und Opfern des Nationalsozialismus. Die NPD-Presse wetterte gegen das »Hollywood-Schmierstück schlimmster Sorte«, das nur gezeigt worden sei, um »uns Deutsche klein zu halten«. Um dieser Beschämung etwas entgegenzusetzen, gingen die rechtsradikalen Blätter dazu über, den neuen Begriff für den Völkermord an den europäischen Juden zu inflationieren und umzudeuten, indem sie etwa einen Film über den »Holocaust der USA gegen die Indianer« forderten. Vor allem aber wurden die Deutschen selbst zu Opfern verschiedener Formen von Völkermord erklärt: Was in Abtreibungskliniken passiere, sei ebenso ein »Holocaust« wie die »Endlösung der Deutschenfrage« durch die in Deutschland lebenden Türkinnen, denn diese »gebären dreimal soviel (sic) wie deutsche Frauen«.[11]

Der rechtsradikale Vechtaer Soziologe Robert Hepp war offenbar von solcher Rhetorik inspiriert, als er 1988 sein Buch »Die Endlösung der Deutschen Frage« veröffentlichte, das den baldigen »Volkstod« aufgrund von Einwanderung und anhaltender Fortpflanzungsunlust der Deutschen prophezeite.[12] In jüngerer Zeit ist Ähnliches nicht nur von Thilo Sarrazin zu hören, sondern auch auf AfD-Veranstaltungen; so im September 2018 in Rostock, wo ein Mitglied des Kreisvorstands Integration als »Völkermord an Deutschland« bezeichnete.[13] Spätestens seit den neunziger Jahren dient die Umdeutungsstrategie zudem der rechtsradikalen Geschichtsklitterung, wenn die alliierten Luftangriffe auf Deutschland als »Bomben-Holocaust« bezeichnet werden und vom »Vertreibungs-Holocaust« die Rede ist.

In einer »Grundsatzerklärung« warnte die NPD 1979 vor den Folgen von Geburtenrückgang und »Ausländerinvasion«, einem drohenden »Rassenkampf« und einer Verdrängung des deutschen Volkes »als geschichtliche, kulturelle und auch biologische Gemeinschaft« durch einen »Einheitsbrei der Völker«. Als Gegenmaßnahme forderte sie neben einer Einwanderungssperre die »Rückführung der nichteuropäischen Menschen in ihre Heimat«. Zugleich betonte sie ihre »Hochachtung vor den Kulturen anderer Völker«, deren »Identität« durch solche Maßnahmen genauso geschützt werden solle wie die deutsche. Die »nationale Identität« der Deutschen wurde dabei, wie die JN im selben Jahr auf ihrem Weinheimer Bundeskongress erklärten, besonders durch die Integration von Ausländern bedroht, die deswegen unbedingt zu verhindern sei.[14]

In solchen Formulierungen, die im Unterschied zu früher auf die offene Herabsetzung anderer »Rassen« und »Völker« verzichteten und stattdessen die ursprünglich eher emanzipatorische Vokabel der Identität benutzten, kam der Einfluss der Neuen Rechten auf die JN zum Ausdruck. Als der »bedeutendste theoretische Kopf« der neurechten Szene der siebziger Jahre gilt Henning Eichberg, mitunter als »Dutschke von rechts« bezeichnet.[15] Seinem Geburtsjahr 1942 nach ein Achtundsechziger, war Eichberg seit seiner Schulzeit in rechtsradikalen Kreisen engagiert; 1972 verfasste er die Grundsatzerklärung für die Aktion Neue Rechte, eine organisatorisch kurzlebige, aber begrifflich nachhaltig wirksame nationalrevolutionäre Abspaltung der NPD. Er war früh fasziniert vom intellektuellen und politischen Schwung der Neuen Linken und der Studentenbewegung, den er – unter anderem beeinflusst von Alain de Benoist, dem Vordenker der französischen Nouvelle Droite – auf die Rechte zu übertragen suchte.

Ein bleibendes ideologisches Vermächtnis Eichbergs ist der sogenannte Ethnopluralismus, auf den sich heute Götz Kubitschek und die Identitäre Bewegung berufen. Ethnopluralisten betonen, dass sie alle »Völker« als gleichwertig anerkennen, fordern aber, dass jedes unter sich bleiben und sich besonders gegen »raumfremde« Einwanderung wehren müsse, um seine »kulturelle Identität« zu bewahren. Hinter diesem harmlos klingenden Schlagwort steckt eine aggressive Ideologie, deren verschwörungstheoretische Dimension in der auf den französischen Philosophen Renaud Camus zurückgehenden Rede vom »großen Austausch« zum Ausdruck kommt. Dahinter steckt die Behauptung, »globalistische Eliten« arbeiteten gezielt auf die »Zersetzung« der europäischen Völker durch Einwanderung hin. Schon vor über hundert Jahren gehörten ähnliche Verschwörungstheorien zum stehenden Repertoire antisemitischer Propaganda. So ist es kein Zufall, dass jene, die heute vom »großen Austausch« und Ähnlichem fabulieren, mit George Soros bevorzugt einen Juden zum großen Drahtzieher erklären.[16] Der amerikanische Investor, der mit seinem Vermögen weltweit liberale zivilgesellschaftliche Einrichtungen und Bürgerrechtsorganisationen unterstützt, ist nicht nur unverkennbar antisemitischen Kampagnen der Regierung Orbán in seinem Geburtsland Ungarn ausgesetzt; auch Donald Trump, Jarosław Kaczyński und Politiker von FPÖ und AfD bedienen dieses Feindbild.

Der Ethnopluralismus ist Rassismus mit freundlichem Antlitz. Zwar verzichten Ethnopluralisten in der Regel auf den diskreditierten Begriff der Rasse und zeigen sich empört, wenn man sie als Rassisten bezeichnet. Doch sie definieren die in ihrer kulturellen Reinheit zu erhaltenden »Völker« und »Ethnien« immer auch als biologische oder genetische »Abstammungsgemeinschaften«. Daraus folgt, dass jemand, der die falsche Abstammung und deshalb vielleicht auch die falsche Hautfarbe hat, niemals zum deutschen »Volk« gehören könne. Es bedarf demnach gar nicht erst der expliziten rassistischen Abwertung, um die »Raum-« und »Kulturfremden« aus der deutschen Gesellschaft auszuschließen.

Exemplarisch hierfür sind die Verlautbarungen von Caroline Sommerfeld-Lethen, Aktivistin der Identitären Bewegung in Österreich. Im Interview mit dem *Spiegel* antwortete sie im April 2018 mit einem entschiedenen »Nein!« auf die Frage, ob jemand, der nicht weiß ist, Deutscher sein könne.[17] Einige Monate später, bei einer Podiumsdiskussion der Kölner Kunsthochschule für Medien, sprach sie dann offen aus, was gegenüber *Spiegel*-Redakteur Hasnain Kazim noch eine implizite Schlussfolgerung geblieben war: dass der in Oldenburg geborene Sohn indisch-pakistanischer Eltern, deutscher Staatsbürger und Marineoffizier a. D., ein »Fremdkörper« in Deutschland sei und immer bleiben werde.[18] Welche praktischen Konsequenzen daraus mit Blick auf die Millionen deutschen Staatsbürger mit »Migrationshintergrund« zu ziehen wären, wollte Sommerfeld-Lethen nicht sagen. Schwer zu erklären ist das nicht, lässt sich doch keine Antwort denken, die mit den Grundrechten vereinbar wäre. Zudem widersprächen konkrete politische Forderungen dem von der Neuen Rechten gepflegten Prinzip der sogenannten »Metapolitik«, die darauf zielt, Stimmungen und Redeweisen in eine bestimmte Richtung zu lenken, anstatt sich auf das Klein-Klein tagespolitischer Auseinandersetzungen einzulassen. Man kann es so interpretieren, dass aus neurechter Sicht die »echten« Deutschen von selbst auf die richtigen Antworten kommen werden, wenn sie irgendwann mehrheitlich erkennen, dass sie ihre »ethnokulturelle Identität« gegen die falschen Deutschen und andere »Fremdkörper« verteidigen müssen.

Akademische Weihen hatten solche Ideen bereits 1981 erlangt. Im Heidelberger Manifest sprachen sich damals 15 Hochschulprofessoren, darunter mit Theodor Oberländer ein ehemaliger Bundesminister, »gegen ideologischen Nationalismus«, »gegen Rassismus« und für die »Achtung vor anderen Völkern« aus – um gleichzeitig vor der »Unterwanderung des deutschen Volkes« und der Bedrohung des deutschen »Volkstums« durch den Zuzug von Ausländern zu warnen: »Die Integration großer Massen nichtdeutscher Ausländer ist daher bei gleichzeitiger Erhaltung unseres Volkes nicht möglich und führt zu den bekannten ethnischen Katastrophen multikultureller Gesellschaften. (...) Allein lebensvolle und intakte deutsche Familien können unser Volk für die Zukunft erhalten.«[19] Bereits im Jahr zuvor hatte die *FAZ* Theodor Schmidt-Kaler, einem der späteren Verfasser des Manifests, Gelegenheit gegeben, das Horrorszenario eines baldigen Aussterbens der Deutschen durch Geburtenrückgang und Einwanderung von »Asiaten« an die Wand zu malen.[20] Der Artikel des Astronomie-Professors erschien keine zwei Monate nach dem bereits erwähnten Brandanschlag auf eine Flüchtlingsunterkunft in Hamburg, bei dem zwei Vietnamesen ums Leben gekommen waren.

## Von den Republikanern zur »selbstbewussten Nation«

»Wo bleibt die Wende?«, fragte der konservative Philosoph Günter Rohrmoser 1985 im Untertitel einer Aufsatzsammlung. Adressat der Frage war die CDU, aber gemeint war vor allem Kanzler Kohl, dessen Versprechen Rohrmoser nach zweieinhalb Jahren Regierungszeit als nicht eingelöst betrachtete. Die Politik der CDU sei ein »Debakel«, Kohls Autorität werde bald »bis auf den letzten Rest demontiert« sein, denn der Koalitionspartner FDP fresse sich »wie ein tödlicher Krebs in den Organismus der beiden christlichen Parteien hinein«. Unter Kohl habe die CDU die Konservativen in der Partei »geistig und organisatorisch kastriert« und ihr »christliches Menschenbild« durch »das hedonistisch-emanzipatorische der feministischen Kulturrevolution« ersetzt.[21] Mit Letzterem meinte Rohrmoser die Leitsätze zur Gleichberechtigung von Frauen und Männern, die die CDU, angetrieben von ihrem Generalsekretär Heiner Geißler, auf dem Essener Bundesparteitag im März 1985 verabschiedet hatte.

Auch in der CDU selbst brodelte der Richtungsstreit in den folgenden Jahren weiter. Sie konnte sich dem gesellschaftlichen und kulturellen Wandel jedoch nicht grundsätzlich entgegenstellen, wollte sie nicht Wähler in der Mitte verlieren. Zudem hatten die konservativen Hardliner ihre Chance bei der Bundestagswahl 1980 gehabt, als die Unionsparteien mit Franz Josef Strauß als Kanzlerkandidat angetreten waren – und ihr schlechtestes Wahlergebnis seit 1949 eingefahren hatten. Strauß' harte Gangart hatte offenkundig viele liberalere Wähler sowie vor allem junge Leute und Frauen abgeschreckt. Davon profitieren konnte die FDP, die mit 10,6 Prozent ihr bestes Ergebnis seit 1961 erzielte.

Rohrmosers Texte waren zuerst in der Zeitschrift *Criticón* erschienen, deren Herausgeber Caspar von Schrenck-Notzing eine Einleitung zur Buchfassung beisteuerte. Das 1970 gegründete Blättchen wandte sich an den rechten Rand der Christdemokraten und die weniger christlich und demokratisch gesinnten Anhänger der »Konservativen Revolution«; auch Schrenck-Notzings langjähriger Freund Armin Mohler zählte zu den Stammautoren. Rohrmosers Beharren auf einem »christlichen Menschenbild« musste Mohler zwar ein Graus sein, da er im Christentum keine Grundlage für einen echten Konservatismus sah. Immerhin aber erneuerte Rohrmoser die Forderung nach einer Trennung der Unionsparteien, die Mohler schon zwei Jahrzehnte zuvor erhoben hatte: Die CSU könne »nicht die Verantwortung für eine Politik in Bonn mittragen, die sie für falsch hält, und gleichzeitig eine Art Fundamentalopposition gegen eine Regierung bilden, an der sie selber beteiligt ist«.[22]

Wer jedoch seine politischen Hoffnungen auf eine Partei rechts von der Union setzte, dem bot sich bald eine neue Option in Gestalt der Republikaner. Zwei ihrer Gründer, die beiden Bundestagsabgeordneten Franz Handlos und Ekkehard Voigt, hatten die CSU 1983 aus Verärgerung über den von Franz Josef Strauß eingefädelten Milliardenkredit der Bayerischen Landesbank für die DDR verlassen. Mit dem Namen ihrer neuen Partei lehnten sie sich bewusst an die Republikaner in den Vereinigten Staaten und deren politisches Profil unter Ronald Reagan an. Das dritte Gründungsmitglied war der Journalist und ehemalige Fernsehmoderator Franz Schönhuber.

Schönhuber hatte in den siebziger Jahren Karriere beim Bayerischen Rundfunk gemacht und war der (bayerischen)

Öffentlichkeit vor allem als Moderator der Fernsehsendung »Jetzt red i« bekannt. Als Gerüchte um seine NS-Vergangenheit aufkamen, trat er 1981 mit seiner Autobiographie »Ich war dabei« die Flucht nach vorn an. Darin erinnerte er sich nostalgisch an seine Zeit bei der Waffen-SS, in seinen Augen eine Vereinigung »tapferer und anständiger Menschen«, die in ihrem Idealismus nur leider von den Bonzen des NS-Regimes »politisch mißbraucht und militärisch verheizt« worden seien.[23] Die *Deutsche National-Zeitung* zeigte sich begeistert, dass endlich jemand »der Waffen-SS im besonderen und dem deutschen Soldaten im allgemeinen Gerechtigkeit angedeihen« ließ, und erklärte Schönhubers Erinnerungen zum »Buch des Jahres«.[24] Weniger erfreut war freilich der Bayerische Rundfunk, der Schönhuber 1982 vor die Tür setzte. Auch seinen Gründungsparteigenossen Handlos und Voigt wurde Schönhuber, der die Parteitüren weit nach rechts hin zu NPD-Funktionären und Wehrsportlern öffnete, bald unbehaglich. »Für Radikalinskis ist bei uns kein Platz«, soll Voigt erklärt haben, bevor Schönhuber 1985 bei einer Parteiversammlung in Regensburg Handlos vom Parteivorsitz verdrängte.[25]

Der stramme Rechtskurs, den die Partei unter Schönhuber einschlug, schien sich auszuzahlen: 1986 gelang ihr aus dem Stand mit drei Prozent ein erster Achtungserfolg bei den bayerischen Landtagswahlen. Allerdings sollten noch rund drei Jahre vergehen, bis sich die Republikaner über ihr Stammland Bayern hinaus als kurze Zeit dominierende Partei im rechten Spektrum gegen die NPD und Gerhard Freys DVU durchsetzen konnten, die seit Mitte der Achtziger mit gewissen regionalen Erfolgen Wahlbündnisse miteinander eingingen. Im Januar 1989 gelang der Schönhuber-Partei mit 7,5 Prozent der Einzug ins West-Berliner Abgeordnetenhaus, im Juli desselben Jahres erreichte sie bei der Europawahl 7,1 Prozent, worüber sich auch eine deutsch-französische Zusammenarbeit mit dem rechtsradikalen Front National von Jean-Marie Le Pen ergab. Zwischenzeitlich waren in der gesamten Bundesrepublik Landesverbände der Republikaner gegründet worden, und 1990 hatte sich die Zahl ihrer Mitglieder im Vergleich zu 1988 auf rund 20 000 vervierfacht.

Der Hauptgrund für den Aufstieg der Rechten war weniger das Ausbleiben der »Wende« als vielmehr die Debatte um die Asylpolitik. Im Verlauf der achtziger Jahre stieg die Zahl der Asylbewerber stark an, und 1986 hatte die CSU unter Franz Josef Strauß in Bayern daraus zum ersten Mal ein zentrales Wahlkampfthema gemacht. Die schrillen Töne, die nun besonders von der CSU, aber auch von der CDU gegen den vermeintlich massenhaften »Asylbetrug« angeschlagen wurden, mochten vielleicht kurzzeitig das rechte Wählerpotenzial binden. Doch trugen sie zu einer Verschärfung der ohnehin hoch emotionalisierten Auseinandersetzung bei, die letztlich den rechtsradikalen Kräften zugutekam und eine Stimmung erzeugte, in der auch die gewaltsame »Selbsthilfe« manchen als legitime Maßnahme erscheinen konnte.

Programmatisch machte sich bei den Republikanern der Einfluss der um die »nationale Identität« kreisenden Neuen Rechten bemerkbar; so etwa, wenn die Forderung nach Streichung des Asylrechts aus dem Grundgesetz und nach genereller Verringerung des Ausländeranteils (»Deutschland darf kein Einwanderungsland werden!«) rhetorisch mit der Sorge um die Fremden verbunden wurde, die vor einer erzwungenen »Germanisierung« zu schützen seien.[26] Essenziell für die »nationale Identität« waren den Republikanern zufolge neben dem Kampf gegen »Überfremdung« und »Volkstod« schließlich die Forderung nach einer »Entkriminalisierung« der deutschen Geschichte und die Wiederherstellung des »Deutschen Reiches in allen seinen Teilen«.[27]

Allerdings unterschieden solche Verlautbarungen die Republikaner nicht wesentlich von ihren rechten Konkurrenzparteien. Zudem wurde auch die Bundesregierung nicht müde, mit Blick auf die gesellschaftliche Stimmungslage und gegen alle Evidenz zu erklären, dass Deutschland kein Einwanderungsland sei. Parallel dazu bemühten sich, wie spätestens der Historikerstreit zeigte, konservative Intellektuelle um jene »Normalisierung« der deutschen Geschichte, die von rechts schon seit Jahrzehnten gepredigt wurde.

Das eigentliche Pfund, mit dem die Republikaner in dieser Lage wuchern konnten, war ihr Parteivorsitzender. Ein Metzgersohn wie Strauß, war Schönhuber der Aufstieg ins westdeutsche Medien-Establishment geglückt; nun inszenierte er sich erfolgreich als hemdsärmelig-volkstümlicher Anwalt der »kleinen Leute«, die sich von den korrupten Eliten und etablierten Parteien betrogen fühlten. Geschickt zeigte sich Schönhuber auch in dem Spiel, durch Provokationen öffentliche Empörung hervorzurufen, die wiederum eine trotzige »Jetzt erst recht«-Stimmung unter seinen Anhängern erzeugte. Vor der Wahl in Berlin 1989 mit ihrem für die Republikaner so erfreulichen Ausgang hatte die Partei einen Werbespot ausstrahlen lassen, der zur Melodie von »Spiel mir das Lied vom Tod« eine Gruppe augenscheinlich türkischer Kinder zeigte. Die prompte Kritik in den Medien und die von Ausschreitungen begleiteten Proteste gegen seine zentrale Wahlveranstaltung nutzte Schönhuber dann, um eine »Pogromstimmung« gegen seine Partei herbeizufantasieren.[28]

Im Mittelpunkt von Schönhubers Auftritten standen Ausfälle gegen die Asyl- und Ausländerpolitik der Bundesregierung. Aber er wusste auch antisemitische Ressentiments zu bedienen, wenn er sich immer wieder abfällig über den Auschwitz-Überlebenden und Vorsitzenden des Zentralrats der Juden in Deutschland Heinz Galinski äußerte. So gab er, einem klassischen antisemitischen Argumentationsmuster folgend, Galinski eine Mitschuld am Antisemitismus, da er zu den Vertretern der »täglich praktizierte(n) Demütigung unseres Volkes« zähle.[29] Offenbar gehörte der gebürtige Westpreuße und Wahlberliner Galinski für Schönhuber, der floskelhaft natürlich jeden Antisemitismus ablehnte, nicht zu »unserem Volk«, das durch die »nationalmasochistische« Erinnerung an die NS-Vergangenheit permanent erniedrigt werde. Als »Ernst Nolte im Bierzelt« (Claus Leggewie) verstand sich Schönhuber darauf, den in den intellektuellen Höhen des Feuilletons ausgetragenen Historikerstreit rhetorisch zu erden: Da die »Verbrechen der anderen« genauso fürchterlich seien, sollten die der Deutschen endlich im historischen »Endlager« entsorgt werden.[30]

Der etablierte Politikbetrieb der achtziger Jahre legte eine große Unsicherheit an den Tag, wenn es um den Umgang mit der neuen Herausforderung von rechts ging. Die einen, wie FDP-Chef Otto Graf Lambsdorff, hielten Schönhuber schlicht für einen »Neonazi«. Der sozialdemokratische Vorsitzende des Bundestags-Innenausschusses, Hans Gottfried Bernrath, forderte, Mitglieder der Republikaner als Rechtsextreme aus dem Staatsdienst zu entfernen, wohingegen sein Parteigenosse Peter Glotz lieber mit Schönhuber diskutieren und zumindest dessen Wähler nicht als rechtsradikal bezeichnen wollte. Und während Bundesinnenminister Wolfgang Schäuble die Republikaner, denen er »politische Hetze gegen Andersdenkende« vorwarf, vom Verfassungsschutz überprüfen ließ, zögerten die Verfassungsschutzämter in den unionsregierten Bundesländern, eine Partei als »rechtsextremistisch« zu stigmatisieren, auf die man in der Zukunft als Koalitionspartner angewiesen sein könnte.[31]

Dass der Höhenflug der Republikaner schon 1990 mehr oder weniger beendet war, hatte einen typischen und einen besonderen Grund: Wie so oft auf der Rechten, tobte auch bei ihnen im Hintergrund ein Richtungskampf zwischen Nationalkonservativen und Rechtsradikalen, der immer wieder zu Parteiaustritten und Abspaltungen führte. Vor allem aber vereitelte die deutsche Einheit den weiteren Aufstieg. Als alles bestimmendes Thema drängte sie zum einen die gesellschaftlichen Konflikte der späten Bonner Republik, von denen die Rechte profitiert hatte, zumindest für einige Zeit in den Hintergrund. Zum anderen hatte sich damit ein zentraler Aspekt der »nationalen Frage« erledigt, wenn auch nicht ganz im Sinne der Wiederherstellung der alten Reichsgrenzen.

Die einzigen größeren Wahlerfolge verzeichneten die Republikaner danach in Baden-Württemberg, wo sie 1992 mit fast 11 Prozent und 1996 noch einmal mit rund 9 Prozent in den Landtag einziehen konnten. Im Norden und Osten hingegen konnte die DVU in den neunziger Jahren Boden gutmachen: Zwischen 1992 und 1999 zog sie in die Bremer Bürgerschaft sowie in die Landtage von Schleswig-Holstein, Sachsen-Anhalt und Brandenburg ein, wobei sie 1998 in Sachsen-Anhalt mit 12,9 Prozent ihr Spitzenergebnis erzielte. Das Jahr 1998 markiert allgemein eine Zäsur im Wählerverhalten, denn bei der Bundestagswahl erlangten rechtsradikale Parteien im Osten mit zusammengerechnet 5 Prozent erstmals einen größeren Stimmenanteil als im Westen mit unter 3 Prozent. Es war dann vor allem die NPD, die diesen Trend im Osten für sich zu nutzen wusste. Nach dem gescheiterten Verbotsverfahren, das der Partei neues Selbstbewusstsein verlieh, schaffte sie 2004 in Sachsen mit 9,2 Prozent zum ersten Mal seit 1968 den Einzug in ein Landesparlament, unterstützt besonders von männlichen Erstwählern. Zwei Jahre später glückte dies in Mecklenburg-Vorpommern mit 7,3 Prozent, und in beiden Fällen gelang, wenn auch mit Stimmenverlusten, jeweils fünf Jahre später der Wiedereinzug.

Diese Erfolge der NPD, die sich im Vergleich zu den gegenwärtigen der AfD wiederum fast bescheiden ausnehmen, waren zu Beginn der neunziger Jahre noch nicht abzusehen gewesen. Damals konnte die rechtsradikale Altpartei aus dem Westen weder von der verbreiteten »nationalen« Stimmung der Wendejahre noch von der weiter grassierenden Ausländer- und »Asylanten«-Feindlichkeit nennenswert profitieren. Ironischerweise spielte ihr aber in die Karten, dass es nach der Gewaltwelle von 1991/92 zum Verbot mehrerer neonazistischer Organisationen wie der von Michael Kühnen gegründeten Gesinnungsgemeinschaft der Neuen Front, der Nationalistischen Front, der Freiheitlichen Deutschen Arbeiterpartei (FAP) und der Wiking-Jugend kam.

Die NPD, die sich bis dahin mit Blick auf ein mögliches Parteiverbot mit Unvereinbarkeitsbeschlüssen von neonazistischen Gruppen abzugrenzen versucht hatte, entwickelte sich nun zum Auffangbecken für deren ehemalige Mitglieder, von denen etliche bald in Führungspositionen aufstiegen.

Treibende Kraft hinter dieser Öffnung zum äußersten rechten Rand waren der JN-Vorsitzende Holger Apfel und vor allem der stets machtpragmatisch handelnde Udo Voigt, seit 1996 Bundesvorsitzender der NPD. Der damit einsetzende Mitgliederzuwachs führte auch zu einer starken Verjüngung der Partei. Denn nun gelang es ihr, jene rechtsradikale Jugend vor allem im Osten anzusprechen, die die alte NPD mit dröger Wahlwerbung und verfassungskonformer Rhetorik ebenso wenig erreicht hatte wie Republikaner und DVU. Gezielt wurden jetzt Brücken in die gewaltbereite Neonazi-Szene um Skinheads und Freie Kameradschaften geschlagen, die sich in den neunziger Jahren in manchen Gegenden Ostdeutschlands unbehelligt von den staatlichen Behörden zur dominanten Jugendkultur entwickeln und »national befreite Zonen« ausrufen konnten. Voigt, dem eine biedere Kumpelhaftigkeit im persönlichen Umgang nachgesagt wird, umschrieb seine Anwerbungsmethode einmal so: »Ich fahr halt durch die Ortschaften, und wenn ich da drei oder vier Glatzen am Marktplatz sehe, halte ich an.«[32]

Mit »Glatzen« waren die kahlgeschorenen Skinheads gemeint, die in den neunziger Jahren (und lange danach) das öffentliche Bild vom Neonazi bestimmten. Ursprünglich eine weitgehend unpolitische Subkultur der englischen Arbeiterjugend, wurden die Skinheads seit den achtziger Jahren zunehmend von rechts vereinnahmt. Die »Naziskins« – wie sie zur Unterscheidung von jenen Skinheads bezeichnet werden, die mit Rechtsradikalismus nichts am Hut haben – stellten den wohl erfolgreichsten der seit den siebziger Jahren unternommenen Versuche dar, der Jugend braune Ideologien in Form eines populärkulturellen Lifestyles schmackhaft zu machen. Hierzu gehörte ganz wesentlich auch die aufblühende Rechtsrock-Szene um Bands mit Namen wie Landser, Sturmwehr oder Stahlgewitter, deren Musik Rechtsradikalen alten Schlags eigentlich als weiteres Symptom der kulturellen »Überfremdung« gelten müsste.

Eine organisatorische Schlüsselfigur dieser rechten Gegenkultur war von Beginn an der mehrfach unter anderem wegen schwerer Körperverletzung und Volksverhetzung vorbestrafte Neonazi Thorsten Heise. Er hatte es zum niedersächsischen Landesvorsitzenden der FAP gebracht und den Aufbau von Parteizellen in Ostdeutschland betrieben; später sorgte er für die Vernetzung der Kameradschaftsszenen im südlichen Niedersachsen und dem thüringischen Eichsfeld. Dorthin hatte Heise auch seinen Wohnsitz verlegt, bevor er 2004 in den Bundesvorstand der NPD gewählt wurde, wo er seitdem die Verbindung zu den Freien Kameradschaften pflegt. Seit Februar 2017 ist er außerdem Landesvorsitzender der Partei in Thüringen. Als Björn Höcke 2008 ebenfalls aus dem Westen ins Eichsfeld, in die Nähe von Heise, übersiedelte, soll der NPD-Kader dem späteren thüringischen Landeschef der AfD als Umzugshelfer gedient haben.[33]

Die in den Medien nach wie vor gern benutzten Bilder von kahlrasierten Neonazis in Bomberjacken und Kampfstiefeln haben schon seit einiger Zeit an Repräsentativität verloren. So entstanden aus den Reihen der Freien Kameradschaften kurz nach der Jahrtausendwende die nicht weniger gewaltbereiten Autonomen Nationalisten, die sich in Kleidung, Symbolik und Aktionsformen an den linksradikalen Autonomen orientieren; auch das auf JN-Demonstrationen in den späten siebziger Jahren getragene Palästinensertuch ist hier beliebt.

Die rechte Intelligenz unternahm in den neunziger Jahren einen neuen Versuch, die vermeintlich linksliberal dominierte politische Kultur der alten Bundesrepublik im nun vereinten Deutschland zu überwinden. Deutschland müsse endlich wieder eine »selbstbewusste Nation« werden, dekretierte 1994 ein im weit nach rechts abgedrifteten Ullstein

Verlag erschienener Sammelband, der – darunter taten es die Herausgeber nicht – den »Patrioten des 20. Juli 1944 und des 17. Juni 1953« gewidmet war. Der Band bereitete noch einmal sämtliche Themen auf, mit denen die gebildete Rechte seit Jahrzehnten hausieren ging, nicht zuletzt die »Normalisierung« der deutschen Geschichte: Neben dem *Welt*-Redakteur und ehemaligen Ullstein-Lektor Rainer Zitelmann, der eine »neue demokratische Rechte« etablieren wollte, und dem Ex-Maoisten und späteren Fernsehphilosophen Rüdiger Safranski war auch Ernst Nolte mit von der Partie. Offenkundig genossen die Herausgeber die vergleichsweise große (und mehrheitlich kritische) Aufmerksamkeit, die ihr Band in den Feuilletons der Republik auf sich zog – um in späteren Auflagen gleichwohl die »Moralinquisition« der »Achtundsechziger und ihrer Epigonen« zu beklagen.[34]

Anlass für die Publikation war die Debatte, die der im Februar 1993 im *Spiegel* abgedruckte und in den Band aufgenommene Essay »Anschwellender Bocksgesang« des Schriftstellers Botho Strauß ausgelöst hatte. Mit Blick auf die Nationalitätenkonflikte in den ehemaligen Ostblockstaaten beklagte Strauß, dass die traditions- und herkunftsvergessene deutsche Vergnügungsgesellschaft es nicht mehr verstehe, wenn »ein Volk sein Sittengesetz gegen andere behaupten will und dafür bereit ist, Blutopfer zu bringen«. Stattdessen gebe es einen »deutschen Selbsthaß«, der »die Fremden willkommen heißt« und dazu führe, dass »Horden von Unbehausbaren, Unbewirtbaren« ins Land gelassen würden. Allein »der Rechte«, geschult an Heidegger und Ernst Jünger, könne noch zum »Außenseiter-Heros« in einer durchliberalisierten Gesellschaft werden, wenn er den »Mut zur Sezession, zur Abkehr vom Mainstream« aufbringe.[35] Götz Kubitschek zählt Strauß' Essay zu den »mythischen Texten der Neuen Rechten«.[36] Die neurechte Hauspostille, die er leitet, heißt nicht zufällig: *Sezession*.

# KAPITEL 7

*»Deutschland den Deutschen, Ausländer raus!«*
Rassismus und Rechtsterrorismus seit den Neunzigern

Von oben sieht es, zöge da nicht ein Zug Polizisten hinter einem Wasserwerfer über die Straße, fast friedlich aus. Am frühen Abend eines kühlen Spätsommertages hat sich eine Menschenmenge versammelt, die Straßenlaternen leuchten schon, und es ist nicht mehr warm genug, um nur ein T-Shirt zu tragen. Einige stehen an der Straße, andere schieben ihre Fahrräder über den Gehsteig, eine Traube Hungriger schart sich um die Würstchenbude »Happi Happi bei Api«. Auch zwei Tage vorher, als die Gewalt gegen Ausländer eskaliert, kommt eine schaulustige und applaudierende Bevölkerung zum Ort des Geschehens. Ziel der Angriffe ist das Sonnenblumenhaus (so benannt wegen seines Wandmosaiks), in dem Asylbewerber und ehemalige Vertragsarbeiter untergebracht sind. Vielleicht noch deutlicher als die Bilder von den Molotowcocktails werfenden Neonazis und den brennenden Wohnheimen führt das Foto vor Augen, was für die ausländerfeindlichen Ausschreitungen in den Jahren nach der deutschen Vereinigung so charakteristisch ist: dass sie häufig unter den Augen der Öffentlichkeit geschehen, als wäre Gewalt gegen Menschen etwas Normales.

Das Sonnenblumenhaus und der Platz davor waren von den Scheinwerfern der Fernsehteams wie eine Bühne ausgeleuchtet. Wir können deshalb heranzoomen an einen Reporter, der vor einem Lebensmittelladen Anwohner interviewt. Deren offenbar seit Monaten angestauter Hass auf die

»Asylanten« entlädt sich jetzt direkt in die Kamera: »Wenn mein Sohn«, wütet eine Frau mit spitzem Zeigefinger, »einen Stein nimmt und schmeißt, und der trifft, auf Deutsch, keinen Polizisten, sondern einen Asylanten, ich würde noch mithelfen.«[1] Der Konjunktiv kaschiert nur unzureichend, wovon die Rede ist. Plötzlich wird sagbar, was weit jenseits von Recht und Anstand liegt. Keine zwei Jahre nach der friedlichen Revolution verteidigen gewöhnliche Bürgerinnen und Bürger die mit Steinen und Feuer geführten Angriffe auf Ausländer.

Zusammengenommen sind die damals dokumentierten Bilder und Worte nicht nur ein Monument gesellschaftlicher Gewaltbereitschaft, sondern auch ein wichtiges historisches Zeugnis. Sie belegen, dass die Taten keineswegs nur von Rechtsradikalen ausgingen. Nicht selten handelte es sich um gemeinsame Aktionen von ideologisierten Gewalttätern und bislang unbescholtenen Bürgern, von jungen Erwachsenen und ihren Eltern.

Selbst Neonazis wie Ingo Hasselbach, die sich von überallher auf den Weg nach Rostock machten, waren davon überrascht. Der Vorsitzende der Nationalen Alternative und »Gauleiter von Berlin«, eigentlich aber ein verwahrlostes Kind des hohl gewordenen SED-Antifaschismus und später einer der bekanntesten Aussteiger aus der Szene, beschrieb 2012 in einer Fernsehdokumentation, dass er fast erschrocken gewesen sei über »die normalen Menschen, die da standen, die Leute, die da applaudierten«. Dann korrigierte er seine Erinnerung: »Erschrocken ist vielleicht das falsche Wort, da war irgendwas, was ich nicht zuordnen konnte, was ich nicht kannte so.«[2] Tatsächlich waren Angriffe auf Ausländer in der DDR als Taten von »Rowdys« marginalisiert und tabuisiert worden; nun geschah alles auf offener Straße und am helllichten Tag.

1987 hatte Hasselbach bei einer Ehrenfeier für die sowjetischen Streitkräfte »Die Mauer muss weg!« in die Menge gebrüllt und dafür seine erste Haftstrafe kassiert.[3] Als das

Unerwartbare geschah, mochten er und seine Kameraden glauben, sie hätten die Vereinigung der beiden deutschen Staaten herbeigeschrien. Jetzt, im Sommer 1992, schien sich ihr Traum zu erfüllen: eine nationale Revolution der Tat, eine deutsche Nation, die zusammenwuchs, indem sie Ausländer vertrieb – nach dem damals so oft skandierten Motto: »Deutschland den Deutschen, Ausländer raus.«

Rostock war kein Einzelfall, sondern nur ein besonders dramatisches Beispiel für das, was sich vielerorts ereignete: Sowohl vorher als auch nachher, in der Provinz und in den Städten, im Osten mehr als im Westen, mal nur mit Worten, oft auch mit Taten machten Deutsche Jagd auf Ausländer. Wie wenig Aufmerksamkeit diesem grassierenden Rassismus nach der Vereinigung heute geschenkt wird, zeigt die stereotype Reihung der vier Ortsnamen »Hoyerswerda, Rostock, Mölln, Solingen«, die mittlerweile fast zu einem Begriff zusammengewachsen sind. Zwar deutet die Formel an, dass es sich um ein zeitlich gedrängtes Phänomen handelt – zwischen Hoyerswerda im September 1991 und Solingen im Mai 1993 liegen nicht einmal zwei Jahre – und dass nicht nur Ostdeutschland davon heimgesucht wurde. Zugleich aber bleibt die Auseinandersetzung auf einige wenige Ereignisse reduziert, die punktuell im Rhythmus der Jahrestage öffentlich aufgerufen werden, wie zuletzt im Mai 2018, als der Brandanschlag auf ein von Türken bewohntes Haus in Solingen 25 Jahre zurücklag.

Auch in historischen Gesamtdarstellungen symbolisieren die vier Städte die »hässlichste Erscheinung seit der Wiedervereinigung«.[4] Anders als die politik- und sozialwissenschaftliche Forschung geht die zeithistorische Beschäftigung mit der rassistischen Gewalt nach 1990 bislang über solche Randbemerkungen kaum hinaus.[5] Dabei wäre die Geschichtswissenschaft in besonderer Weise gefragt, angesichts der neuen Ausschreitungen seit Beginn der sogenannten Flüchtlingskrise – im sächsischen Heidenau, aber auch in vielen anderen ost- wie westdeutschen Orten und jüngst in

Chemnitz – zu einem kontextualisierten und tiefenscharfen Verständnis dieser deutsch-deutschen Gewaltgeschichte beizutragen. Wie konnte es dazu kommen, dass der Ausländerhass derartige Dimensionen annahm und sich schließlich zu serienhafter Gewalt auswuchs?

Selektive Wahrnehmungen oder isolierte Erklärungen einer spezifisch ostdeutschen Ausländerfeindlichkeit mochten und mögen dem Geschehen einen Teil seines Schreckens nehmen; gerecht werden sie ihm nicht. Auch wenn es schwer auszuhalten und noch schwieriger zu erklären ist: Angriffe auf »Asylantenheime« und Ausländer bis hin zum Mord wurden in der ersten Hälfte der neunziger Jahre zu einem gesellschaftlichen Syndrom. Es kann nur verstanden werden, wenn es multiperspektivisch betrachtet und konsequent in seine gesamtdeutschen Bezüge und historischen Kontexte eingeordnet wird. Die Dynamik der Gewalt und ihre Radikalisierung resultierten aus dem Zusammenwirken ost- und westdeutscher Prozesse, die zum Teil bis in die achtziger Jahre zurückreichten und sich in der Transformationskrise verschärften. Darum stellen der gewaltförmige Rassismus nach der Wende und, später, der rechte Terror des NSU Amalgame deutsch-deutscher Entwicklungen dar: Die hitzige Asyldebatte im Westen traf auf die Tradition einer selbstermächtigten Gewalt gegen Ausländer im Osten, der etablierte Rechtsradikalismus auf eine bewegungsförmige rechte Subkultur.

## Nachwendepogrome

Was sich in Rostock-Lichtenhagen an vier kühlen Sommertagen ereignete, das waren nicht einfach »Ausschreitungen«, wie es bei Wikipedia heißt. Es war ein Pogrom, ein langes Wochenende der Gewalt, eine rassistische Vertreibung mit Volksfestcharakter. Dass Politik und Polizei der Gewalt in der Bevölkerung keinen entschiedenen Widerstand entgegensetzten, ja dass sie durch eine asylkritische Berichterstattung in den lokalen und überregionalen Medien noch angeheizt wurde, öffnete die Schleusen für eine bislang ungekannte Eskalation. Tausende Menschen versammelten sich vor dem Sonnenblumenhaus, beklatschten die Steinwürfe der Rädelsführer und ließen die Täter im Schutz der Vielen untertauchen. Aus ihrer Sicht war die Aktion erfolgreich: Am Montagnachmittag wurden die »Asylanten« evakuiert, darunter viele Roma aus Osteuropa, in der Nacht, aus höchster Not und einem brennenden Gebäude, über hundert Vietnamesinnen und Vietnamesen, die bereits seit Jahren als Vertragsarbeiter in Lichtenhagen wohnten und für die deswegen nach Aussage der zuständigen Politiker angeblich keine Gefahr bestanden hatte. Die aufgestachelte Menge hingegen hatte zwischen den verschiedenen Migrantengruppen keinen Unterschied gemacht. Am Dienstagmorgen war Lichtenhagen »ausländerfrei«.

In Rostock wurde auf drastische Weise anschaulich, was sich in den Jahren nach dem Umbruch so häufig wiederholen sollte. Plötzlich konnten rechtsradikale Parolen nicht nur in aller Öffentlichkeit skandiert werden – inmitten ganz normaler Bürger, ja zusammen mit ihnen –, sondern auch zur Tat finden. Denn dass die »Asylanten« verschwinden sollten, aus dem eigenen Wohnumfeld, besser noch aus Deutschland, war mancherorts das gemeinsame Interesse von wütenden Bürgern und Rechtsradikalen. Dieser gewalttätige Rassismus, der möglich wurde, weil der Staat das Gewaltmonopol mindestens zeitweise aus den Händen gab, hob die in beiden deutschen Staaten signifikante Ausländerfeindlichkeit der achtziger Jahre auf ein neues Niveau. Mit dieser Form einer selbstermächtigten Gewalt kämpft die deutsche Gesellschaft bis heute.

Die Vorgänge von Rostock-Lichtenhagen zur »Ausschreitung« und damit zum punktuellen Normbruch zu erklären, erschwert nicht nur die Wahrnehmung der Kontinuität rassistischer Gewalt seit den Neunzigern. Es handelte sich auch nicht um ein gesellschaftliches Randphänomen, trotz jenes ikonischen Fotos des Betrunkenen mit urinfleckiger Hose und zum Hitlergruß erhobenem Arm, das um die Welt ging. Gleichwohl machten die politischen Verantwortlichen lediglich eine »konzertierte Aktion« verschiedener rechtsradikaler Gruppen verantwortlich, wie Mecklenburg-Vorpommerns Ministerpräsident Berndt Seite, der noch während der Ausschreitungen nach Rostock kam und mit schnellen Erklärungen aufwartete.[6] Neben den jugendlichen Randalierern wurden gelegentlich gar die Opfer implizit zu den Urhebern der Gewalt erklärt. So etwa, als Kanzler Kohl wenige Tage nach Hoyerswerda in seiner Ansprache zum ersten Jahrestag der Wiedervereinigung im Oktober 1991 betonte, Deutschland sei »ein ausländerfreundliches Land« und werde es bleiben. Dem »Mißbrauch des Asylrechts« allerdings dürfe man nicht »tatenlos« zusehen, hier sei ein »energisches Handeln« dringend geboten.[7]

Kohls Aussage verweist darauf, dass die Anti-Ausländer-Proteste Folge einer in der Bundesrepublik seit den achtziger Jahren ungelöst gebliebenen Problemlage waren, die nun nach Ostdeutschland exportiert wurde. Sie zielten nicht zuletzt darauf, jene Erklärungslücke zu schließen, die der politisch-gesellschaftliche Diskurs gelassen hatte. Die Standardformel der Ära Kohl, dass Deutschland kein Einwanderungsland sei, und die Realität einer kontinuierlich wachsenden Zahl an Ausländern klafften immer weiter auseinander. Während für diesen Anstieg in der Bundesrepublik nach dem Anwerbestopp 1973 zunächst der Familiennachzug von Gastarbeitern verantwortlich war, kamen in den achtziger Jahren immer mehr Flüchtlinge ins Land, und auch wenn deren Anträge auf Asyl in der Mehrzahl abgelehnt wurden, blieben viele von ihnen als Geduldete auf unbestimmte Zeit. 1972, ein Jahr vor dem Anwerbestopp, waren nur rund 5000 Anträge gestellt worden – weniger als je zuvor. Ein Jahrzehnt später begannen die Zahlen stetig anzusteigen; unter anderem flohen 1980 nach dem Militärputsch in ihrem Land zahlreiche Türken in die Bundesrepublik. Am Ende des Jahrzehnts wurde die Marke von 100 000 Asylanträgen im Jahr überschritten, 1990 und 1991 lag die Zahl dann schon knapp unter beziehungsweise weit über 200 000 und erreichte 1992 einen historischen Höchststand von etwa 440 000. Insgesamt stellten gut anderthalb Millionen Menschen zwischen 1988 und 1994 einen Asylantrag – ungefähr so viele wie in den Jahren von 2014 bis 2016.

Die verstärkte Migration nach Deutschland zu Anfang der neunziger Jahre hatte ihre Ursache im revolutionären Aufbruch des Ostblocks mit all seinen Folgen. Vor allem flohen bald Hunderttausende vor den Bürgerkriegen im ehemaligen Jugoslawien. Neben den Flüchtlingen kamen fast zwei Millionen deutschstämmige Aussiedler aus Osteuropa (deren Anteil an AfD-Wählern heute vergleichsweise hoch ist) und, als sogenannte Kontingentflüchtlinge, über hunderttausend Juden aus der ehemaligen Sowjetunion. Insgesamt handelte es sich also um eine äußerst heterogene Flucht- und Zuwanderungsbewegung. In der deutschen Öffentlichkeit hingegen wurde sie einseitig und plakativ als Einwanderung der Armen auf dem Umweg des Asyls kommuniziert, als »Scheinasyl« und »Wirtschaftsflucht«.

In den Medien dominierten Flutungsbilder und Untergangsmetaphern: Von einer »Asylantenschwemme« war die Rede, Aufnahmen zeigten Ämter stürmende Ausländer und überhaupt gern Flüchtlinge in großer Zahl. Das Boot sei voll, warnten die Republikaner vor der Landtagswahl 1992 in Baden-Württemberg und fuhren mit dem Slogan »Schluss mit Asylbetrug« fast elf Prozent der Stimmen ein. Bereits im September 1991 hatte der *Spiegel* unter dem Hefttitel *Ansturm der Armen* die Metapher salonfähig gemacht.[8] Auf diese Weise vervielfältigt und verbreitet, wurde aus der Stammtischparole eine auch in der Mitte der Gesellschaft kursierende, wenngleich selbstredend nicht allseits geteilte Meinung. Das deutsche Boot vor dem Untergang war das negative Pendant zum Bild vom millionsten Gastarbeiter am

Kölner Bahnhof, der den wirtschaftlichen (Wieder-)Aufstieg symbolisiert hatte. Im Laufe dieser Diskursverschiebung verwandelte sich der Begriff »Asylant« von einem Behördenterminus zu einem zornerfüllten Schimpfwort, zum Synonym für Schmarotzer. Und genau so spuckte es die Lichtenhagener Bürgerin dem Reporter im Sommer 1992 auch ins Mikrofon.

Die schwarz-gelbe Bundesregierung setzte diesen Horrorszenarios nichts entgegen als das Versprechen einer restriktiven Politik. Gastarbeiter sollten über Rückkehrprämien zur Heimkehr bewegt, das Grundrecht auf Asyl sollte eingeschränkt, die Zahl der Anträge reduziert werden. Über eine Änderung von Artikel 16 Grundgesetz war schon lange debattiert worden, in den Monaten nach Rostock einigte man sich nun auch öffentlich. Im Dezember stimmte die SPD-Opposition unter Björn Engholm der Grundgesetzänderung zu. Damit hatten nur noch Flüchtlinge ein Recht auf Asyl, die nicht aus sicheren Drittstaaten kamen, von denen Deutschland umgeben ist. Es blieb die Einreise per Flugzeug. Die historische Bürde der europäischen Mittellage – auf einmal schien sie von Vorteil zu sein.

Wenige Monate vorher, in der aufgeheizten Stimmung des Sommers 1992, mochten sich die gewalttätig Protestierenden in Rostock einreden, dass sie den Volkswillen exekutierten, während die politischen Eliten den Weg vom Postulat zur Tat nicht fanden. Dass man endlich etwas tun müsse, statt immer nur zu reden, diese auch heute wieder artikulierte eliten- und demokratiekritische Forderung fand damals weit über rechtsradikale Kreise hinaus Resonanz. Im Osten traf der Aufruf zu einer selbstermächtigten »Notwehr« auf die Vorerfahrung einer Gewalttoleranz des Staates bei Konflikten mit ausländischen Minderheiten. In der DDR der achtziger Jahre waren diese stets zugunsten der Deutschen durch eine konsequente Rückführungspolitik »gelöst« worden. Die Gewalt »von unten« war staatlicherseits hingenommen worden und hatte sich ausgezahlt. An dieses Modell knüpften die Rechten im Osten jetzt wieder an, und es hatte auch im Westen Erfolg.

Laut Einigungsvertrag war ein Fünftel der Asylbewerber von den neuen Bundesländern aufzunehmen, wo es nicht nur an konstruktiven Erfahrungen im Umgang mit Ausländern, sondern auch an adäquaten Infrastrukturen mangelte. Die Konflikte schwelten besonders dort, wo die »Asylanten« in direkter Nachbarschaft zur einheimischen Bevölkerung untergebracht waren – wie im Sonnenblumenhaus, wo sich über viele Monate hinweg eine für alle untragbare Situation entwickelte.

Die Zentrale Aufnahmestelle für Flüchtlinge (ZASt) in Mecklenburg-Vorpommern, in der sich Asylsuchende registrieren lassen mussten, war in einem der Wohnblöcke mitten zwischen der deutschen Bevölkerung und einem Heim für ehemalige vietnamesische Vertragsarbeiter eingerichtet worden und platzte aus allen Nähten. Mit seinen modernen Neubauten hatte Lichtenhagen zu DDR-Zeiten als Modellviertel gegolten. Von dort erreichte man per S-Bahn in kürzester Zeit die Werften in Warnemünde, wo viele Menschen aus dem Viertel gearbeitet hatten, die nun arbeitslos waren. Im Sommer 1992 war Lichtenhagen sichtbar auf den Hund gekommen: Alkoholismus und Jugendkriminalität verbreiteten sich, und im Flüchtlingselend vor der ZASt spiegelte sich für viele Einheimische der eigene gesellschaftliche Abstieg. Das Heim war derart überfüllt, dass viele Flüchtlinge, darunter auch Roma, vor dem Haus, unter den Balkonen oder auf dem Rasen kampieren und dort auch ihre Notdurft verrichten mussten. Mobile Toiletten aufzustellen, so das Argument von Oberbürgermeister Kilimann, »hätte bedeutet, dass wir einen Zustand legalisieren, den wir nicht haben wollten«.[9]

Aus der Perspektive vieler Anwohner entsprachen die Roma haargenau dem rassistischen Stereotyp vom herumlungernden Zigeuner. Ein Journalist der *Norddeutschen Neuesten Nachrichten* zeichnete das drastische Bild einer

Roma-Familie, die auf dem Balkon »über einem Lagerfeuer aus ZASt-Möbeln« Möwen gegrillt habe.[10] Ein Jahr zuvor, im Sommer 1991, hatte die Hausgemeinschaft des an die ZASt angrenzenden Wohnblocks noch mit mehreren Briefen bei der Stadt Veränderungen zu erwirken versucht. Zunächst beschwerte sie sich über die randalierende rechte Jugend, die »Sieg heil!« grölte, sich in den Kellereingängen erleichterte und Autos demolierte – aus Lichtenhagen sei ein »Elendsviertel« geworden. Aber bald fühlten sich die Anwohner auch durch den »Einzug der Asylanten« gestört, auch wenn sie ihre Forderung nach »Asylantenheime(n) außerhalb eines Wohngebietes« mit dem sprechenden Zusatz versahen: »ausländerfeindlich sind wir absolut nicht.«. Weil sie über Monate hinweg beobachtet hatten, welche soziale Sprengkraft in der Situation lag, verlangten sie eine »Verbesserung der Jugend- und Asylantenbetreuung«.[11]

Dass diese von vergleichsweise besonnenen Bürgern unternommenen Versuche, Abhilfe zu schaffen, scheiterten, dass weder das Innenministerium des Landes noch die städtischen Behörden tätig wurden, dürfte die Bereitschaft vieler Anwohner erhöht haben, die durch die jugendlichen Gewalttäter erzwungene Räumung des Hauses hinzunehmen. Auch die Angst vor den enthemmten jungen Schlägern und die aggressive Stimmung trugen sicherlich dazu bei, dass nur wenige ihre Stimme gegen die Gewalt erhoben. Bis heute erinnern sich viele Zeitzeugen nur ungern öffentlich.[12] Von den politisch Verantwortlichen wie von den Sicherheitsbehörden war erfahrungsgemäß keine Unterstützung zu erwarten; sie befanden sich auf ständigem Rückzug. Hinzu kam, dass die Polizei in Mecklenburg-Vorpommern wie in allen neuen Ländern eine »verunsicherte Institution« war, die sich weder auf ihre neue Rolle in der wehrhaften Demokratie eingestellt noch effektive, entschiedene Reaktionsweisen gegen die rechte Gewalt entwickelt hatte – und zudem völlig unzureichend ausgerüstet war.[13] Hat man die schwarz gepanzerten Polizeibeamten vor Augen, die heute jedes Bundesligaspiel absichern, dann kann man kaum glauben, dass die Rostocker Polizei teilweise in dünnen Sommerhemden in Lichtenhagen anrückte. Dutzende Beamte wurden im Laufe der Auseinandersetzungen zusammengeschlagen. Die vietnamesischen Bewohner blieben nur unverletzt, weil sie sich über das Dach des brennenden Hauses in einen Nebenblock retten konnten, wo einige beherzte Nachbarn sie in ihre Wohnungen einließen.

Im Kontext der ausländerfeindlichen Gewalt der neunziger Jahre markiert das Geschehen vom August 1992 einen vorläufigen Höhepunkt. Zwar hatten Neonazis lange vor Rostock – auch noch vor Hoyerswerda oder Mannheim-Schönau, wo sich im September 1991 beziehungsweise Mai 1992 ganz Ähnliches ereignet hatte – regelmäßig Unterkünfte von Asylbewerbern angegriffen, allerdings selten mit offener Unterstützung vonseiten der einheimischen Bevölkerung.[14] Jetzt erhielt die rassistische Gewalt eine neue Qualität, weil sie von Anwohnern sanktioniert wurde. Sie trat in Gestalt eines vermeintlich legitimen Selbstschutzes auf; das Modell eines »nachbarschaftlichen Rassismus« machte Schule, weil es erfolgreich war.[15] Rostock-Lichtenhagen wurde zur Blaupause für einen in diesem Sinne effektiven Anti-Asyl-Protest, der zunehmend routiniert auf organisierte Angstmache und regelrechten Straßenterror zurückgriff.

Rostock wirkte wie ein Fanal. Danach nahmen die Übergriffe derart zu, dass man sich auf Aufzählungen oder die schieren Zahlen zurückziehen muss, will man das Ausmaß begreifen. Allein am Wochenende nach Lichtenhagen wurden unter anderem Asylbewerberheime in Greifswald, Schwerin, Lübbenau, Stendal, Cottbus, Wolfsburg, Saarlouis sowie bei Darmstadt und Augsburg angegriffen, mit Steinen, Molotowcocktails oder Schüssen, von kleinen Skinheadgruppen oder einer größeren Menge. In einer der überregionalen Chroniken rassistischer Gewalt finden sich für das zweite Halbjahr 1992 folgende Kennziffern: »Täglich zahlreiche Brandanschläge auf Asylbewerberheime und Ausländerwohnheime in ganz Deutschland. Juli: 126, August: 235; September: 536, Oktober: 364, November: 344, Dezember: 283.«[16] Häufig spielte die eingesessene Bevölkerung dabei jetzt eine aktive Rolle: Sie applaudierte den Gewalttätern wie Anfang September in Eisenhüttenstadt und Quedlinburg oder heuerte gar Neonazis für einen Brandanschlag an, wie im brandenburgischen Dorf Dolgenbrodt zwei Monate später, wo auf diese Weise der Einzug von 80 Flüchtlingen in ein ehemaliges Kinderferienheim verhindert wurde.[17]

Wegen der genannten Wesensmerkmale dieser Flächengewalt – ihrer gesellschaftlichen Reichweite, geografischen Ausbreitung und zeitlichen Erstreckung – ist es weder eine unangemessene Analogie zu den antisemitischen Verbrechen vom November 1938 noch eine »Moral-« oder gar »Auschwitzkeule«, die rassistischen Exzesse als Pogrome zu bezeichnen. Der Begriff leitet sich vom russischen Wort für »donnern« ab und entstammt der Geschichte der meist gegen Juden gerichteten Gewalt im späten russischen Zarenreich. Qua Definition entstehen Pogrome ohne dezidierten politischen Befehl spontan aus der Bevölkerung heraus, wenn auch unter Bedingungen, die die Ausbreitung der Gewalt begünstigen: einer geschwächten politischen Macht, einer wirtschaftlichen oder gesellschaftlichen Krise und einer medialen Infrastruktur, die die Nachricht vom Pogrom weiterträgt.[18] Als Folge der Gewaltwelle nach der deutschen Einheit entstanden zwar keine »national befreiten Zonen«, aber doch weite Räume, in denen sich ein selbstermächtigter Nationalismus ausbreitete, der die Wiedergeburt Deutschlands auf eigene Weise ins Werk setzen wollte.

## Mord in Serie

In Zeiten rechtsfreier Räume sitzt potenziellen Opfern die Angst ständig im Nacken. Sie werden mit Blicken oder Worten bedroht und nicht selten körperlich angegriffen;

selbst Mord ist nicht auszuschließen. Wie sie psychische und physische Gewalt wahrnehmen und verarbeiten, wird selten gefragt. Auch wird die Perspektive der Opfer und ihrer Familien in der öffentlichen Diskussion wie in wissenschaftlichen Darstellungen zu selten einbezogen. Das ist nicht allein beklagenswert, weil der Respekt gegenüber den Opfern eine moralische Selbstverständlichkeit sein sollte. Ohne diese Innenperspektive werden Entstehung, Charakter und Ausmaß des Vereinigungsrassismus nicht zu verstehen sein.[19] Denn während weite Teile der Gesellschaft und vor allem die politischen Entscheidungsträger die Dimensionen der rassistischen Gewalt wohl auch deswegen so lange nicht erkannten, weil sie selbst nicht betroffen waren, basierte das Wissen vom Rassismus vor allem bei denjenigen Migranten, die schon lange im Land lebten, auf einer kontinuierlichen Erfahrung: »Wir haben Solingen, Mölln erlebt; wir haben brennende Häuser und Flüchtlingsheime gesehen; wir haben viel Rassismus erlebt, auf der Straße, am Arbeitsplatz; ebenso unsere Kinder in den Schulen.«[20] Auch auf die Spur eines anderen Kapitels der Geschichte rassistischer Gewalt nach 1989/90 können uns die Opfer bringen: der Verbrechen des Nationalsozialistischen Untergrunds nach der Jahrtausendwende.

Als die Verbrechen des NSU nach den Suiziden von Uwe Böhnhardt und Uwe Mundlos Anfang November 2011 nach und nach bekannt wurden, reagierte die Mehrheit der Deutschen überrascht und schockiert. Dagegen begriffen nicht wenige Migranten die Mordserie an ausländischen Gewerbetreibenden als vorläufiges Ende einer langen Geschichte. Die vielfachen Morde des »Zwickauer Trios«, das aus Jena kam, standen in der doppelten Tradition der rassistischen Angriffe der Nachwendezeit und des rechtsradikalen Türkenhasses seit den achtziger Jahren in der Bundesrepublik. Darum lässt sich aus der Geschichte des NSU nicht zuletzt etwas über die Kontinuität rassistischer Gewalt in Deutschland lernen. Gleichwohl hat sich die öffentliche Aufmerksamkeit in den langen Jahren des Prozesses mit einiger Sensationslust auf das Verbrechertrio selbst und damit wieder auf Einzelpersonen und punktuelle Ereignisse konzentriert.

Zur Vorgeschichte des NSU-Terrors gehören die Verbrechen mit Todesfolge seit 1990. Die Zahlen geben einen Eindruck von den Dimensionen der zwar meist nachts, aber dennoch auf offener Straße begangenen rassistischen Gewalttaten. Dass deren offizielle Dokumentation erst im Laufe der neunziger Jahre einsetzte – für die Zeit davor liegen weder für die Bundesrepublik noch für die DDR verlässliche Statistiken vor –, ist allein schon Indiz der mangelnden behördlichen Aufmerksamkeit für das Phänomen. Vor allem zivilgesellschaftliche Initiativen und Journalisten trugen in jahrelanger Kleinarbeit Informationen über politisch motivierte Mordfälle zusammen, prüften sie anhand von Presseberichten und Prozessakten und brachten ihre Erkenntnisse regelmäßig an die Öffentlichkeit. Einige Fälle wurden überhaupt erst dank dieses Engagements bekannt und in die offizielle Statistik übernommen, deren Zahlen sukzessive, zuletzt im Juni 2018, nach oben korrigiert wurden – auf mittlerweile insgesamt 83. Die nicht-amtlichen Zahlen liegen indes um das Doppelte höher: Das Recherchenetzwerk von *Tagesspiegel* und *Zeit* spricht von 169, die Amadeu Antonio Stiftung sogar von 188 Todesopfern.

Dass die Angaben derart divergieren, liegt sowohl an Unterschieden in der Definition politisch motivierter Gewalt als auch an der Aussagekraft und Interpretation des zugänglichen Quellenmaterials. Bei polizeilichen Ermittlungen und in Gerichtsverhandlungen wurde dem Verdacht eines rechten Tathintergrundes längst nicht immer nachgegangen, sodass man zuweilen auf mehr oder weniger gut begründete Spekulationen angewiesen bleibt. Bei sorgfältiger Überprüfung sind die Zahlen tendenziell aber eher höher als niedriger. Eine vom Brandenburger Innenministerium eingesetzte wissenschaftliche Kommission zur Überprüfung umstrittener Altfälle hat beispielsweise festgestellt, dass die Zahl der in Brandenburg seit 1990 begangenen politisch motivierten Morde doppelt so hoch liegt wie in der offiziellen Statistik ausgewiesen; 2015 korrigierte das Innenministerium die Angaben von 9 auf 18.[21]

In Brandenburg, wo im bundesweiten Vergleich und im Verhältnis zur Einwohnerzahl besonders viele Menschen getötet wurden, hernach aber auch besonders schlagkräftige Präventionsstrategien entwickelt wurden, starb eines der ersten und bis heute bekanntesten Opfer: Kaum zwei Monate nach der Vereinigung, Ende November 1990, wurde der ehemalige angolanische Vertragsarbeiter Amadeu Antonio Kiowa in Eberswalde, eine Autostunde von Berlin entfernt, von einer Gruppe Neonazis totgeprügelt. Gemeinsam mit Freunden hatte er im Hüttengasthaus – dem einzigen in Eberswalde, das überhaupt noch Ausländer einließ – den Abschied eines mosambikanischen Kollegen gefeiert, der in seine Heimat zurückkehrte. Die Polizei war informiert darüber, dass eine Gruppe von 60 gewaltbereiten, mit Baseballschlägern bewaffneten Skinheads »Neger aufklatschen« wollte, und hatte den Wirt alarmiert, der daraufhin den Laden schloss und seine Gäste nach Hause schickte. Vor der Tür begann die Jagd auf die davonrennenden Menschen, Kiowa wurde eingeholt und von etwa zwanzig jungen Männern traktiert; drei Zivilbeamte, die sich in der Nähe befanden, griffen – vielleicht aus Angst – nicht ein. Tödlich war schließlich der Sprung eines (nie identifizierten) Angreifers auf den Kopf des am Boden Liegenden. Kiowa wachte aus dem Koma nicht mehr auf und starb am 6. Dezember; er hinterließ seine schwangere deutsche Frau. Die Täter wurden nicht wegen Mordes, sondern wegen Körperverletzung mit Todesfolge nach Jugendstrafrecht angeklagt und verurteilt.

Im Rückblick frappiert, wie selbstbewusst die jungen Neonazis in der ostdeutschen Vereinigungskrise die Szene beherrschten, wie dreist und ungehindert sie vorgingen. Hier wie an vielen anderen Orten wurde den Tätern das Feld überlassen und Straßengewalt zu einem Gewohnheitsrecht.

Langsam setzte sich in der Mehrheitsbevölkerung die Einsicht durch, dass es sich nicht allein um Anti-Asyl-Proteste, sondern um schieren Ausländerhass handelte. Nach einem gewaltgeladenen Sommer waren es deswegen vor allem die Brandanschläge im schleswig-holsteinischen Mölln, die die Bevölkerung namentlich in Westdeutschland aufrüttelten. Im November 1992 hatten Neonazis zwei von türkischen Familien bewohnte Häuser in Brand gesteckt; zwei Kinder und eine 51-jährige Frau starben. Wieder manifestierte sich der aggressive Türkenhass, der sich bereits in den achtziger Jahren zu gewalttätigen Übergriffen gesteigert hatte, manchmal mit Todesfolge. Schon 1988 hatte es, heute fast vergessen, einen rassistischen Brandanschlag im bayerischen Schwandorf gegeben; vier Menschen waren an den Folgen gestorben. Was änderte sich nach Mölln?

Gerade die Gewalt gegen schon lange in der Bundesrepublik lebende, in ihre Nachbarschaften integrierte Türken machte frappierend deutlich, dass sich jetzt ein unterschiedsloser Ausländerhass breitmachte. Nach Mölln, im November 1992, druckte der *Spiegel* ein Cover mit dem Bild gereckter Arme im Widerschein eines brennenden Hauses, darunter die Zeile »Mörder von rechts«. Im Heft war ein Interview mit Monika Frommel zu lesen, der Direktorin des Instituts für Kriminologie an der Universität Kiel, die betonte, dass es sich nicht um Einzelverbrechen, sondern um eine »Kette« politisch motivierter Gewalttaten handele. Diesen fielen ehemalige Gast- und Vertragsarbeiter zum Opfer, sie richteten sich aber auch gegen politische Gegner (»Zecken«) und jüdische Einrichtungen und gegen Obdachlose wie Frank Bönisch, der am 24. August in Koblenz von einem Neonazi erschossen wurde, als in Rostock noch die Pogromgewalt tobte. Weil sie am untersten Ende der gesellschaftlichen Hierarchie rangieren, hat der Tod zahlreicher Obdachloser wohl die geringste Aufmerksamkeit erregt.

Nach Mölln reagierte die Zivilgesellschaft mit Lichterketten auf die Gewaltserie. In München gingen am Nikolaustag

400 000 Menschen mit Kerzen in der Hand auf die Straße – ein eindrucksvolles Zeichen gegen Rassismus, das auch in vielen anderen Städten gesetzt wurde. Die leuchtende Linie durch Deutschland zog eine symbolische Grenze gegen Gewalt und für Menschlichkeit. Parallel dazu verabschiedete der Bundestag aber im Dezember 1992 den sogenannten Asylkompromiss, der das Grundrecht auf Asyl drastisch beschnitt. Obwohl bereits seit Längerem in der Diskussion, musste der Eindruck entstehen, als folge die Grundgesetzänderung der kulminierenden Gewalt auf dem Fuße und gebe ihr nach. In den folgenden Jahren verringerten sich sowohl die Zahl der Anträge auf Asyl als auch die Zahl rechter Gewaltdelikte. Der Terror aber war nicht besiegt, er wich in den Untergrund aus.

Unter dem Aspekt von Vereinigungsrassismus und Straßenterror betrachtet, wirkt die Geschichte des NSU wie eine radikale Fortführung der Gewaltkette der frühen neunziger Jahre. Auf den nationalen Widerstand mittels Gewalt gegen vermeintliche Schmarotzer und Störenfriede konnten sich damals sowohl die subkulturellen rechten Milieus im Osten als auch die stärker organisierten Rechtsradikalen im Westen per Dreifingerzeig verständigen: W wie Widerstand. Das Motto dieser Politik war auch das der drei Haupttäter des NSU: »Taten statt Worte«. Böhnhardt, Mundlos und Zschäpe führten diese Propaganda der Tat auf das Niveau eines organisierten, planvollen Terrors, der sich seine Opfer gezielt suchte.

Zuweilen wird der NSU mit der linksradikalen RAF der siebziger und achtziger Jahre verglichen; Böhnhardt, Mundlos und Zschäpe legten diese Spur mit ihrem Bekennervideo selbst. Bei genauer Betrachtung erscheint das als Selbststilisierung. Anders als die RAF, die sich zu ihren Verbrechen stets öffentlich bekannte und damit große Politik zu machen glaubte, blieb der NSU seinem Namen treu und gab sich bis auf Weiteres mit dem Ruhm in der eigenen Szene zufrieden. Deshalb konnte das Trio auch mehr als ein Dutzend Jahre unentdeckt bleiben, das Bekennervideo verteilte Zschäpe erst nach der Selbstenttarnung des NSU Ende 2011. Vielleicht tappten die Ermittler auch deshalb so lange im Dunkeln, weil der NSU-Terror nicht auf die politisch-gesellschaftlichen Eliten zielte, sondern fest in den Traditionen des ostdeutschen Straßenterrors stand. Erschossen wurden, neben der Polizistin Michèle Kiesewetter, acht (Deutsch-) Türken und ein Grieche: kleine Leute mit kleinem Gewerbe und keiner Lobby.

Dass die drei ostdeutschen Neonazis es auf westdeutsche Gewerbetreibende mit Migrationshintergrund abgesehen hatten, macht aber auch den Einfluss des länger etablierten und besser organisierten westdeutschen Rechtsradikalismus deutlich. Gerade der Türkenhass war ein Westimport, der etwa über den Rechtsrock in den Osten kam, während er im Westen seit den achtziger Jahren notorisch war. Böhnhardt, Mundlos und Zschäpe hörten diese Musik, etwa den »Kanakensong«, in dem offen zum Mord an Türken aufgerufen wird, und versuchten sich selbst an vulgären Hassgedichten, wie die Datei »Ali000« zeigt, die schon 1998 in der Jenaer Garage gefunden wurde, in der sich das Trio im Bombenbasteln übte (Titel: »Alidrecksau – wir hassen dich«). Die Opfer entsprachen dem Bild, das sich die drei von ihrem Hassobjekt gemacht hatten: In einer Liste werden sie sämtlich als Ali bezeichnet und einfach durchnummeriert.[22]

Aus dieser Perspektive war es nur eine konsequente Entscheidung, dass das NSU-Trio sich auf den Weg nach Westen machte – das war ihre »Deutschlandreise«, wie es im Bekennervideo perfide heißt. Bis auf Mehmet Turgut, der illegal in Deutschland lebte und den Böhnhardt und Mundlos Anfang 2004 in einem abgelegenen Rostocker Dönerimbiss erschossen, stammten alle Opfer aus Westdeutschland. Ermordet wurden keine »Asylanten«, sondern ehemalige »Gastarbeiter«; darunter gerade solche, die nicht nur an den Fließbändern des deutschen Wohlstands gestanden, sondern sich niedergelassen und selbstständig gemacht hatten. Für die Täter waren sie das westdeutsche, also doppelt feindliche Inbild des Ausländers, der sesshaft geworden war, ja sich in Deutschland festgesetzt hatte und Räume beanspruchte, die vermeintlich den Deutschen zustanden.

Auf eine sehr spezifische Weise amalgamierte dieser Terror mit den rassistischen Vorurteilsstrukturen in den Behörden, die mit der Aufklärung betraut waren, aber die Täter über Jahre hinweg unter den Opfern suchten. Man vermutete, dass sie der türkischen Mafia angehört hätten oder dass sie Drogenhändler oder sonst irgendwie kriminell gewesen seien. Selbst in Nürnberg, einem Basislager des westdeutschen Rechtsradikalismus – wo die »Wehrsportgruppe Hoffmann« ihren Stammsitz hatte, die Band »Radikahl« zuhause war und der Neonazi Helmut Oxner 1982 drei Menschen erschossen hatte –, kam niemand auf die Idee, dass Rechtsradikale die Täter sein könnten. Die strukturellen Vorurteile in den Behörden ließen sich schon an den Namen der Sonderkommissionen ablesen, die mit den Ermittlungen betraut waren; sie hießen »Halbmond« und »Bosporus«.

Einer der in Nürnberg Getöteten, Enver Şimşek, besaß in Hessen einen florierenden Blumengroßhandel mit angeschlossenen Läden und mobilen Verkaufsständen, einer davon in Nürnberg. Şimşek, das erste Opfer des NSU, war 1985 seiner Frau, Tochter eines Gastarbeiters, in die Bundesrepublik gefolgt – ein besonderer Fall von Familienzusammenführung. Zuerst hatte er in einer Fabrik gearbeitet, sich dann aber erfolgreich selbstständig gemacht. Den Blumenstand am Rande des ehemaligen Reichsparteitagsgeländes im Stadtteil Langwasser betrieb der 38-Jährige nicht selbst, am 9. September 2000 hatte er lediglich die Urlaubsvertretung übernommen. Am frühen Nachmittag wurde er von Böhnhardt und Mundlos erschossen. Erst Stunden später wurde er noch lebend in seinem Lieferwagen gefunden. Er starb zwei Tage später in einem Nürnberger Krankenhaus.

Von ihrem Vater, seinem Leben und seinem Tod und den nachfolgenden Ermittlungen hat seine Tochter Semiya

Şimşek nicht nur bei der Berliner Gedenkveranstaltung für die Opfer 2012 eindrücklich erzählt, sie hat darüber auch ein (mittlerweile verfilmtes) Buch geschrieben.[23] Elf Jahre lang hatten die Ermittler ihren Vater als Drogenhändler verdächtigt, der nicht zum Blumenkauf, sondern zum Handel mit Rauschgift in die Niederlande gefahren sei; »nicht einmal durften wir reinen Gewissens Opfer sein«, so seine Tochter 2012. Bereits früh hatte die Familie auf einen möglichen rassistischen Tathintergrund hingewiesen, genau wie die Angehörigen von Mehmet Kubaşık und Halit Yozgat, die 2006 unter dem Motto »Kein 10. Opfer« zu Trauermärschen in Dortmund und Kassel aufriefen, oder linksliberale Medien wie die *Frankfurter Rundschau*.[24] Auch die Polizei entwickelte ein neues Täterprofil; weil Bekennerschreiben fehlten, wurde die Möglichkeit einer politisch motivierten Tat von den Ermittlern aber weiterhin verworfen.[25] Dennoch: Seit 2006 wurde der Verdacht nicht mehr nur privatim geäußert, sondern stand öffentlich im Raum.

Dass die zehn Morde nie aufgeklärt, sondern 2011 lediglich entdeckt wurden, weil die Täter sich durch ihren Selbstmord zu erkennen gaben, lag nicht nur an zahlreichen Ermittlungspannen oder an der fragwürdigen Rolle des Verfassungsschutzes im Netz des NSU. Es lag auch an einer strukturellen Unfähigkeit der staatlichen Stellen, die Morde des NSU als Teil eines massiven Komplexes rassistischer Gewalt seit 1990 zu verstehen. Die Zuwanderer, vor allem die Deutschtürken in Westdeutschland, waren für diesen Zusammenhang früher sensibilisiert, weil unmittelbar betroffen; vielleicht liegt darin eine der Ursachen der gegenwärtigen Entfremdung vieler von ihrer Wahlheimat.

Das Multiorganversagen von Staat und Gesellschaft verweist darauf, dass es an Wissen über die Kontinuitäten rassistischer Gewalt seit den achtziger Jahren und vor allem seit 1989/90 mangelt. Die lange Geschichte des Vereinigungsrassismus, der sich kurz nach dem Ende der DDR auszubreiten begann, muss in ihren deutsch-deutschen Ursachen begriffen und als gesamtdeutsches Phänomen erzählt werden. Mit der Selbstenttarnung des NSU 2011 war diese Geschichte längst nicht zu Ende. So führt eine offensichtliche Linie von der asylfeindlichen Gewalt der Nachwendejahre zur »Nein zum Heim«-Bewegung nach 2015, die sich dank der sozialen Medien leichter organisieren lässt.

Wie es scheint, erlebt der eine oder andere Akteur von damals bei Pegida und AfD gerade einen zweiten Frühling, und manch ein Rechtsradikaler trägt heute bei Demonstrationen ein schwarzes T-Shirt mit den Daten der Rostocker Ereignisse als Zeichen für den fortgesetzten Widerstand. Sicher ist, dass der Rechtsradikalismus in der Schwellenzeit nach der Wiedervereinigung von einer Szene und Subkultur zu jener Bewegung wurde, aus der sich der »Extremismus der Mitte« heute speist.[26] Sicher ist allerdings auch, dass sich seit den neunziger Jahren Strukturen der Aufklärung und effektiven Gegenwehr fest etabliert haben: Recherchenetzwerke, Kompetenzzentren, Kommissionen, Beratungsstellen – und eine engagierte Zivilgesellschaft, die sich dem Rassismus entgegenstellt.

# KAPITEL 8

*»Wir sind das Volk!«*
Demokratie und Polarisierung im
vereinigten Deutschland

»Für mich persönlich war der größte Moment der, als ich ganz allein, ganz für mich in die Menge gelaufen bin und erst leise und dann immer lauter gerufen habe: Wir sind das Volk! Wir sind das Volk! Ich weiß noch, das war in der Nähe vom Bahnhof. Ich habe Polizei gesehen, aber keine Angst gehabt. Ich habe mich stark gefühlt und die Arme hochgerissen und mir die Seele aus dem Leib geschrien.« Mit diesen Worten erinnert sich die Hausfrau Eva Günther an ihre erste Leipziger Montagsdemonstration im September 1989. Ganze zwei Monate sollte es noch dauern bis zu jenem unwahrscheinlichen Ereignis, das viele heute lakonisch »Mauerfall« und einige wenige mit ungebrochener Emphase »Friedliche Revolution« nennen.[1] »Wir sind das Volk« war der ganz und gar nicht martialisch gemeinte Schlachtruf der Straße, der anschwellende Gesang von Bürgern, die in einem von Partei, Polizei und Zensur durchherrschten Staat den Mut fanden, ihre Nischen zu verlassen, das Ungewisse zu wagen und ohne Order von oben auf die Straßen und Plätze zu ziehen, um für die Demokratie, die Freiheit zu demonstrieren. Was für eine selbstermächtigende Tat!

Fast auf den Tag genau 29 Jahre später, am 1. September 2018, einem Sonntag, versammeln sich in Chemnitz Tausende Bürgerinnen und Bürger – darunter AfD-Anhänger, Neonazis und Hooligans – am Karl-Marx-Denkmal, um eines

35-jährigen Mannes zu gedenken, der mutmaßlich von zwei Flüchtlingen erstochen worden ist. Deutschlandfahnen werden geschwenkt, die Polizei ist mit Großaufgebot präsent. Als der bis dahin überwiegend stumme »Trauermarsch« sich gerade in Auflösung befindet, erheben sich Sprechchöre. Dutzende in Schwarz gekleidete Männer rufen »Frei, sozial und national! Frei, sozial und national!«, immer lauter, immer mächtiger. Dann brüllen sie »Wir sind das Volk! Wir sind das Volk!«. Dann »Volksverräter, Volksverräter!«, »Lügenpresse, Lügenpresse!«. Manche laufen drohend auf die Polizei zu, reißen die Arme hoch und schwingen die Fäuste. Auch dies eine bemerkenswert selbstermächtigende Tat.

Wie hängen diese beiden Momente zusammen? Was haben das »Wir« und die den öffentlichen Raum machtvoll erobernden Gesten jenseits des wortgleichen »Wir sind das Volk« miteinander zu tun? Die Instrumentalisierung dieses mutigen, trotzigen Rufes der DDR-Opposition durch die Rechten ist eines der am meisten beunruhigenden Phänomene der gesamtdeutschen Gegenwart. Sie ist zugleich der Schlüssel zum Verständnis des historisch einzigartigen Vordringens der Neuen Rechten in die Mitte der Gesellschaft.

Mit dem Einzug der AfD in den Bundestag 2017 ist es einer nationalistischen Bewegung erstmals in der Geschichte der Bundesrepublik gelungen, sich als eigenständige politische Kraft zu etablieren. Dieser Erfolg ist ein deutsch-deutscher Erfolg. Er ist erst durch die zunächst flüchtige, improvisierte und dann zunehmend systematische Verbindung von zweierlei Frustrationserfahrungen möglich geworden: jener der westdeutschen »Nationalkonservativen« und jener der ostdeutschen »Lokalpatrioten«. Die dieses Bündnis umschließende Klammer ist die populistische Berufung auf die »wahre« Demokratie. Nur über plebiszitäre Mitbestimmung, behaupten die Anführer dieser angeblichen »Volksbewegung«, könne die von den Partikularinteressen der Berliner und Brüsseler Eliten korrumpierte (»links-rot-grün verseuchte«) Parteiendemokratie bekämpft werden. Ohne die

Symbiose also von zutiefst widersprüchlichen politischen Grundhaltungen – der neoliberalen EU- und Merkel-Kritik der 2013 im hessischen Oberursel gegründeten AfD und der anti-liberalen EU- und Merkel-Kritik der sächsischen »Heimatbürger« um Pegida – wäre der nachhaltige, auch parlamentarisch manifest gewordene Vorstoß der Neuen Rechten in die demokratische Mitte nicht denkbar gewesen.

Die Entstehung und Breitenwirksamkeit dieser Symbiose hängt einerseits mit den vielen globalen Entwicklungen zusammen, die die Welt in den knapp drei Jahrzehnten seit dem Ende des Kalten Krieges scheinbar ununterbrochen in Atem hielten: mit den fundamentalen Umbrüchen in Ostdeutschland und Osteuropa in den neunziger Jahren, mit der Ausbreitung eines weltumspannenden Finanz- und Dienstleistungskapitalismus auch infolge der Privatisierung von bislang staatlichen Gütern – und mit dem nach 9/11 geführten *»war on terror«*. Letzterer führte zu wachsendem Anti-Islamismus in der westlichen Welt und erneuerte längst überwunden geglaubte Traditionen der ethnisch-kulturellen Feindbildproduktion, die vielerorts den Rechtspopulisten das Feld bereitete. Zu erinnern ist aber auch an die einschneidenden sozial-, wirtschafts- und gesellschaftspolitischen Reformen der rot-grünen Bundesregierung zwischen 1998 und 2005, an die kurz danach ausbrechende globale Finanzmarkt- und Eurokrise sowie an eine seither meist nur noch »auf Sicht« (Angela Merkel) fahrende, debattenarme Bundespolitik.

Andererseits kann man das denkwürdige ost-westdeutsche Bündnis, das den Rechtspopulisten in Deutschland zu ihrem nachhaltigen Durchbruch verhalf, hinreichend nur verstehen, wenn man den Blick historisch weitet und lokal präzisiert. So sind die spezifische politische Kultur der späten DDR, die enttäuschten Erwartungen und Verletzungen innerhalb der ostdeutschen Gesellschaft in den neunziger Jahren ebenso zu beachten wie die sich zeitgleich erfüllenden Hoffnungen und erfolgreichen biographischen

Aufbrüche westdeutscher Nationalisten nach Ostdeutschland. Männer wie Alexander Gauland, Götz Kubitschek und Björn Höcke siedelten – ob zufällig oder zielgerichtet – nach der Vereinigung just in jenen Regionen im Märkischen Land, im Saalekreis oder im Eichsfeld, in denen die Bewohner den SED-Staat nicht zuletzt mittels eines ausgeprägten Lokalpatriotismus überstanden hatten. Der Schritt vom zu DDR-Zeiten genährten heimatkundlichen Lokal- zum Nachwende-Nationalpatriotismus war vielerorts ein überraschend leichter, und der Marsch von der Straße in die Parlamente – der NPD, DVU und Republikanern zuvor im Osten nur ansatzweise gelungen war – ein erstaunlich geradliniger: nicht zuletzt weil die Anführer dieser Bewegung es verstanden, die eben skizzierte, krisenträchtige Großwetterlage in entscheidenden Momenten dank ideologischer Flexibilität und ausgefeilten Vernetzungs- und Kommunikationsstrategien effektiv auszunutzen. In dieser Neuen Rechten, die mit überwiegend alten Ideen hantiert, diese jedoch in neuen Formationen (Pegida, Identitäre Bewegung) und in neuen Parteistrukturen (AfD) breitenwirksam gemacht hat, ist Deutschland auf eine Art und Weise »zusammengewachsen«, wie es sich weder Willy Brandt noch die meisten seiner Zeitgenossen 1989/90 hatten vorstellen können. Wie ist es dazu gekommen?

## Das Erbe von 1989

Man kann das monatelange Aufbegehren immer größerer Teile der DDR-Bevölkerung gegen ihren Staat durchaus beschreiben als späte »Entdeckung der Untertanen, dass sie Bürger waren«.[2] Immerhin fanden zwischen August 1989 und April 1990 über 3100 Arbeitsniederlegungen, Demonstrationen, Kundgebungen, Mahnwachen und kirchliche Veranstaltungen statt, an denen in den größeren Städten im Durchschnitt etwa sieben Prozent, in kleineren Gemeinden bis zu 18 Prozent der örtlichen Bevölkerung teilnahmen. Insgesamt waren es wohl bis zu zwei der 16 Millionen DDR-Bürger, wobei die Sachsen und Thüringer einen überproportional hohen Anteil hatten.³ Die These eines späten Erwachens betont den lange Zeit geringen Einfluss der Opposition in der Gesamtbevölkerung und deutet die Massenproteste im Herbst 1989 als »unverhofften« demokratischen Frühling.⁴ Sie basiert zugleich auf der bis heute weitverbreiteten Annahme, dass die DDR-Gesellschaft der achtziger Jahre eine politisch weitgehend lahmgelegte, ja erstarrte Gemeinschaft von nörgelnden Nischenbewohnern gewesen sei.

Doch dem war keineswegs so. Gerade mit Blick auf die unruhige Gegenwart ist es geboten, nach dem historisch gewachsenen Bürger- und Politikverständnis in Ostdeutschland zu fragen – sowie nach den Parallelen und Unterschieden zur »bewegten Gesellschaft« der alten Bundesrepublik.⁵ Denn auch wenn einerseits mindestens drei Viertel der ostdeutschen Wähler *nicht* für die AfD stimmen und die Partei andererseits auch in Westdeutschland zweistellige Ergebnisse erzielt, ist die Tatsache, dass ihr Stimmenanteil im Osten durchschnittlich doppelt so hoch ist, erklärungsbedürftig. Warum sehen und engagieren sich viele der »besorgten Bürger« von heute (darunter zahlreiche, die das Ende der DDR bewusst miterlebt haben) wie damals als Kritiker eines ganzen »Systems« samt seiner vermeintlich verlogenen Machteliten? Warum begreifen sie sich gar, wie einst, als Volk im »Widerstand« und schaffen damit erst den gesellschaftlichen Resonanzraum, in dem der seit der Vereinigung stetig gewachsene Rechtsradikalismus in Ostdeutschland mehr oder weniger unbehelligt gedeihen kann? Warum schrecken sie nicht vor einem Mitläufertum zurück, das sie sogar zu Mittätern eines so noch nie dagewesenen (Gewalt-)Angriffs auf demokratische Institutionen und deren Vertreter macht? Was treibt nicht wenige von ihnen zum offenen Rassismus der Radikalen?

Die historische Forschung schildert die mit erziehungsdiktatorischem Eifer ins Werk gesetzte »antifaschistisch-demokratische Umwälzung« in der frühen DDR gemeinhin als einen Prozess, der zur Stilllegung einer ganzen Gesellschaft geführt hat. Dass das als stabil wahrgenommene SED-Regime im Herbst 1989 in einer friedlichen Revolution beinahe über Nacht hinweggefegt wurde, während es in den Jahren zuvor nur von einigen Hundert Intellektuellen und kirchennahen Oppositionellen infrage gestellt worden war, wird überwiegend der von Michael Gorbatschow angestoßenen Erosion des Sowjetblocks und dem desaströsen Zustand der ostdeutschen Wirtschaft zugeschrieben. Das politische Denken und Verhalten der Mehrheitsgesellschaft spielt in diesen Analysen hingegen oft nur eine untergeordnete Rolle; die Rede ist bestenfalls von einer Kultur des Sich-Einrichtens und des angepassten Meckerns im Angesicht des täglichen Mangels. Dabei ist es an der Zeit – nicht zuletzt angesichts des beunruhigenden Abdriftens der politischen Kultur in Ost- und damit zwangsläufig in ganz Deutschland –, verstärkt nach langfristigen Entwicklungen und Kontinuitäten zu fragen. Denn auch in der DDR gab es so etwas wie eine »schweigende Mehrheit«, und aus deren Reihen stammen viele der heutigen Pegida- und AfD-Anhänger. Gerade über sie wissen wir erstaunlich wenig.[6]

Historiker haben versucht, dieser »schweigenden« Mehrheit etwa mithilfe von Stasi-Berichten und westlichen Umfragen auf die Spur zu kommen. Wichtige Einblicke bieten jedoch auch Briefe von Privatleuten an die Staatsführung aus den siebziger und achtziger Jahren – also gerade nicht die berühmten »Eingaben«, die das System stützten, in dem sie es nach vorgegebenen Regeln kritisierten. Die Privatbriefe sind Schreiben, die in den Poststellen diverser Behörden und den Leserbriefredaktionen von Zeitungen eingegangen sind, dort aussortiert und dem Ministerium für Staatssicherheit zur Auswertung übergeben wurden.[7] Sie sind für das Politik- und Selbstverständnis ganz normaler Leute in der DDR höchst aufschlussreich, denn sie zeigen, in welchem

Sinne sich die Absender als politische Subjekte, als Bürger verstanden und wie sie sich gesellschaftlichen Wandel vorstellten. Sie geben Hinweise auf individuelle Zukunftserwartungen aus der Zeit vor dem Umbruch und unterstreichen damit die Dramatik sowohl der Selbstermächtigungs- als auch der Enttäuschungserfahrungen seit 1989/90. Diese Post »nach oben« ermöglicht wichtige Einblicke in die politische Kultur der DDR – und damit auch in die Vorgeschichte des gegenwärtigen Rechtsrucks der gesamtdeutschen politischen Kultur.

Da die meisten Briefe anonym eingesandt wurden, bemühte sich das MfS intensiv darum, die Verfasser dieser »Hetzschriften« zu identifizieren, um sie strafrechtlich zu verfolgen.[8] Am häufigsten ging es in den Briefen um die deutsche Teilung, um Versorgungs- und Konsumfragen, soziale Ungleichheit, die Lage der Rentner, Kritik an den DDR-Medien und um Gorbatschow als Hoffnungsträger. Ab 1987 sprach aus vielen Einsendungen die Sorge über einen zunehmend alltäglichen, immer gewalttätigeren Rechtsradikalismus – und darüber, dass die staatlichen Stellen diese Entwicklung als unpolitisches »Rowdytum« verharmlosten. Diese rechts-subkulturelle Gewalt lebt augenscheinlich bis heute ungebrochen weiter. Der NSU-Terror und die Chemnitzer Unruhen sind nur zwei besonders deutliche Belege dafür, dass sich aus der Skinhead-»Szene« der späten DDR seit 1990 eine gesamtdeutsche »nationale Opposition« formiert hat.[9]

Die Briefe an die Genossen »ganz oben« verdeutlichen, dass es unter der Oberfläche eines erstarrten ideologischen Dogmatismus politisch heftig brodelte. Es ging um das Verhältnis von Macht und Mitbestimmung im »Arbeiter- und Bauernstaat«, und man schrieb in der festen Überzeugung, als Bürger ein Recht auf Gehör zu haben. Und weil viele vermuteten, dass ihre Schreiben als staatsgefährdend angesehen, abgefangen und vernichtet würden – eine Absenderin nannte sich »Eva Papierkorb« –, schickten sie ihre Gedanken über den »größten Scheißstaat auf der ganzen Erde« gleich in mehrfacher Ausführung an die umliegenden SED-Bezirksleitungen oder, wie im Falle eines Protests gegen den sowjetischen Afghanistan-Krieg, gleich direkt an den UN-Sicherheitsrat.[10] Man wollte unbedingt gehört werden.

Die Mehrheit glaubte zudem, dass die alltäglichen Missstände »oben« einfach nicht bekannt waren, und sah es – ob mit oder ohne Parteibuch – als ihre Pflicht an, dazu beizutragen, dass die Dinge sich änderten. Es schrieben Arbeiter und Betriebsgruppen, »einfache, enttäuschte Kommunisten«, Mütter in Schichtarbeit, Rentner und ganze Freundeskreise. Sie kritisierten die Mangelwirtschaft, die Unglaubwürdigkeit von Zeitungsberichten, Honeckers »blamable« Medienauftritte oder den Umgang der SED mit dem Tod von Chris Gueffroy an der Berliner Mauer. Es schrieb also bei Weitem nicht nur die rebellische Spitze der Gesellschaft, auch wenn viele Briefe in einem aufgebrachten, emotionalen Ton verfasst waren und von Ärger, Überdruss, Ungeduld, Verzweiflung bis hin zu Wut und offenem Hass zeugen. Es ging um weit mehr als um ein »wir hier unten« gegen »die da oben«, um Volksohnmacht versus Staatsallmacht. Denn diese Bürgerpost durchzieht ein bemerkenswertes individuelles Selbstbewusstsein. Die Verfasser, die oft stellvertretend für weitere familiäre oder soziale Kreise schrieben, waren sich der potenziellen Dynamik und Reichweite des angesammelten Misstrauens bewusst.

Deshalb wurde nicht nur vor Unruhen gewarnt, sondern gelegentlich auch offen und in nationalistischer Tonart mit Gewalt gedroht. »Ihr Lumpenpack!«, schrieb etwa die »Studentenorganisation Weimar, Erfurt, Jena« 1986: »Weg mit der Mauer und Grenzen, Freiheit für jedermann, Einigkeit mit unseren Schwestern und Brüdern im anderen Deutschland. Weg mit den Russen, nieder mit allen Partei- und Staatsfunktionären – schlagt sie tot! Einst kommt der Tag der Rache und Vergeltung. Bald ist es so weit und ihr habt den letzten Dreck geschissen.«

Viele Absender waren zugleich bestens informiert. Man wollte mitdenken und verlangte endlich die jahrzehntelang vorgegaukelte Mitsprache – und dies überwiegend von einem Standpunkt aus, der nicht den Staat an sich infrage stellte, noch nicht einmal den Sozialismus als Ideal, sondern die Vorherrschaft der SED.[11] »Als alter Genosse schäme ich mich für Euch und Ihr macht mir Angst!«, schrieb ein Mann 1988, »Ihr habt Euch vom Volk entfernt. Ihr wollt uns unmündig machen und belügt uns täglich!« Und ein »Kommunist« erinnerte daran: »Die Demokratie ist keine Geste der Staatsmacht gegenüber der Gesellschaft, sondern ein großes und wachsendes Bedürfnis des Sozialismus.«

Diese Bürgerbriefe reflektieren ein konfrontatives Politikverständnis, sie warnen, klagen, fordern und drohen. Sie sprechen also keineswegs für eine stillgelegte, apathische und politikverdrossene Mehrheitsbevölkerung, als welche wir die späte DDR-Gesellschaft zu sehen gewohnt sind.[12] Die Frage nun, wie und auf welche Weise die Menschen in der DDR politisch waren und wie stark diese spezifische Politisierung bis heute fortwirkt, lässt sich nicht leicht beantworten. Aber man sollte sich davor hüten, eine frustrierte Haltung gegenüber dem SED-Regime als Ausweis von Desinteresse zu sehen. Vielmehr spricht aus den Briefen eine aufgewühlte und in diesem Sinne bürgerbewegte Gesellschaft. Man begegnet Menschen, die in der Tat über reichlich »soziales und individuelles Selbstbewusstsein« verfügten, aber bis in den Herbst 1989 hinein relativ »arm an politischer Phantasie« waren.[13]

Andere Zeugnisse stützen und ergänzen diesen Befund. Ein interner SED-Bericht resümierte den Zustand der DDR-Gesellschaft 1987 mit der Bemerkung, »die Politik des nichtöffentlichen Austragens von Interessengegensätzen, ihr Vertuschen und pragmatisches Ausgleichen«, habe durchaus »negative Wirkungen« wie »Entpolitisierung und Privatisierung, Aufstauen von sozialen Aggressionen gegen die vom System Privilegierten, moralischer Abbau / Versumpfung«.[14] Selbst die Spitzel der Staatssicherheit erkannten diese eigentümliche Entwicklung. Sie hielten seit Mitte der achtziger Jahre in ihren Stimmungsberichten mit »feiner Sensorik die fortschreitende Eskalation, emotionale Aufladung und Politisierung in der ostdeutschen Bevölkerung«[15] fest, wobei hier eine Politisierung im Sinne eines genuinen demokratischen Erwachens gemeint war, nicht der Grad der Einsatzbereitschaft für die Sache des »demokratischen Antifaschismus«, den man üblicherweise zu erfassen suchte.

Vor diesem Hintergrund kann man die Selbstermächtigungstat der Leipzigerin Eva Günther und Hunderttausender ihrer Mitbürger in jenen Septembertagen 1989 als das Ergebnis eines gewachsenen Aufbruchs- und Veränderungswunsches verstehen, der sich bereits lange vor den Massendemonstrationen bis tief in die Mitte der DDR-Gesellschaft ausgebreitet hatte. Auch wenn sich die Menschen immer seltener im Sinne der SED engagierten und ihr Gemeinwesen fast nur noch durch das Prisma des allgegenwärtigen Mangels wahrnehmen: Für viele gehörten das Debattieren des großen Ganzen, das ewige Abgleichen von Ideal und Wirklichkeit, von medialer Propaganda und faktischen Zuständen und in diesem Sinne die Politik als solche bis zuletzt zum Alltag. Auch wenn diese Reflexionsanstrengungen meist innerhalb von gewohnten, sehr begrenzten sozialen Räumen stattfanden, waren sie ein wesentliches Merkmal der vermeintlich stillgelegten Vor-»Wende«-Gesellschaft.

Dass sich die Demonstranten seit September 1989 ausgerechnet unter dem Slogan »Wir sind das Volk« zusammenfanden, hängt unmittelbar mit dieser Beobachtung zusammen. Es gab nämlich nicht nur eine Tradition, die bis 1848 zurückreichte, als Ferdinand Freiligrath den Feinden der demokratischen Revolution entgegenwarf: »Nur, was zerfällt, vertretet ihr! Seid Kasten nur, trotz alledem! Wir sind das Volk, die Menschheit wir, sind ewig drum, trotz alledem!« Mit Freiligraths Lied war seit den siebziger Jahren in der ostdeutschen Folk- und Liedermacherszene nicht nur ein anti-autoritäres Kunstwerk wiederentdeckt worden, in dem die Freiheits- und Einheitspoetik des nicht mehr gesungenen Textes der DDR-Nationalhymne anklang (»Deutschland, einig Vaterland«).[16] »Wir sind das Volk« wurde vor allem deshalb mehrheitsfähig, weil die Machthaber im Laufe des Sommers 1989 in ihren Medien immer unverfrorener behaupteten, die Oppositionellen seien gemeine »Rowdys«. Das »Wir« war deshalb ein Gegen-Ruf. Mit ihm befreiten sich die Demonstranten gleich dreifach: von der hohlen Volksvertretungsbehauptung, von der Bevormundung und von der Einschüchterung durch die greisenhafte Führung und ihre »Organe«. So war am 2. Oktober 1989 auf Leipzigs Straßen erstmals jener denkwürdige Schlagabtausch zwischen Sicherheitskräften und Demonstranten zu hören: »Hier spricht die Volkspolizei« – »Wir sind das Volk!« Eine Woche später notierte die Stasi ebendort den Sprechchor: »Wir sind das Volk – wir sind keine Rowdys.«[17]

»Jetzt wächst zusammen ...«

Die Tatsache, dass sich dieser geschichtsträchtige Aufschrei eine Generation später durch Pegida in offen nationalistischer Tonart wiederbeleben ließ, ist vor dem Hintergrund dieser Vorgeschichte wenig überraschend. Dahinter steckt die effektive Instrumentalisierung einer tiefsitzenden Enttäuschung und Verunsicherung, eine ebenso durchdachte wie perfide Aktivierungsstrategie, die auf der Erkenntnis beruht, dass die Behauptung, man werde »wie früher« diffamiert, ausgegrenzt und benachteiligt, enormes Mobilisierungspotenzial enthält. Denn nicht der Aufbruch 1989, sondern die (reale oder vermeintliche) Abwertung *nach dem Aufbruch* wirkte identitätsstiftend und ist bis heute instrumentalisierbar.[18] Auch wenn viele Ostdeutsche im Revolutionsherbst vorübergehend eine »neue Identität aus erlebter Volksbewegung« empfunden haben mögen, überlagert die Zeit danach diese Erfahrungen. Deshalb gibt es bis heute auch keine gesamtdeutsch akzeptierte Deutung und Bezugnahme auf 1989. Und deshalb fehlt es – im Westen auf andere, aber ebenso gravierende Weise wie im Osten – an dem »gesellschaftlichen Willen«, diesem Ereignis im Geschichtsbewusstsein der Deutschen einen festen Platz einzuräumen. Das Gezerre um das sogenannte Einheitsdenkmal ist dafür nur der jüngste Beweis.[19]

Und so, anknüpfend an die flüchtige Erfahrung einer »erlebten Volksbewegung« ein Vierteljahrhundert zuvor, eroberten die Pegida-Initiatoren seit dem Herbst 2014, bald unterstützt von der jungen, nach rechts driftenden AfD, ein gesamtdeutsches geschichtspolitisches Vakuum, was ihrer Bewegung eben nicht nur eine lokal-folkloristisch begrenzte, sondern »nationale« Schlagkraft verlieh. Auch Pegida inszenierte »Wir sind das Volk« als Gegen-Ruf – als trotzige Antwort auf die vermeintliche Schmähung der Ostdeutschen als »Nazis«, als »Wut-« oder »Problembürger«: »Wir sind doch keine Nazis, wir sind das Volk!«, tönt es regelmäßig durch die Abendnachrichten, meist in sächsischer Mundart. Auf den populärsten Plakaten prangt: »Wir lassen uns nicht länger belügen! Wir sind das Volk« und »Wacht auf! Die Hand, die einen füttert, beißt man nicht! Wir sind das Volk.« Und unter einer Fotomontage, die die Kanzlerin mit Kopftuch zeigt, heißt es: »Frau Merkel, hier ist das Volk.«

Unter diese beliebig zu vermehrenden Stimmen aus der Mitte der Gesellschaft mischten sich zunehmend professionell organisierte, intellektuell geführte rechtsradikale Bündnisse und gewaltbereite Gruppen von Hooligans und Neonazis. Doch erst die Ankunft von rund einer Million Kriegsflüchtlingen seit dem Spätsommer 2015 eröffnete die Gelegenheit, Nationalismus und Provinzialismus unter der Fahne eines gesamtdeutschen »Volks«-Aufstandes gegen Eliten und Einwanderer zu verbinden. Es bildete sich eine – seit Chemnitz kaum mehr zu entwirrende – Melange aus örtlichen und zugereisten nationalistischen, fremdenfeindlichen und ad hoc mobilisierbaren »Widerstands«-Bewegungen. Vernetzter, medialer und mobiler als je zuvor, verstehen es ihre Anführer, lokale Ereignisse und Protestpotenziale aufzugreifen und eskalieren zu lassen.

Im Übrigen folgte der Chemnitzer »Trauermarsch« dem gleichen Muster wie dieser »Aufstand« insgesamt: Als Reaktion auf eine Demonstration von (anti-islamistischen) Kurden gegen den Syrien-Krieg in Dresden und anderen deutschen Städten hatte Lutz Bachmann im Oktober 2014 – fast ein Jahr vor Beginn der »Flüchtlingskrise«! – ein »Überparteiliches Aktionsbündnis« gegründet. Die bald unter dem Namen Pegida firmierende Initiative »besorgter Bürger« trieb in der Folgezeit in Ost- und Westdeutschland Zehntausende auf die Straßen, wenn auch im Westen in geringerem Maße, weil sie dort sofort auf einen starken zivilgesellschaftlichen Widerstand traf.[20] Mit einer Messerstecherei mündete diese Entwicklung, in deren Verlauf sich die AfD zum parlamentarischen Arm von Pegida entwickelte und nach dem Einzug in den Bundestag 2017 zur »Jagd« auf die Bundesregierung blies, in der realen Jagd auf Andersdenkende und auf für Ausländer gehaltene Menschen nach dem Tod eines Chemnitzers im Spätsommer 2018.

Man muss diese Entwicklung im größeren Zusammenhang der jüngeren deutschen Protestgeschichte sehen, wobei Aktivisten und Bündnisse jedweder politischen Couleur zunehmend international vernetzt agieren. In dieser Geschichte spielt die ostdeutsche Perspektive eine besondere, zunächst untergeordnete und seit etwa 2003 immer bedeutsamere Rolle. Nach 1989 durchlebten dort große Teile der Bevölkerung harte Jahre der materiellen, sozialen und emotionalen Anpassung an die bundesrepublikanische Ordnung. Aber anders als nach der erfolgreichen Selbstermächtigung des revolutionären Herbstes vielleicht zu erwarten, führten der weitgehende Elitenaustausch, die zahllosen Schließungen von ostdeutschen Betrieben durch die »Treuhand« und die damit einhergehende wirtschaftliche und kulturelle Verödung ganzer Landstriche gerade nicht zu erneuten

Massenprotesten. Stattdessen herrschten – parallel zu den rassistischen Gewaltausbrüchen der frühen neunziger Jahre – infolge von Abwanderung und Anpassungsdruck weitgehend Ratlosigkeit, Verunsicherung und Apathie.

Erst in den Protesten gegen die »Agenda 2010« der rot-grünen Bundesregierung ließen sich Anzeichen für ein erneutes und breitenwirksames zivilgesellschaftliches Erwachen erkennen – und zwar im Gewand der »Montagsdemos«. »Im Sommer 2004 waren die Straßen voll in Deutschland. Überall gab es Montagsdemonstrationen. Das Wort klang nach DDR, nach Leipzig und Wende, nach einem Erfolgsmodell, aber diesmal wollte man kein anderes System, man wollte das alte behalten«, schrieb damals der *Spiegel*.[21] Zeitweise demonstrierten Hunderttausende in ganz Deutschland gegen den »Sozialkahlschlag« der Hartz-IV-Reformen, und man skandierte neben »Hartz muss weg, Arbeit muss her!« auch »Wir sind das Volk!«.[22] Schon damals mischten sich Neonazis unter die Demonstranten, wobei vor allem ostdeutsche Organisatoren unsicher bis nachlässig auf derlei Vereinnahmungsversuche reagierten. Das daraus entstandene gesamtdeutsche Bündnis »Bundesweite Montagsdemonstration« hat seit 2012 feste organisatorische Strukturen und pocht noch heute auf den Dreiklang: »Weg mit Hartz IV! – Das Volk sind wir! – Montag ist Tag des Widerstands!«

Während »1989er« wie Joachim Gauck und Vera Lengsfeld diese Wiederbelebung der Montagsdemonstrationen heftig kritisierten, erklärte der Leipziger Pfarrer Christian Führer mit Verweis auf das hart erkämpfte Demonstrationsrecht: »Es kann nicht nach dem Motto gehen: ›Wir begrüßen, dass Ihr gegen die Kommunisten auf die Straße gegangen seid, aber jetzt habt Ihr die Klappe zu halten‹. So geht das echt nicht.«[23] Und der Neuerfinder der Montagsdemo, der Magdeburger Bahnarbeiter Andreas Erholt, verkörperte den einst so großen und dann bitter enttäuschten Aufbruchs- und Veränderungswunsch der späten DDR mit jeder Faser seiner deutsch-deutschen Existenz: Transportarbeiter bei der Bahn, SED-Mitglied, Rausschmiss aus der Partei, Flucht in den Westen über die Botschaft in Budapest, Rückkehr nach dem Fall der Mauer, Umschulung zum Bürokaufmann, »Bewerbungen von Freiburg bis Flensburg«. 2004, als er die Proteste initiierte, war er 42 Jahre alt und seit sechs Jahren arbeitslos.[24]

Im Rückblick auf diese erste, sozialpolitisch ausgerichtete »Wir sind das Volk«-Protestwelle im vereinigten Deutschland wird deutlich, dass diese langfristig – eingeleitet 2004 durch die Gründung der WASG (Wahlalternative Arbeit und soziale Gerechtigkeit), die 2007 mit der PDS zur gesamtdeutschen Linkspartei fusionierte – zur Spaltung und damit Schwächung der Linken beigetragen hat. Hinsichtlich ihrer gesellschaftlichen Mobilisierungskraft blieb sie aber weit hinter der zweiten, nunmehr völkischen Vereinnahmung durch die Neue Rechte zurück. Auch beteiligten sich damals überwiegend Arbeitslose und Menschen mit geringem Einkommen an den Demonstrationen, während die Unterstützer und Wähler von Pegida und AfD meist Rentner oder Männer und Frauen mittleren Alters sind, die mehrheitlich in festen Arbeitsverhältnissen stehen und über gute Bildungsabschlüsse und mittlere Einkommen verfügen.[25]

Auch wenn dies in den öffentlichen Debatten häufig ignoriert wird: Die AfD wurde von Leuten aufgebaut, die sich dezidiert als »bürgerlich« verstehen, und von einer entsprechenden Klientel wird sie getragen und gewählt. Dabei dient die Selbstbezeichnung »bürgerlich« auch dazu, antiliberale, nationalistische, rechtsradikale und rassistische Strömungen zu überdecken. Die ebenso falsche wie verbreitete Annahme, dass die große Mehrheit der AfD-Anhänger aus sozial schwachen Milieus komme, beruht nicht zuletzt auf der herablassenden Prämisse, dass ärmere Menschen, insofern sie überhaupt zur Wahl gehen, quasi zwangsläufig rechts- (oder wahlweise links-)radikal wählen. Die Wählerforschung zeigt jedoch nicht zuletzt mit Blick auf westdeutsche AfD-Hochburgen, etwa in Baden-Württemberg, dass die stärksten

Motive ihrer Wähler in fehlender Parteienbindung, Unzufriedenheit mit der Arbeit der regierenden Parteien sowie in nationalistischen Einstellungen liegen. Und auch wenn man die Erkenntnisse zu den ostdeutschen AfD-Wählern hinzunimmt, lautet die bisher plausibelste These, dass sich die Partei als ein »Sammelbecken unterschiedlicher politischer Milieus und Wählerschichten« etabliert hat.[26] Materielle Motive und soziale Lagen spielen höchstwahrscheinlich eine weniger entscheidende Rolle als kulturelle Prägungen und grundsätzliche Ansichten über das Funktionieren und die (gefühlten) Zukunftsaussichten unserer Demokratie.

Das Potenzial, zum Sammelbecken der Neuen Rechten zu werden, hatte die AfD von Anfang an. Sie verstand es, mit ihrem zunächst gegen den Euro, dann gegen Geflüchtete und Zuwanderer gerichteten Nationalismus, jene Krisen- und Verdrossenheitsgefühle einzufangen, die seit der – vielen Normalbürgern bis heute ebenso unergründlichen wie unheimlichen – Finanzmarktkrise von 2008 und der Eurorettungspolitik der Großen Koalition stetig zugenommen hatten. Staat, Wirtschaft und Volk werden in ihrer Programmatik auf neu-alte, faktisch rückwärtsgewandte Weise miteinander in Beziehung gesetzt. Unter Verweis auf die vom »starken Staat« zu schützende Nation, die sich vielerlei globaler, naturkatastrophenartiger Entwicklungen (»Marktturbulenzen«, fremder Schuldenberge, »Flüchtlingswellen« usw.) erwehren müsse, verbindet die AfD konservative, völkisch-nationalistische und direktdemokratische Positionen, die sie in viele Richtungen ideologisch anschlussfähig macht. Die Vorstellung von einer Welt, in der ethnisch homogene »Wettbewerbsstaaten auf völkischer Basis« miteinander in mal mehr, mal weniger friedlicher Konkurrenz stehen, knüpft dabei an autoritäre Vorstellungen an, die bis in die Weimarer Zeit zurückreichen.[27]

Die Hauptstoßrichtung, aus der heraus diese Programmatik formuliert ist, ist die des vermeintlich wiederherzustellenden Rechts. Schon lange bevor die AfD die Flüchtlingspolitik der Regierung Merkel systematisch als »Rechtsbruch« darstellte, prangerte sie diese wegen ihrer Eurorettungspolitik als volksferne Rechtsbrecherin an, die längst ihren Amtseid vergessen habe. Von solchen Unterstellungen, wie sie in der Präambel des 2016 in Stuttgart verabschiedeten Grundsatzprogramms der AfD zu finden sind,[28] ist es nicht weit zum »Volksverräter«-Vorwurf. Gegen die europäische Integration setzte die Partei von Anfang an auf ein »Europa der Vaterländer«, und statt auf eine immer engere politische Union auf die Rückkehr zu einer »Europäischen Wirtschaftsgemeinschaft«. Dem »Bruch von Recht und Gesetz, der Zerstörung des Rechtsstaats und verantwortungslosem politischen Handeln gegen die Prinzipien wirtschaftlicher Vernunft konnten und wollten wir nicht länger tatenlos zusehen«, heißt es in der Präambel. Überdies sehe sich die Partei in der »Tradition der beiden Revolutionen von 1848 und 1989« (wobei die demokratische Revolution von 1918/19, die die erste deutsche Republik begründete, auffälligerweise fehlt). Mit ihrem »bürgerlichen Protest« artikuliere die AfD den »Willen, die nationale Einheit in Freiheit zu vollenden«.[29]

Mit ihrer Hetze gegen das »System Merkel« als »Unrechtsregime« und ihren entlang einer vermeintlich ungebrochenen nationalen Aufstiegsgeschichte formulierten Inhalten verpasste die Partei 2013 knapp den Einzug in den Deutschen Bundestag. Doch ein Jahr nach ihrer Gründung als eurokritische »Professorenpartei« gelang ihr 2014 parallel zum Aufstieg rechtspopulistischer Parteien in anderen Staaten mit 7,1 Prozent der Einzug ins Europäische Parlament. Im August und September desselben Jahres und kurz *vor* den Anfängen der Pegida-Bewegung, errang sie bei den Landtagswahlen in Sachsen, Brandenburg und Thüringen zwischen 9,7 und 12,2 Prozent, was den offen rechtsradikal auftretenden ostdeutschen Landesverbänden um André Poggenburg und Björn Höcke enormen innerparteilichen Auftrieb verschaffte. Sie trieben die Partei in einen Richtungsstreit, in dem sich mit der Intensivierung der öffentlichen Diskussion um den Umgang mit Flüchtlingen im Laufe des Jahres 2015 die einzigartige Gelegenheit eröffnete, die AfD konsequent auf einen nationalistischen, antiparlamentarischen und antimuslimischen Kurs einzuschwören.

So etablierte sich die Partei mehr und mehr als ernstzunehmende bundesweite Herausforderung rechts von der Union. Von den sechs prominenten Köpfen der ersten Stunde – Bernd Lucke, Hans-Olaf Henkel, Konrad Adam, Frauke Petry, Beatrix von Storch und Alexander Gauland – haben sich nur die beiden Letzteren mit einer seit dem Beginn der »Flüchtlingskrise« im Herbst 2015 konsequent nach rechts steuernden Parteiführung durchgesetzt. Von nun an galt es zu verhindern, worum es in der »chaotischen« Asyl- und Europapolitik der Regierung Merkel angeblich ging. So behauptete beispielsweise der damalige AfD-Landeschef in Sachsen-Anhalt Poggenburg auf einer Kundgebung im Dezember 2015 in Weißenfels: »Hier soll ganz bewusst und vorsätzlich das deutsche Volk aufgelöst und abgeschafft werden, das, liebe Freunde, das ist die ungeschminkte Wahrheit.«[30]

Poggenburg knüpfte damit direkt an jenes seit 2010 grassierende *Deutschland schafft sich ab*-Geraune an, das seit dem gleichnamigen Buch des Sozialdemokraten Thilo Sarrazin den politischen Diskurs der Republik spürbar nach rechts verschoben hat. Dessen mit rassistischen und verschwörungstheoretischen Annahmen durchzogene Polemik gegen Zuwanderung wurde zusätzlich durch die Behauptung vom »großen Austausch der europäischen Völker durch Massen aus Afrika und dem Nahen Osten« des Front National-Vordenkers Renaud Camus befeuert, der mithilfe von rechten Publizisten und »Identitären« wie Götz Kubitschek, Martin Lichtmesz und Martin Sellner auch in Deutschland zunehmend Gehör fand.[31] Behauptungen wie diese boten den ideologischen Rahmen, in dem sich aktuelle Ereignisse fortan deuten ließen. Und erst mit dem Agenda-Schwenk von der »Euro-Krise« zur »Flüchtlingskrise«, mit der offen ausländerfeindlichen »Herbstoffensive 2015« der Partei rund um die ab August 2015 in Deutschland ankommenden Flüchtlinge vor allem aus Syrien (»biblische Masseneinwanderung«), schaffte die Partei den Sprung von der Kleinpartei (in Hamburg und Bremen erzielte sie im Frühjahr 2015 nur 6,1 und 5,5 Prozent) hin zu zweistelligen Wahlergebnissen, die sie ab März 2016 in den alten und neuen Bundesländern erreichte. Mit Stimmenanteilen zwischen 12,6 Prozent (Rheinland-Pfalz) und 24,3 Prozent (Sachsen-Anhalt) zog sie im Laufe dieses Jahres in fünf weitere Landesparlamente ein.[32]

Mit dieser Entwicklung profitierte die Partei auch von einem seit etwa 15 Jahren in ganz Deutschland zu beobachtenden Anstieg gruppenbezogener Menschenfeindlichkeit und einer wachsenden Zustimmung zu autoritären Politikentwürfen. Zugleich bündelte und verschärfte sie diese Tendenzen. »Rechtsextreme haben in der AfD eine Heimat gefunden«[33] – eine Heimat aber, die anders als alle früheren rechtsradikalen Organisationen nicht am Rande der Gesellschaft existiert, sondern über die (eher westlichen) bürgerlich-wirtschaftsliberalen Wurzeln und die (eher östliche) plebiszitär-völkische Mobilisierungskraft der Partei tief in der Mitte der Gesellschaft verortet ist. Die vor zehn Jahren noch undenkbare, offene Skrupellosigkeit, mit der die AfD rechten Aktivisten eine politische Bühne bietet und Handlungsspielräume eröffnet, zeigte exemplarisch ein 2018 ausgestrahltes Fernsehinterview mit ihrem Bundestagsabgeordneten Frank Pasemann. Danach gefragt, ob ihm die Hinwendung von (ehemaligen) Neonazis und »Identitären« zur AfD »keine Bauchschmerzen« bereite, führte der 1960 in Magdeburg geborene Immobilienverwalter aus: Nein, jeder könne sich ändern, und gerade junge Menschen verdienten eine »zweite Chance«. Und auf die Frage, wie es denn komme, dass sich solche Menschen überhaupt der AfD zuwenden, entgegnete der Mann mit blau-roter Jagdhund-Krawatte à la Gauland grinsend: »Ja, wo sollen sie sich denn sonst sammeln?«[34]

Dass dieser völkische Schwenk gelang, hängt maßgeblich mit der ostdeutschen Dimension dieser Geschichte zusammen. Er wurde politisch, strategisch und intellektuell unter anderem von drei Westdeutschen betrieben, die nach der Vereinigung nach Ostdeutschland gingen und sich dort im wahrsten Sinne des Wortes neuen »Lebensraum« eroberten: Alexander Gauland zog 1991 nach Potsdam, um die von der *FAZ*-Gruppe erworbene frühere SED-Zeitung *Märkische Allgemeine* als Herausgeber zu leiten; Götz Kubitschek bezog 2001 einen Bauernhof im sachsen-anhaltinischen Schnellroda, wo der frühere Redakteur der *Jungen Freiheit* den Antaios-Verlag, die Monatszeitschrift *Sezession* und das sogenannte Institut für Staatspolitik als Leitmedien der Neuen Rechten aufbaute; und Björn Höcke zog 2008 aus Hessen ins thüringische Bornhagen, von wo der Gymnasiallehrer bis zu seiner Wahl in den Landtag 2014 ins nahegelegene Bad Sooden-Allendorf pendelte.

Brandenburg, Sachsen-Anhalt und Thüringen sind also nicht zufällig zu Hochburgen der AfD in Deutschland geworden. Das geschah aber nicht aufgrund eines subtilen Masterplans, sondern weil Aktivisten wie die drei Genannten es verstanden, ideologisch flexibel und praktisch anpassungsfähig die Gunst der Stunde zu nutzen. Es gelang ihnen, eng vernetzt mit Einheimischen wie Frauke Petry und André Poggenburg oder Rückkehrern wie dem Dresdener altlinken Publizisten Frank Böckelmann, ostdeutsche Gefühls- und Gemengelagen mittels ganz unterschiedlicher Foren aufzunehmen, einzuordnen und zur Verbreitung ihrer »von drüben« mitgebrachten nationalkonservativen oder rechtsradikalen Überzeugungen zu instrumentalisieren.

Die für viele Ostdeutsche allgegenwärtige Frustrationserfahrung der Nachwendezeit, das grandiose Scheitern des demokratischen Aufbruchs von 1989/90 wussten die »Ost-West-Versteher«[35] von Anfang an zu sammeln und auf publizistischen Wegen zu vervielfältigen. Am deutlichsten wird das mit Blick auf Gaulands publizistische Tätigkeit in Brandenburg. Der in Chemnitz geborene und vor dem Mauerbau in den Westen geflüchtete frühere CDU-Mann beschrieb

1998 in der *FAZ*, worin seine – angesichts stets rückläufiger Auflagenzahlen bestenfalls ansatzweise gemeisterte – Herausforderung bestand, als westdeutscher Zeitungsmacher eine durch den Umbruch zutiefst verunsicherte Leserschaft bei der Stange zu halten: »(Wer) klug war, sah darauf, die Leser publizistisch dort abzuholen, wo sie stehengeblieben waren, und nicht auf den ›neuen‹ westlichen Menschen zu setzen. (...) Da es andere Lesegewohnheiten gibt, muß die östliche Regionalzeitung alles leisten. Natürlich sind in erster Linie lokale Informationen gefragt, aber eben auch ein bißchen F.A.Z.-Feuilleton, Lebenshilfe, Nachhilfeunterricht in Geschichte und immer wieder das Erklären von Vorgängen, die 40 Jahre sehr weit weg und sehr fremd waren.«[36]

Während sich in Gaulands Einfühlung genau jene Herablassung mischt, die er den West-Eliten im Umgang mit dem Osten gern vorhält,[37] bewegt sich das hochgradig stilisierte Ost-Verständnis Götz Kubitscheks auf einer existenzielleren Ebene. Kubitschek und seine Frau Ellen Kositza inszenieren ihre Ankunft in der sachsen-anhaltinischen Provinz als persönliche Anverwandlung an ein »Volk, das auf bestimmte Art deutscher geblieben ist als der Westen und das von einem plötzlichen Schicksal gezeichnet scheint«. Der Osten lebe »im toten Winkel der Republik«, aber nur wer hier lebe, könne davon wissen, denn das »finstere Herz dieses graudeutschen Alltags ist selten beschrieben«.[38] Kubitschek und Kositza beschreiben ihren Alltag so: »Nach Wohlstand verlangte uns nicht. Den hatten wir schon. Wir suchten einen ›Ort‹. Am Horizont leuchtete Mitteldeutschland (...): die unverdorbenere Substanz, vierzig Jahre weniger Bauboom und Konsumterror; Unverstelltes insgesamt, Herzlichkeit ohne Taxierung, Kindergärten, in denen ErzieherInnen noch Tanten hießen, und viel mehr blond als türkisch in den Sandkästen. (...) Zurückgekehrt ist längst die dem Menschen gemäße Erkenntnis, daß nicht jeder alleine, selbständig weiterzukommen vermag. Sinnvoll zu leben auch ohne dickes Gehalt, vielleicht sogar ohne Aussicht auf regelmäßige Arbeit: Die kleinen Dörfer Mitteldeutschlands sind Experimentierküchen freilich, die nichts theoretisch aufarbeiten, sondern alles praktisch angehen und dem Westen an Erfahrung meilenweit voraus sind.«[39]

Götz Kubitschek ist seit mehr als zehn Jahren eng mit Björn Höcke befreundet. Über die persönliche, ideologische und strategische Verbindung der beiden ist die AfD zu einer klar rechtsradikalen Partei geworden. Was Höcke im Groben vertritt – einen offen an die Argumente und Sprechweisen der Nationalsozialisten anknüpfenden völkischen Rassismus –, verpackt Kubitschek in bemüht literarische und philosophische Texte, die Antimaterialismus und Faschismus auf effektive Weise verbinden. Das Bild von der »180-Grad-Wende«, das Höcke Anfang 2017 in seiner »Dresdner Rede« mit Blick auf die deutsche Erinnerungskultur verwandte, übernahm er höchstwahrscheinlich von Kubitschek. Der hatte schon drei Jahre zuvor den Tenor für künftige »AfD-Reden in Sachsen, Thüringen und Brandenburg« vorgegeben: Die dürften »nichts anderes als das Verlesen eines Katalogs des Versagens der Altparteien sein, und ein Aufruf zu einer Kursänderung um 180 Grad«.[40]

Kubitschek beteiligte sich zeitig und in enger Abstimmung mit Höcke und anderen lokalen Aktivisten an den »Spaziergängen« von Pegida, dem sich Ende 2014 »endlich« anbahnenden »Aufstand der Bürger«. Dessen Dresdner Initiatoren kaperten den Slogan »Wir sind das Volk« ganz offen als Schmiermittel ihrer Kampagne gegen das »System der Altparteien« und die vermeintliche »Islamisierung des Abendlandes«, wie man der Facebook-Kommunikation des Gründerkreises entnehmen kann. Kubitschek reagierte umgehend auf dieses von »unten« wiederbelebte revolutionäre Pathos. Er fand in Dresden und Leipzig die passenden Volksbühnen für sein Programm der »rückgebundenen Mobilmachung« jener, die in einer »Lage ohne Auftrag« nicht nur »spielend die Spanne bis zum Tode gehen, sondern eine Spur ziehen und sich ›gebraucht‹ sehen wollen«.[41] In teilweise (von Mitstreitern) plagiierten Reden bescheinigte er den Deutschen eine »große und besondere« Geschichte, in der das Land nicht nur Kriege geführt habe, sondern auch von Kriegen überzogen worden sei. Wie Höcke in seiner »Dresdner Rede«, fügte auch Kubitschek das »mitteldeutsche« Nachwendedrama mühelos in die mythische Erzählung eines zerrissenen und zugleich erwachenden Volkes ein. »Wir alle hier«, behauptete er am Abend des 21. Januar 2015 vor 15 000 Leipzigern, sind »diejenigen, die diese deutsche Geschichte weitertragen müssen und weitertragen werden«.[42] Die Ostdeutschen, die sich so häufig als Bürger »zweiter Klasse« fühlten, wurden hier plötzlich zum erwählten Volk im Volke.

Keine zwei Monate später brachte Höcke auf dem Landesparteitag der Thüringer AfD die »Erfurter Resolution« ein, von der damals niemand wusste, dass sie von Kubitschek verfasst worden war. Die Resolution sprach sich gegen die vermeintliche Normalisierung der AfD hin zur »Systempartei« aus und für den Erhalt ihres Charakters als Sammlungsbewegung, ohne den keine »grundsätzliche politische Wende in Deutschland« möglich sei. Statt sich den Spielregeln des »etablierten Politikbetriebs« anzupassen, müsse es weiter darum gehen, »selbst den Radius unseres Handelns abzustecken und zu erweitern«.[43] Zur Liste der Erstunterzeichner gehörte auch Alexander Gauland. Kubitschek, der heimliche Autor, flankierte den Vorstoß in der *Sezession* mit der Parole: »Es gibt keine Alternative im Etablierten.«[44] Das war der entscheidende Anstoß, mit dem es dem rechten Flügel der Partei gelang, die »Liberalen« um Bernd Lucke auszubooten. Auf dem im Sommer 2015 folgenden Essener Parteitag konnte sich Frauke Petry gegen Lucke als Parteisprecherin durchsetzen – der rechtsradikale Schwenk war geglückt. Mit der systematischen, auf genuiner Einsicht in die Verhältnisse fußenden Vereinnahmung und Ausschlachtung der ostdeutschen Perspektive, mit der Verwandlung von realer Tristesse in utopische Tatkraft, war nun der Weg frei für die nationalistische »Wende in Deutschland«. Aber erst mit der offen ausländerfeindlichen »Herbstoffensive 2015« gelang der Partei mittelfristig der Einzug in sämtliche Landesparlamente und schließlich in den Bundestag.

Die Deutschen und die Europäer haben im 20. Jahrhundert bittere Erfahrungen mit zweierlei Mitwirkungsversprechen gemacht – mit dem der rassistischen »Volksgemeinschaft« und mit dem der sozialistischen »Menschengemeinschaft«. Zu Beginn des 21. Jahrhunderts gibt es in Deutschland nun wieder eine politische Bewegung, die diese Erfahrungen nicht kritisch reflektiert, sondern aus ihrer ideologischen Vermischung zu »lernen« versucht: für eine dritte vermeintliche Volksermächtigung. Das aber ist keine »Emanzipationsbewegung von rechts«[45], denn Emanzipation auf dem Rücken von Schwächeren wie Migranten oder Kriegsflüchtlingen ist keine Emanzipation, sondern eine Ermächtigungsbewegung aus der Mitte der Gesellschaft. Vor allem westdeutsche Aussteiger aus dem altbundesrepublikanischen Verfassungskonsens, Männer wie Gauland, Höcke und Kubitschek, haben es in einer von globalen Krisen gebeutelten Zeit verstanden, für ihre »Wende« kulturnationale Traditionsbestände wie Heimat, Gemeinschaft, Solidarität sowie ein Bedürfnis nach Autonomie *und* Autorität zu mobilisieren; nicht nur, aber vor allem unter ostdeutschen Bürgern. Weil sie diese in der Tat oftmals da »abholten, wo sie stehengeblieben waren«, trifft die AfD dort den Nerv eines historisch gewachsenen Politikverständnisses, das zwischen Mitsprachebedürfnis, Ohnmachtsgefühlen, Anspruchsdenken und einer mangelerprobten Zupackmentalität changiert. Nicht zufällig also spielt Ostdeutschland, das *beide* früheren Vergemeinschaftungsversuche durchlebt hat, als »Experimentierküche« in dieser neurechten Aufstiegsgeschichte die entscheidende Rolle.

# SCHLUSS

*»Erinnerungspolitische Wende um 180 Grad«?*

Anlass und Ausgangspunkt für dieses Buch war und ist die Konjunktur, die Nationalismus, Rechtspopulismus und Fremdenfeindlichkeit derzeit in Deutschland erleben. Wenn Historikerinnen und Historiker diese Entwicklung beurteilen sollen, geht es meist um die Frage, ob die Republik erneut auf »Weimarer Verhältnisse« und damit auf ihren Untergang zusteuert.[1] So nachvollziehbar solche Erwägungen sind und so erhellend manche der Antworten sein mögen: Der ritualisierte Rückbezug auf das Scheitern der *ersten* deutschen Demokratie, der seit den frühen Nachkriegsjahren zum westdeutschen Selbstverständigungsdiskurs gehörte, hat vermutlich dazu beigetragen, dass die Geschichte der rechten Mobilisierungsversuche gegen die *zweite* deutsche Demokratie weitgehend unbeachtet blieb. Damit aber finden weder die in die Geschichte vor 1945 zurückreichenden Kontinuitäten noch die neuen Entwicklungen, die unsere Gegenwart prägen, eine angemessene Einordnung.

Die bundesdeutsche Zeitgeschichtsschreibung hat lange gezögert, dem Schweizer Journalisten Fritz René Allemann zuzustimmen, der überraschend früh, nämlich bereits 1956, das berühmt gewordene Diktum prägte: »Bonn ist nicht Weimar«. Noch in den siebziger und achtziger Jahren gehörte diesbezügliche Skepsis zumindest unter Intellektuellen zum guten Ton. Erst in den Jahren seit der deutschen Vereinigung setzte sich die Ansicht durch, dass die Geschichte der Bundesrepublik im Großen und Ganzen eine Erfolgsgeschichte sei. Nicht zuletzt dieser vergleichsweise spät, dann aber recht selbstgewiss eingenommenen Perspektive war es geschuldet, dass die dunklen Ecken der zweiten deutschen Demokratie unausgeleuchtet blieben, dass Nationalismus und Rassismus lange Zeit relativ wenig Aufmerksamkeit erfuhren. Überdies nährte der enorme Ansehensgewinn, den das vereinigte Deutschland als Stabilitätsanker in Europa und der Welt seit 1990 verbuchen konnte, das Gefühl, in einer starken Demokratie zu leben. Die Mehrzahl der Bundesbürger – wie das Gros der Beobachter von außen – betrachtete Nationalismus, Rassismus und Rechtsradikalismus allzu lange als im Absterben begriffene Randphänomene, und viele glaubten, die globale populistische Welle werde an der »Berliner Republik« vorbeischwappen. Doch das war ein Trugschluss. Inzwischen steht die liberale Demokratie als Staats- und Lebensform auch in Deutschland vor Herausforderungen wie nie zuvor seit dem Ende des Zweiten Weltkriegs.

Der genauere Blick auf die Jahrzehnte seit 1945 zeigt, dass die vermeintlichen Randprobleme auf der Rechten die bundesdeutsche Geschichte kontinuierlicher durchzogen und stärker geprägt haben als vielfach angenommen: Ende der vierziger Jahre hob im Westen die bis heute anhaltende Rede vom »endlich« nötigen Schlussstrich unter die NS-Vergangenheit an, während man im Osten begann, diese Vergangenheit unter den großen Teppich des Antifaschismus zu kehren. Ende der fünfziger Jahre offenbarte die antisemitische »Schmierwelle« die Beharrungskraft rechter Feindbilder in der westdeutschen Gesellschaft, aber Schändungen jüdischer Friedhöfe gab es auch in der DDR. In den späten sechziger Jahren manifestierte sich in der Bundesrepublik erstmals der – freilich nicht zwingende – Zusammenhang von Wirtschaftskrise und rechten Mobilisierungserfolgen, und die NPD zog in mehrere Landesparlamente ein.

Seit den späten siebziger und vor allem in den achtziger Jahren verdichteten sich diese Phänomene zu jenen massiven Herausforderungen, vor denen wir heute stehen. Damals verstärkte sich auf beiden Seiten der Mauer Fremdenfeindlichkeit bis hin zur offenen Gewalt. Zur selben Zeit entstanden die Neue Rechte und bis dahin ungekannte Strukturen rechten Terrors, aus denen jene Täter kamen, die Anfang der neunziger Jahre – nicht selten unterstützt von scheinbar braven Bürgern – vor allem im Osten, aber auch im Westen der Republik Hunderte von rassistisch motivierten Anschlägen verübten; vereinzelt gab es sogar Pogrome. Die Wucht der Parolen-Politik, die gegenwärtig von einer sich in der AfD und ihrem Umfeld sammelnden nationalistischen und fremdenfeindlichen Bewegung ausgeht, ihre Fähigkeit, die politische Agenda der Republik zu bestimmen, sind ohne diese Vorgeschichte kaum zu verstehen.

Wenn die öffentliche Debatte um die Erfolge der AfD anfangs oft ausgesprochen hilflos wirkte, so lag das – gewiss nicht nur, aber doch auch – am mangelnden zeithistorischen Wissen über frühere Konjunkturen rechter Mobilisierung. So wurden in den Diskussionen über die Anschläge auf Flüchtlingsunterkünfte seit 2015 nur selten Bezüge zur Gewalt gegen Asylbewerber nach 1989/90 hergestellt. Und zeitlich noch weiter zurückreichende Fragen nach strukturellen, politischen und gesellschaftlichen Ermöglichungsbedingungen rechter Mobilisierung kamen kaum jemals auf. Dabei macht erst eine Analyse, die sowohl die Geschichte der alten Bundesrepublik als auch die der DDR einbezieht, den Rechtsruck der letzten Jahre als jenes gesamtdeutsche Problem erkennbar, das er ist.

Zweifellos stehen die jüngeren Wahlerfolge der AfD, die 2013 als eurokritische »Professorenpartei« ins Leben gerufen wurde, im Zusammenhang mit der »Flüchtlingskrise« seit 2015. Doch schon im Jahr zuvor war der AfD der Einzug in die Landesparlamente von Sachsen, Brandenburg und Thüringen gelungen, und bereits damals zeichnete sich die Verschärfung des besonders von ihren ostdeutschen Landesverbänden vorangetriebenen Rechtskurses bis hin zu einem völkischen Nationalismus ab. Aufstieg und Etablierung der inzwischen in sämtlichen Landtagen und im Bundestag vertretenen AfD lassen sich also nicht allein auf eine anlassbezogene Mobilisierung von Protestwählern zurückführen. Vielmehr ist es der Partei vor dem Hintergrund globaler Krisenstimmungen gelungen, in Ost- und Westdeutschland unterschiedliche, über lange Jahre gewachsene Frustrationen zu kanalisieren und wie Wasser auf ihre rechtspopulistischen Mühlen zu leiten. Auch aus diesem Grund ist ihre Wählerschaft schwer auf einen gemeinsamen sozialen Nenner zu bringen. Sie erschöpft sich jedenfalls nicht in ökonomisch oder alltagskulturell »abgehängten« Globalisierungsverlierern. Die Parolen der AfD – von wirklichen politischen Konzepten kann kaum die Rede sein – finden bis weit in die gesellschaftliche Mitte hinein und in ganz unterschiedlichen Milieus Gehör. Warum ist ihr gelungen, woran zahlreiche Vorläufer scheiterten?

Seit Gründung der Bundesrepublik haben rechtsradikale Kräfte die parlamentarische Demokratie als Oktroi fremder Mächte denunziert und sich als »nationale Opposition« oder »nationaler Widerstand« inszeniert. Während der offene Angriff auf die Demokratie und die Leugnung des Holocaust jedoch bis heute nur am äußersten Rand Applaus bekommen, finden die Rechten deutlich größere Resonanz für ihre Forderung nach einer Abkehr von der kritischen Auseinandersetzung mit der NS-Vergangenheit; sie aktualisieren damit eine jahrzehntealte Sehnsucht nach dem historischen »Schlussstrich« und nach einer »normalen« nationalen Identität.

Mit der AfD hat sich ein politisch scheinkorrekter Rechtspopulismus etabliert, dessen Protagonisten immer wieder betonen, auf dem Boden des Grundgesetzes zu stehen. Die Verbrechen des Nationalsozialismus stellen sie nicht grundsätzlich in Abrede. Vielmehr verkaufen sie ihre Partei als (basis-)demokratische Opposition gegen eine von vermeintlich abgehobenen Eliten gesteuerte und von »Mainstream«-Medien gestützte »Altparteiendemokratie«. Die

Themen Asyl und Einwanderung funktionieren dabei als idealer Treibstoff, mit dem sich der vermeintliche »nationale Widerstand« befeuern lässt. Auch hier verdeutlicht die zeithistorische Perspektive, dass es nicht um neue Themen geht, wohl aber um neuartige Zuspitzungen und Vereinnahmungen. Dass dieser jüngste Anlauf von rechts so erfolgreich war und immer noch ist, liegt nicht zuletzt daran, dass sich Staat und Gesellschaft – genauer: die breite demokratische Mitte einschließlich ihrer Parteien – dieser Themen mehr als drei Jahrzehnte lang bestenfalls halbherzig angenommen haben.

Schon in den achtziger Jahren profitierte mit den Republikanern eine Partei rechts der CDU/CSU von der sich verschärfenden Einwanderungsdebatte, die sich zunächst um die sogenannten Gastarbeiter und dann um die rasch wachsende Zahl von Asylbewerbern drehte. Seit dieser Zeit steht die mehr oder weniger offen rassistische Abwehr von Einwanderung zum Schutz der »nationalen Identität« im Mittelpunkt rechter »Das Boot ist voll«-Rhetorik. Eine pragmatische, auf Anerkennung des Faktischen zielende Integrationspolitik hätte die aus Flucht und Migration resultierenden sozialen und kulturellen Konfliktlagen frühzeitig einhegen können. Dazu jedoch hätte es eines Eingeständnisses bedurft, dem sich die meisten Entscheidungsträger aus ideologischen oder taktischen Gründen viel zu lange verweigerten: der Feststellung nämlich, dass die Bundesrepublik spätestens seit den siebziger Jahren zu einem Einwanderungsland geworden war.

Der Untergang der DDR und die deutsche Vereinigung haben dieses Problem der Realitätsverdrängung noch verschärft, zumal eine Reihe westdeutscher Rechter dort bald eine von Achtundsechzig, »Vergangenheitsbewältigung« und Einwanderung weitgehend unberührte politische Landschaft entdeckte und manche Alteingesessenen für deren Erhalt zu gewinnen wusste. Tatsächlich birgt das Thema Migration im Osten bis heute größere politische Sprengkraft als im Westen. Zwar hatte es, wenngleich in geringerer Zahl, auch in der DDR ausländische Arbeitskräfte gegeben, doch deren rigide gesellschaftliche Isolierung erstickte schon im Ansatz jede Chance, Nachbarn und Mitbürger zu werden – eine Möglichkeit, die sich vielen Zugewanderten im Westen trotz zahlreicher Hindernisse und Anfeindungen über die Jahrzehnte eröffnete. Hinzu kam, dass die verordnete Solidarität mit ausgewählten »sozialistischen Bruderländern« wenig Raum für echte Empathie ließ und der zur Staatsräson erklärte Antifaschismus der SED jede offene Auseinandersetzung mit Fremdenfeindlichkeit und Rechtsradikalismus unterdrückte: Es gab nicht, was es nicht geben durfte.

Zwar ist noch viel zu wenig erforscht, wie die staatlichen Instanzen, vor allem auf lokaler und regionaler Ebene, nach der deutschen Einheit mit dem Rechtsradikalismus umgegangen sind. Ganz offensichtlich aber trug im Osten eine über 1990 hinauswirkende Ignoranz der Behörden dazu bei, dass in manchen Gegenden rechtsradikale Strukturen als »normal« betrachtet wurden und bis heute werden. Hinzu kommt ein zu DDR-Zeiten teils offiziell geförderter, teils aus Oppositionsgeist gepflegter »Heimatsinn«, der sicherlich nicht zwangsläufig zu Fremdenfeindlichkeit führt, sich aber augenscheinlich leicht nationalistisch mobilisieren lässt.

Dabei spielen in Ostdeutschland die vielfältigen wirtschaftlichen und gesellschaftlichen Verlusterfahrungen seit dem Kahlschlag der neunziger Jahre eine wichtige Rolle. Sofern sich die davon Betroffenen nicht überhaupt aus dem demokratischen Willensbildungsprozess heraushielten, begriffen sie die PDS beziehungsweise die Linkspartei lange als ihr Sprachrohr. Doch im Osten wie im Westen ist es der AfD gelungen, neben enttäuschten nationalkonservativen Unions- und vormaligen NPD-Wählern auch das Milieu der Nichtwähler sowie strukturkonservative Sozialdemokraten und frühere Anhänger der Linken anzusprechen. Parolen wie »Wir sind das Volk!« und Selbstbezeichnungen wie »bürgerliche Sammlungsbewegung« verknüpfen Ressentiment mit Hoffnung: auf Mitsprache, Mitbestimmung,

Elitenabwehr, auf Identitäts- und Fürsorgesicherheit durch Ausgrenzung von Fremden und manches mehr.

Der gegenwärtige Erfolg der AfD beruht auf dem gelungenen Spagat zwischen konservativem Bürgertum, verunsicherten Protestwählern und Rechtsradikalen, an dem die NPD nach 1969 gescheitert ist und der danach auch andere Rechtsparteien immer wieder überfordert hat. Die drohende Beobachtung durch den Verfassungsschutz stellt die AfD deshalb vor ein besonderes Dilemma, denn beide möglichen Reaktionsweisen gefährden ihr Erfolgsrezept: Ein konsequentes Vorgehen gegen den rechtsradikalen Parteiflügel schwächt das Image als unbeugsame Opposition gegen die »linke Meinungsdiktatur«, während Untätigkeit die gemäßigten Wähler und Mitglieder abschrecken und zur weiteren Radikalisierung der Partei führen kann.

Einer der Gründe dafür, dass die AfD ins Blickfeld des Verfassungsschutzes geraten ist, liegt in ihrem zweifelhaften Verständnis der Geschichte des »Dritten Reiches«. Eine »erinnerungspolitische Wende um 180 Grad« soll die Deutschen ermutigen, sich »endlich« als ein »normales« und »selbstbewusstes« Volk unter vielen zu verstehen, das nicht länger die Verantwortung für die mit dem Namen Auschwitz verbundenen Massenverbrechen tragen muss. Von dieser Position ist der Weg zur Relativierung oder gar Leugnung des Holocaust und anderer NS-Verbrechen nicht weit. Tatsächlich negiert der als »Wende« verharmloste Generalangriff auf unser gewachsenes politisch-kulturelles Selbstverständnis, wie sehr die selbstkritische Auseinandersetzung mit der Geschichte eine Quelle des aufgeklärten Selbstbewusstseins der Bundesrepublik, ja ihrer inneren und äußeren Souveränität geworden ist. Gerade in der »Gebrochenheit«, so Navid Kermani, liegt »Deutschlands bundesdeutsche Identität und, ja, Stärke und Vitalität«.[2] Dies ist eine jener zeithistorischen Einsichten, die es wider die Rückkehr des Nationalismus hochzuhalten gilt; zugleich ist es eine der Antworten, die die Zivilgesellschaft den Rechtspopulisten geben kann und geben sollte.

Ein zentrales Element des erinnerungspolitischen »Wende«-Manövers – wie populistischer Politik insgesamt – ist die systematische Verzerrung und Instrumentalisierung historisch-politischer Zusammenhänge. In ihren fortwährenden Versuchen der Umwertung und Einverleibung liberaler und freiheitlicher Traditionslinien aus der deutschen Geschichte kennt die Unverfrorenheit der Rechten keine Grenzen. Das demonstrierten bereits jene Pegida-Spaziergänger, die Ende 2014 »Wir sind das Volk!« skandierend durch Dresdens Straßen zogen. Deren Anführer experimentierten dabei ganz bewusst mit Reminiszenzen an das demokratische Aufbegehren gegen den SED-Staat. Als die enorme Mobilisierungskraft der Parole deutlich wurde, behaupteten sie, eine »Bürgerbewegung« gegründet zu haben, die – »endlich wieder« – Volkes Stimme Gehör verschaffe.

Als nicht weniger manipulativ erweist sich das Bemühen der Neuen Rechten, den konservativen Widerstand gegen den Nationalsozialismus für die eigene Gegnerschaft zur liberalen Demokratie zu vereinnahmen. Aus dieser Sicht erscheint man dann als dritte oder vierte Generation von Vorkämpfern (mit Botho Strauß: »Fortführern«) eines vermeintlich ewig unterdrückten »anderen Deutschlands«. Wie dessen Vertreter schon seinerzeit Widerstand gegen Hitler geleistet hatten, weil der »Führer« letztlich die »wahren deutschen Interessen« verraten habe, gehe es heute darum, die Herrschaft der »Altparteien« zu beenden und die deutsche Nation aus der Unterwerfung unter Merkels »Kanzlerdiktatur« zu befreien. Der geschmacklose Slogan »Sophie Scholl hätte AfD gewählt«, mit dem ein Kreisverband der Alternativen Anfang 2017 auf seiner Facebook-Seite für Aufregung sorgte, war kein Ausrutscher, sondern passgenauer Ausdruck dieser neurechten Widerstandsrhetorik.

Jenseits der taktischen Aktualisierung und pragmatischen Anreicherung alter Positionen haben Pegida, AfD und Identitäre Bewegung inzwischen auch neue Organisations- und Kommunikationsformen etabliert, über die sich breitere und vor allem junge Bevölkerungsschichten erreichen lassen. Schon seit den Siebzigern versucht die Neue Rechte, theoretisch und praktisch von der politisch-kulturell durchschlagskräftigeren Neuen Linken zu lernen, die freilich zugleich ihr ideologischer Hauptgegner bleibt. Das findet seinen Ausdruck etwa in dem auf jugendlichen Nonkonformismus getrimmten Aktionismus der Identitären Bewegung oder in der seit 2016 von der AfD kultivierten Strategie der »sorgfältig geplanten Provokationen«,[3] die politische Gegner zu unüberlegten Reaktionen verleiten und damit das fundamentaloppositionelle Parteiprofil schärfen sollen.

So bezieht sich das heutige Spektrum neurechter Aktivitäten eben nicht mehr nur auf den politischen Raum, sondern auf sämtliche Felder des gesellschaftlichen Lebens – und greift dabei auf Formen zurück, die einst vor allem linke Gruppen nutzten: Störung öffentlicher Veranstaltungen, Besetzung prominenter Orte, Kultivierung sozio-kultureller Alltagsangebote, die eng an lokale, oft ländliche Akteure und Gemeinschaften gebunden sind, bis hin zu eigenen populärkulturellen Milieus samt Merchandising für Musik, Mode und Kitsch. Zum Preis von 2,50 Euro kann der neurechte Bürger von heute seine Einkäufe in einen ökologisch einwandfreien Stoffbeutel packen, in Che-Guevara-Optik bedruckt mit dem Konterfei Björn Höckes und dem Slogan »Geht aufrecht«.

Die gute Nachricht ist, dass parallel zum Vordringen des Rechtspopulismus in die Mitte der Gesellschaft genau dort auch das Bedürfnis nach Orientierung, Selbstvergewisserung und demokratischer Standfestigkeit wächst. Der Aufstieg der Rechten hat viele Bürgerinnen und Bürger aktiviert, der rechte Kampf gegen das »System« ein ungekanntes Engagement für die Republik hervorgebracht. Selten zuvor wurden deren Grundlagen und Grundwerte so eindringlich diskutiert wie in den letzten Jahren.

Aber diese Diskussion markiert zugleich eine folgenreiche Veränderung in der politischen Kultur der Bundesrepublik:

Zunehmend überschatten kulturelle, weltanschauliche und Identitätsfragen die Auseinandersetzung um immer unschärfer umrissene Sachfragen. Wenn gefühlt das halbe Land im Dauerdebattenmodus darüber streitet, was Patriotismus und wo »Heimat« ist und wer oder was »deutsch«, dann hat sich die politische und gesellschaftliche Tektonik bereits deutlich nach rechts verschoben – in Richtung jener altdeutsch-gehämmerten, bis dato eher als vordemokratisch begriffenen semantischen und emotionalen Sphären, in denen lange Zeit nur noch ein paar versprengte Nationalisten hausten.

Aber vielleicht ist alles, was die Renaissance des Patriotismus betrifft, auch nur eine Frage der Dosis. Vielleicht genügt am Ende ein »Patriotismus mit leisen Tönen und gemischten Gefühlen«, von dem der Bundespräsident kürzlich sprach, aus Anlass immerhin der Ausrufung der ersten deutschen Demokratie vor hundert Jahren.[4] Das wäre eine treffende Versinnbildlichung, keine Preisgabe jenes »Verfassungspatriotismus«, den Dolf Sternberger zum 30. Geburtstag der Bundesrepublik einem »nationalen Patriotismus« gegenüberstellte[5] und den Jürgen Habermas dann weiterdachte: mit dem klaren Plädoyer, die Loyalität der Bürger an Rechtsgarantien und demokratische Verfahren zu binden statt an Herkunft und Schicksal. Es war kein Zufall, dass Habermas dies um 1990 tat, als sich zwischen Einheitstaumel, Asyldebatte und Vereinigungskrise zum ersten Mal seit Kriegsende eine gesamtdeutsch-nationalistische Stimmung auszubreiten drohte. Auch Habermas riet übrigens zu verhaltenen Tönen, als er später mahnte, mit den »kulturellen Quellen schonend umzugehen, aus denen sich das Normbewusstsein und die Solidarität von Bürgern speisen«.[6]

Damals wie heute ermöglicht die Bezugnahme auf Rechtsstaat und Verfahrensloyalität, zumal wenn sie sich mit einem Bekenntnis zu immer wieder neu und kritisch reflektierten Traditionen und Werten verbindet, Gemeinsinn in einer Gesellschaft zu stiften, in der Menschen mit verschiedener Herkunft und mehreren Heimaten leben, die weder an denselben (oder überhaupt an einen) Gott glauben noch dieselbe Lebensweise teilen. Ein solcher ruhig und zugleich emphatisch vertretener Verfassungspatriotismus ermöglicht aber auch eine Haltung, die gegenüber antidemokratischen Herausforderungen standfest bleibt.

Die große Hilfsbereitschaft gegenüber den Geflüchteten, die Deutschland seit dem Sommer 2015 gezeigt hat, ist trotz aller Bemühungen der Rechten und mancher, auch schwerwiegender Widrigkeiten nicht versiegt. Die in Jahrzehnten gewachsene Wertschätzung des Grundgesetzes vermag einen gelebten Humanismus zu begründen, den nach wie vor eine Mehrheit der Bundesbürger als identitätsbestimmend empfindet. Nicht Schicksalsbeschwörung, sondern eine solidarische, an der Lösung von Problemen orientierte Praxis schafft gesellschaftlichen Zusammenhalt. Diese Einsicht lohnt es zu verteidigen.

# ANHANG

# NACHWORT

Dieses Buch wäre nicht geschrieben worden, hätte mich nicht im Abstand von zwölf Monaten – beim zweiten Mal mit leicht provokantem Unterton – Post aus dem Hause Ullstein erreicht: Es könne doch nicht sein, dass die Zeithistoriker, abgesehen von ein paar Interviews und Zeitungsartikeln, zur aktuellen politischen Situation nichts zu sagen hätten ...

Ob diese Hartnäckigkeit des Verlags sich gelohnt hat, müssen andere entscheiden; ich jedenfalls bin Frau Kristin Rotter dankbar dafür, dass sie mich auf diese Weise animiert hat, im Kreis der gegenwärtigen und ehemaligen Kolleginnen und Kollegen am Jenaer Lehrstuhl über eine solche Intervention nachzudenken. Was hier nun vorliegt, ist zwar ad hoc entstanden, führt aber Forschungsinteressen zusammen, die Franka Maubach, Christina Morina, Maik Tändler und ich nicht erst seit kurzem teilen. Ich danke den dreien, dass sie sich auf dieses gemeinsame Unternehmen eingelassen haben; die intensiven Gespräche vor und während der Arbeit an dem Text waren eine intellektuelle Freude.

Begonnen haben wir dieses Buch im laufenden Jenaer beziehungsweise Amsterdamer Sommer-Semesterbetrieb – natürlich nicht ahnend, wie ungewöhnlich heiß die anschließende vorlesungsfreie Zeit werden würde, in der die Kapitelentwürfe entstanden. Ich selbst durfte in der Schlussphase unserer Arbeit die Gastfreundschaft des Exzellenzclusters »Normative Ordnungen« und des Forschungskollegs Humanwissenschaften der Goethe Universität Frankfurt genießen; mein großer Dank dafür gilt den Verantwortlichen der beiden Einrichtungen und ihren wunderbar hilfsbereiten

Mitarbeiterinnen und Mitarbeitern in der Werner Reimers Stiftung in Bad Homburg.

Besonders herzlich danke ich, auch im Namen meiner Mitstreiter, Thomas Karlauf in Berlin und Tim Schanetzky in Jena, die das Manuskript – gewissermaßen auf Zuruf und mit kurzer Frist – gelesen und uns mit ihrer gewohnt präzisen Kritik sehr geholfen haben. Es versteht sich, dass die verbliebenen Mängel nicht unseren beiden Erstlesern anzulasten sind, sondern nur uns selbst. Frau Dr. Heike Wolter danken wir für das Schlusslektorat.

Wir zeichnen für diesen Band als Team verantwortlich. Gleichwohl sei angemerkt: Kapitel 2 und 8 hat Christina Morina verfasst, Kapitel 3 und 6 Maik Tändler, Kapitel 4 und 7 Franka Maubach, Kapitel 1 und 5 stammen von mir; die Konzeption des Buches, seine Einleitung und sein Schluss sind das Ergebnis unseres gemeinsamen Nachdenkens – in Jena, in Münster und, mit allseits begrenztem technischen Talent, aber mit wachsender Begeisterung, auch im virtuellen Raum der Videokonferenzen.

Bad Homburg, 13. Dezember 2018          Norbert Frei

# ANMERKUNGEN

In den Anmerkungen nur mit Kurztiteln nachgewiesene Literatur findet sich auf S. 242 in der Rubrik »Zum Weiterlesen«.

## Kapitel 1

1 *Süddeutsche Zeitung*, 10.10.1951, S. 3 (»Das Freudenfeuer von Stadtoldendorf«), und vom 14./15.3.1987, Wochenendbeilage S. 1; Wolfgang Kraushaar: *Die Protest-Chronik 1949–1959. Eine illustrierte Geschichte von Bewegung, Widerstand und Utopie.* Band 1, Hamburg 1996, S. 494 ff.
2 Frei, *Vergangenheitspolitik*, S. 136.
3 Lutz Niethammer: *Die Mitläuferfabrik. Die Entnazifizierung am Beispiel Bayerns*, Bonn usw. 1982.
4 Stenographische Berichte des Deutschen Bundestages, 1. Wahlperiode, 23.2.1950, S. 1329–1355.
5 Stenographische Berichte des Deutschen Bundestages, 1. Wahlperiode, 10.4.1951, S. 5110.
6 Zit. nach Conze u.a., *Das Amt und die Vergangenheit*, S. 494.
7 Stenographische Berichte des Deutschen Bundestages, 1. Wahlperiode, 22.10.1952, S. 10735 f.
8 Hermann Lübbe: Der Nationalsozialismus im politischen Bewußtsein der Gegenwart, in: Martin Broszat u. a. (Hrsg.): *Deutschlands Weg in die Diktatur*, Berlin 1983, S. 329–349, Zit. S. 341.
9 Norbert Frei: NS-Vergangenheit unter Ulbricht und Adenauer. Gesichtspunkte einer vergleichenden Bewältigungsforschung, in: Jürgen Danyel (Hrsg.): *Zum Umgang mit Nationalsozialismus und Widerstand in beiden deutschen Staaten*, Berlin 1995, S. 125–132, hier S. 128.
10 Eugen Kogon: Das Recht auf den politischen Irrtum, in: *Frankfurter Hefte 2* (1947), S. 641–655, hier S. 654 f.

11 Norbert Frei: Hitlers Eliten nach 1945 – eine Bilanz, in: ders. (Hrsg.): *Hitlers Eliten*, S. 269–299, hier S. 294; dort auch die folgenden Zit.
12 »Zwölf Jahre in zwölf Stunden«, in: *Der Spiegel* 2.11.1960, S. 88–92.
13 Zit. nach Brenner u. a., *Geschichte der Juden*, S. 277.
14 Johannes Platz: *Die Praxis der kritischen Theorie. Angewandte Sozialwissenschaft und Demokratie in der frühen Bundesrepublik 1950–1960*, Ms. (online abrufbar) Trier 2012, S. 74.
15 Franz Böhm: Geleitwort, in: Friedrich Pollock (Bearb.): *Gruppenexperiment. Ein Studienbericht*, Frankfurt am Main 1955, S. XVI–XVII.
16 Theodor Adorno: Was bedeutet: Aufarbeitung der Vergangenheit, in: ders.: *Erziehung zur Mündigkeit. Vorträge und Gespräche mit Hellmut Becker 1959–1969*, hrsg. von Gerd Kadelbach, Frankfurt am Main 1971, S. 10, Hervorhebungen im Original.
17 Die Gesamtzahl der Schändungen jüdischer Friedhöfe seit Kriegsende wurde zu Jahresende 1999 auf mehr als 1000 beziffert, wobei die Zahlen seit 1992 anhaltend deutlich höher lagen als im Durchschnitt der Jahrzehnte davor; Adolf Diamant: *Geschändete jüdische Friedhöfe in Deutschland. 1945 bis 1999*, Potsdam 2000, S. 11 und 14.
18 Zit. nach Brenner u. a., *Geschichte der Juden*, S. 279.
19 Werner Bergmann: Sind die Deutschen antisemitisch? Meinungsumfragen von 1946–1987 in der Bundesrepublik Deutschland, in: ders. / Rainer Erb (Hrsg.): *Antisemitismus in der politischen Kultur nach 1945*, Opladen 1990, S. 108–130, hier S. 115.
20 Fritz Bauer an Landesjugendring Rheinland-Pfalz, 9.7.1962, zit. nach ders., *Kleine Schriften*, hrsg. von Lena Foljanty und David Johst, Bd. 2, Frankfurt am Main / New York 2018, S. 905.
21 Stenographische Berichte des Deutschen Bundestages, 3. Wahlperiode, 24.5.1960, S. 6686.
22 Stenographische Berichte des Deutschen Bundestages, 4. Wahlperiode, 10.3.1965, S. 8553.

## Kapitel 2

1 Bundeszentrale für politische Bildung (Hrsg.): *Gedenkstätten für die Opfer des Nationalsozialismus. Eine Dokumentation II: Berlin, Brandenburg, Mecklenburg-Vorpommern, Sachsen-Anhalt, Sachsen, Thüringen*, Bonn 2000.
2 Gertrud Schütz (Hrsg.): *Kleines politisches Wörterbuch*, Berlin 1967, S. 5, 33–35.
3 »Grußadresse an den Kongreß zum Studium der Kultur der Sowjetunion«, 1949 [Vorläufer der *Gesellschaft für Deutsch-Sowjetische Freundschaft*], Bundesarchiv / SAPMO, DY 32/11460.
4 Morina, *Legacies of Stalingrad*.
5 Reiner Stenzel / Dieter Skiba: *Im Namen des Volkes. Ermittlungs- und Gerichtsverfahren in der DDR gegen Nazi- und Kriegsverbrecher*, Berlin 2016. Henry Leide: *NS-Verbrecher und Staatssicherheit. Die geheime Vergangenheitspolitik der DDR*, Göttingen 2011; Frank Bösch / Andreas Wirsching (Hrsg.): *Hüter der Ordnung: Die Innenministerien in Bonn und Ost-Berlin nach dem Nationalsozialismus*, Göttingen 2018.
6 Zit. nach Annette Leo: *Geschichte wird Erinnerung. Zum 50. Jahrestag der Befreiung im Land Brandenburg: Berichte, Dokumente, Essays, Fotos*, Potsdam 1995, S. 180.
7 Catherine J. Plum: *Antifascism after Hitler: East German youth and socialist memory, 1949–1989*, New York 2015; Jenny Wüstenberg: *Civil society and memory in postwar Germany*, Cambridge 2017; das Beispiel einer als Zeitzeugin wirkenden Jüdin (Irmgard Konrad) findet sich in Andree Michaelis: *Erzählräume nach Auschwitz. Literarische und videographierte Zeugnisse von Überlebenden der Shoah*, Berlin 2013, S. 259 ff.; ferner Dirk Thomaschke: *Abseits der Geschichte. Nationalsozialismus und Zweiter Weltkrieg in Ortschroniken*, Göttingen 2016; Museumsverband des Landes Brandenburg (Hrsg.): *Entnazifizierte Zone? Zum Umgang mit der Zeit des Nationalsozialismus in ostdeutschen Stadt- und Regionalmuseen*, Bielefeld 2015.
8 Malte Thießen: Gemeinsame Erinnerungen im geteilten Deutschland. Der Luftkrieg im »kommunalen Gedächtnis« der Bundesrepublik und DDR, in: *Deutschland Archiv*, Bd. 41, 2008, S. 227.
9 Ebd., S. 232.

10 Olaf Groehler: *Bombenkrieg gegen Deutschland*, Berlin 1990.
11 Herf, *Zweierlei Erinnerung*.
12 Volkhard Knigge, zit. nach Bundeszentrale für politische Bildung (Hrsg.), *Gedenkstätten*, S. 17 (wie Anm. 1).
13 Kurt Pätzold: *Verfolgung, Vertreibung, Vernichtung. Dokumente des faschistischen Antisemitismus 1933–1942*, Leipzig 1983, S. 7, 22.
14 Manuela Gerlof: *Tonspuren. Erinnerungen an den Holocaust im Hörspiel der DDR (1945–1989)*, Berlin 2010; Wolfgang Emmerich: Kein Holocaust?: Die gekappte Darstellung des Zweiten Weltkriegs in der DDR-Literatur, in: Jürgen Egyptien (Hrsg.): *Erinnerung in Text und Bild. Zur Darstellbarkeit von Krieg und Holocaust im literarischen und filmischen Schaffen in Deutschland und Polen*, Berlin 2012, S. 17–31; Elke Schieber: *Tangenten. Holocaust und jüdisches Leben im Spiegel audiovisueller Medien der SBZ und der DDR 1946 bis 1990. Eine Dokumentation*, Berlin 2016.
15 Victor Klemperer: *So sitze ich denn zwischen allen Stühlen. Tagebücher 1950–1959*, Berlin 1999, S. 656 (Eintrag vom 23. Oktober 1957).
16 Jeffrey Herf: *Undeclared Wars with Israel. East Germany and the West German Far Left, 1967–1989*, Cambridge 2016; Haury, *Antisemitismus von Links*.
17 Niethammer / von Plato / Wierling, *Die volkseigene Erfahrung*, S. 295 f.
18 Gerd Kühling: *Erinnerung an nationalsozialistische Verbrechen in Berlin. Verfolgte des Dritten Reiches und geschichtspolitisches Engagement im Kalten Krieg 1945–1979*, Berlin 2016, S. 249–55.
19 Monika Schmidt: *Übergriffe auf verwaiste jüdische Gräber. Friedhofsschändungen in der SBZ und der DDR*, Berlin 2016, S. 315–322.
20 Axel Schildt: Die Renaissance der Nationalen Frage in den 1980er Jahren, in: *Aus Politik und Zeitgeschichte*, Bd. 65, H. 46, 2015, S. 19–25; sowie Wolfrum, *Geschichtspolitik*, S. 303–345.
21 Vgl. die Belege in Morina, *Legacies*, S. 252–261.
22 Ehrhart Neubert: *Geschichte der Opposition in der DDR. 1949–1989*, Bonn 2000, S. 779 f., 870, 884 f.
23 Bernd Faulenbach / Annette Leo / Klaus Weberskirch: *Zweierlei Geschichte. Lebensgeschichte und Geschichtsbewusstsein*

*von Arbeitnehmern in West- und Ostdeutschland*, Essen 2000, S. 339; Lutz Niethammer: Juden und Russen im Gedächtnis der Deutschen, in: Dirk Blasius/Walter H. Pehle (Hrsg.): *Der Historische Ort des Nationalsozialismus*, Frankfurt am Main 1990, S. 114–134.

24 Walter Ulbricht: *Die Legende vom »deutschen Sozialismus.« Ein Lehrbuch für das schaffende Volk über das Wesen des deutschen Faschismus*, Berlin 1946, S. 3.
25 Ebd., S. 33.
26 *Kleines politisches Wörterbuch*, S. 591 (wie Anm. 2).
27 Monika Gibas: *Propaganda in der DDR 1949–1989*, Erfurt 2000, S. 64.
28 Mary Fulbrook: *The People's State. East German Society from Hitler to Honecker*, New Haven 2005, S. 12 ff.
29 Louis Fürnberg: Lied der Partei, zit. nach Ernst Busch (Hrsg.): *Internationale Arbeiterlieder*, Berlin 1952, S. 134.
30 Wolle, *Die heile Welt der Diktatur*, S. 106–116.
31 Felix Mühlberg: *Bürger, Bitten und Behörden. Geschichte der Eingabe in der DDR*, Berlin 2004, S. 275.
32 Annegret Schüle/Thomas Ahbe/Rainer Gries, *Die DDR aus generationengeschichtlicher Perspektive. Eine Inventur*, Leipzig 2006; sowie Dorothee Wierling: *Geboren im Jahr Eins. Der Jahrgang 1949 in der DDR: Versuch einer Kollektivbiographie*, Berlin 2002.
33 Beispiele in Gibas, *Propaganda*, S. 7, 17 (wie Anm. 27).
34 Wolfrum, *Geschichtspolitik*, S. 44.
35 Thießen, Gemeinsame Erinnerungen, S. 229 (wie Anm. 8).
36 Otto Grotewohl: Gesamtdeutsche Volksbewegung gegen Bonner Atomkriegspolitik, in: *Neues Deutschland*, 15.9.1958, S. 1 f.
37 Albert Norden: Das Volk stand auf und siegte, in *Neues Deutschland*, 20.10.1963, S. 5; Leipzig gedachte der Völkerschlacht zu Leipzig, in: ebd., S. 2.
38 Bill Niven: The Legacy of Second German Empire Memorials after 1945, in: Bill Niven/Chloe Paver (Hrsg.): *Memorialization in Germany since 1945*, Basingstoke 2010, S. 401.
39 Zit. nach Wolfrum, *Geschichtspolitik*, S. 157.
40 Jan Palmowski: *Inventing a socialist nation. Heimat and the politics of everyday life in the GDR, 1945–1990*, Cambridge 2013.

## Kapitel 3

1 Das wird sich zeigen, in: *Der Spiegel*, 6.10.1969, S. 47–52, hier S. 47.
2 Dietrich Elchlepp / Hans-Joachim Heiner: *Zur Auseinandersetzung mit der NPD. Aktionen und Argumente gegen den Rechtsradikalismus*, München 1969, S. 11.
3 Herbert Riehl-Heyse: Die NPD. Leidensgeschichte einer Rechtspartei oder: Der Kampf an drei Fronten, in: Wolfgang Benz (Hrsg.): *Rechtsradikalismus: Randerscheinung oder Renaissance?*, Frankfurt am Main 1980, S. 127–144, hier S. 132f.
4 Das wird sich zeigen, S. 47 (wie Anm. 1).
5 Wertheimer Manifest 70, abgedruckt in: Peter Dudek / Hans-Gerd Jaschke: *Entstehung und Entwicklung des Rechtsextremismus in der Bundesrepublik. Zur Tradition einer besonderen politischen Kultur, Band 2: Dokumente und Materialien*, Opladen 1984, S. 100f.
6 Gerhard Ludwig: *Massenmord im Weltgeschehen. Bilanz zweier Jahrtausende*, Stuttgart 1951, S. 40, 91 u. 94.
7 Ebd., S. 100.
8 Jürgen Schwab: *Die Meinungsdiktatur. Wie »demokratische« Zensoren die Freiheit beschneiden*, Coburg 1997.
9 Weiß, *Die autoritäre Revolte*, S. 39.
10 Armin Mohler: *Was die Deutschen fürchten. Angst vor der Politik – Angst vor der Geschichte – Angst vor der Macht*, Stuttgart 1965, Zitate S. 31–34.
11 Zit. nach Daniel Morat: *Von der Tat zur Gelassenheit. Konservatives Denken bei Martin Heidegger, Ernst Jünger und Friedrich Georg Jünger 1920–1960*, Göttingen 2007, S. 49.
12 Armin Mohler: *Die Konservative Revolution in Deutschland. Grundriß ihrer Weltanschauungen*, Stuttgart 1950, S. 210.
13 Armin Mohler an Jakob Wilhelm Hauer, 6.11.1950, Deutsches Literaturarchiv Marbach, Nachlass Armin Mohler, hier zit. nach Karlheinz Weißmann: *Armin Mohler. Eine politische Biographie*, Schnellroda 2011, S. 247, Anm. 65.
14 Manfred Jenke: *Verschwörung von rechts? Ein Bericht über den Rechtsradikalismus in Deutschland nach 1945*, Berlin 1961, S. 79f.
15 So das »Aktionsprogramm« der Partei, zit. nach Horst W. Schmollinger: Die Sozialistische Reichspartei, in: Richard Stöss

(Hrsg.): *Parteien-Handbuch. Die Parteien der Bundesrepublik Deutschland 1945–1980*, Band 2: FDP bis WAV, Opladen 1984, S. 2274–2336, hier S. 2281.
16 Zit. nach Frei, *Vergangenheitspolitik*, S. 361.
17 Zit. nach Horst W. Schmollinger: Die Deutsche Reichspartei, in: Richard Stöss (Hrsg.): *Parteien-Handbuch. Die Parteien der Bundesrepublik Deutschland 1945–1980*, Band 1: AUD bis EFP, Opladen 1983, S. 1112–1191, hier S. 1129 u. 1134.
18 Wenn alles in Scherben fällt. Der NPD-Kampf um die rechte Führung, in: *Die Zeit*, 17.3.1967.
19 Zit. nach Jan-Ole Prasse: *Der kurze Höhenflug der NPD. Rechtsextreme Wahlerfolge der 1960er Jahre*, Marburg 2010, S. 71 u. 78.
20 Zitate aus dem Gründungsmanifest (1964) und dem Parteiprogramm (1967) der NPD nach Horst W. Schmollinger, Die Nationaldemokratische Partei Deutschlands, in: Stöss, *Parteien-Handbuch Band 2*, S. 1922–1994, hier S. 1932 f. (wie Anm. 15), und Botsch, *Die extreme Rechte*, S. 48.
21 Prasse, *Höhenflug der NPD*, S. 129 f. (wie Anm. 19).
22 Botsch, *Die extreme Rechte*, S. 62.

## Kapitel 4

1 Bade, Klaus: *Vom Auswanderungsland zum Einwanderungsland. Deutschland 1880–1980*, Berlin 1983, S. 98.
2 Herbert, *Geschichte der Ausländerpolitik in Deutschland*, S. 214.
3 Siehe dazu Lars Amenda / Christoph Rass: Fremdarbeiter, Ostarbeiter, Gastarbeiter. Semantiken der Ungleichheit und ihre Praxis im »Ausländereinsatz«, in: Nicole Kramer / Armin Nolzen (Hrsg.): *Ungleichheiten im »Dritten Reich«. Semantiken, Praktiken, Erfahrungen*, Göttingen 2012, S. 90–116, hier S. 102–108.
4 Zu den italienischen VW-Arbeitern vgl. Richter / Richter, *Die Gastarbeiter-Welt*, zu Vollmann S. 47.
5 *Jahrbuch öffentliche Meinung 1957*, S. 258. Gleichzeitig avancierte Capri zum liebsten Reiseziel der Deutschen, S. 41.
6 Zit. nach Roberto Sala: Selbstverortungen von Italienern in der »Gastarbeiterära«, in: Oliver Janz / Roberto Sala (Hrsg.): *Dolce vita? Das Bild der italienischen Migranten in Deutschland*, Frankfurt am Main 2011, S. 223–241, hier S. 235.

7 Solche Schilder erwähnt etwa Maren Möhring: Anders essen in der Bundesrepublik: Begegnungen im ausländischen Spezialitätenrestaurant, in: Gabriele Metzler (Hrsg.): *Das Andere denken. Repräsentationen von Migration in Westeuropa und den USA im 20. Jahrhundert*, Frankfurt am Main 2013, S. 283–299, hier S. 286 (Fußnote 7).
8 Zit. nach Möhring, *Fremdes Essen*, S. 80. Seit 2006 lassen sich solche Diskriminierungen entsprechend den Bestimmungen des Allgemeinen Gleichbehandlungsgesetzes ahnden.
9 Mark Terkessidis: *Interkultur*, Berlin 2010.
10 Vgl. Stefanidis, *Beim Griechen*.
11 Terkessidis, *Nach der Flucht*, S. 55.
12 Mark Terkessidis: *Die Banalität des Rassismus. Migranten zweiter Generation entwickeln eine neue Perspektive*, Bielefeld 2004.
13 Das »Migrantenstadl« wurde unter anderen von der »bekennenden Gastarbeitertochter« Tunay Önder gegründet. Im Blog-Format wird hier über Migration aus allen Perspektiven debattiert: http://dasmigrantenstadl.blogspot.com/; s. auch Önder / Mustafa, *Migrantenstadl*.
14 Kermani, *Wer ist wir?*, S. 137 f.
15 Mely Kiyak: *Herr Kiyak dachte, jetzt fängt der schöne Teil des Lebens an*, Frankfurt am Main 2013, S. 120 f.
16 Herbert, *Geschichte der Ausländerpolitik in Deutschland*, S. 225.
17 *Der Spiegel*, 30. 7. 1973.
18 Vgl. zu Türkenwitzen (mit Beispielen) den Comedian und Singer-Songwriter Murat Kayi, der erzählt, wie die Deutschtürken sich die Türkenwitze mit echtem Humor aneigneten: »Der Türke in der Mülltonne« oder wie die Türken den Türkenwitz retteten, https://heimatkunde.boell.de/2013/11/18/#der-türke-der-mülltonne-oder-wie-die-türken-den-türkenwitz-retteten.
19 »Nutten und Bastarde erschlagen wir«, *Der Spiegel*, 5. 7. 1982.
20 83 Prozent der im Frühjahr 1983 befragten Berliner Türken und Türkinnen gaben an, mit ausländerfeindlichem Verhalten konfrontiert gewesen zu sein, vor allem in öffentlichen Verkehrsmitteln (41 Prozent), am Arbeitsplatz (34 Prozent), beim Einkaufen (32 Prozent). Zit. nach Hunn, »*Nächstes Jahr kehren wir zurück…*«, S. 492.
21 Vgl. den zeitgenössischen Beitrag zu Türkenwitzen von Hans-Jochen Gamm: Gestern Juden, heute Türken? Die Stigmati-

sierung von Menschen im Witz, in: Rolf Meinhardt (Hrsg.): *Türken raus? Oder: Verteidigt den sozialen Frieden. Beiträge gegen die Ausländerfeindlichkeit*, Reinbek bei Hamburg 1984, S. 55–65.
22 Günter Wallraff: *Ganz unten*, Köln 1985, Zit. S. 12.
23 Vgl. Ralf Dahrendorf: *Gesellschaft und Demokratie in Deutschland*, München 1965; jüngst El-Mafaalani, *Das Integrationsparadox*.
24 Italien ist empört, in: *Berliner Zeitung*, 2.6.1963.
25 Wuchermieten für Rattenlöcher, in: *Berliner Zeitung*, 25.8.1963.
26 Siehe eindrücklich Annegret Schüle: »Die ham se sozusagen aus dem Busch geholt.« Die Wahrnehmung der Vertragsarbeitskräfte aus Schwarzafrika und Vietnam durch Deutsche im VEB Leipziger Baumwollspinnerei, in: Jan C. Behrends / Thomas Lindenberger / Patrice G. Poutrus (Hrsg.): *Fremde und Fremd-Sein in der DDR*, Berlin 2003, S. 309–324.
27 Fiktiv, aber dennoch lebensnah erzählt diese Geschichte im Format der Graphik Novel Weyhe, *Madgermanes*.
28 Dieses und die folgenden Zitate: Vereinbarung über die Verfahrensweise bei Schwangerschaft vietnamesischer werktätiger Frauen in der DDR, in: Göktürk u.a. (Hrsg.), *Transit Deutschland*, Kap. 2, Dok. 14.
29 Vgl. Waibel, *Der gescheiterte Anti-Faschismus der SED*, Bsp. S. 131 f. u 149.

## Kapitel 5

1 Geistige Brandstiftung. Bubis wendet sich gegen Walser, in: *Frankfurter Allgemeine Zeitung*, 13.10.1998, S. 43.
2 Reden anlässlich der Verleihung des Friedenpreises des Deutschen Buchhandels 1998, S. 2, http://www.friedenspreis-des-deutschen-buchhandels.de/445722/?aid=523100; dort auch die folgenden Zit.
3 Ebd.; vgl. auch Martin Walser: Meine Erfahrungen mit A...... Seit Jahrzehnten wird mir Antisemitismus vorgeworfen. Was ich daraus gelernt habe, in: *Welt am Sonntag, 20.5.2018, S. 58.*
4 *Frankfurter Allgemeine Zeitung*, 14.12.1998, S. 39 ff., hier S. 39.
5 *Die Zeit*, 9.9.1977.

6 Zit. nach Wim Wenders: That's Entertainment: Hitler, in: *Die Zeit*, 12.8.1977.
7 Dieter Boßmann (Hrsg.): »*Was ich über Adolf Hitler gehört habe ...*« *Folgen eines Tabus: Auszüge aus Schüler-Aufsätzen von heute*, Frankfurt am Main 1977; hier zit. nach Viola Roggenkamp: Bei Hitler war alles in Ordnung, in: *Die Zeit*, 29.4.1977; vgl. auch die Titelgeschichte »Hitler wie er nicht war. Das Geschichtsbild unserer Kinder«, in: *Der Spiegel*, 15.8.1977.
8 Joachim Fest: *Hitler. Eine Biographie*, Frankfurt am Main usw. 1973, S. 25; Sebastian Haffner: *Anmerkungen zu Hitler*, München 1978, S. 55 ff., Zit. S. 56.
9 Peter Märtesheimer / Ivo Frenzel (Hrsg.): *Im Kreuzfeuer: Der Fernsehfilm »Holocaust«. Eine Nation ist betroffen*, Frankfurt am Main 1979.
10 Ernst Nolte: Die negative Lebendigkeit des Dritten Reiches. Eine Frage aus dem Blickwinkel des Jahres 1980, in: *Frankfurter Allgemeine Zeitung*, 24.7.1980, S. 6.
11 Stenographische Berichte des Deutschen Bundestages, 6. Wahlperiode, 8.5.1970, S. 2567.
12 *Frankfurter Allgemeine Sonntagszeitung*, 23.4.1995, S. 2.
13 Alle im Folgenden zitierten Texte in: Ernst Reinhard Piper (Hrsg.): *Historikerstreit. Die Dokumentation der Kontroverse um die Einzigartigkeit der nationalsozialistischen Judenvernichtung*, München / Zürich 1987.
14 *Die Zeit*, 11.7.1986; auch in Piper, *Historikerstreit* (wie Anm.13), S. 62–68. Historiographisch waren die Vorwürfe gegen Hillgruber und Hildebrand überzogen.
15 Dan Diner: Vorwort, in: ders. (Hrsg.): *Zivilisationsbruch. Denken nach Auschwitz*, Frankfurt am Main 1988, bes. S. 7 ff.
16 Zit. nach Fischer / Lorenz (Hrsg.), *Lexikon der »Vergangenheitsbewältigung«*, S. 262.
17 Hermann Lübbe: Der Nationalsozialismus im politischen Bewußtsein der Gegenwart, in: Martin Broszat u. a. (Hrsg.): *Deutschlands Weg in die Diktatur*, Berlin 1983, S. 329–349, Zit. S. 334.
18 Zit. nach *Frankfurter Allgemeine Zeitung*, 11.11.1988, S. 6 f. (Abdruck der Rede nach dem Wortlaut des Manuskripts; die Feierstunde war nicht Teil einer Sitzung des Bundestages, daher existiert keine offizielle Dokumentation).
19 Volker Ullrich: Daniel J. Goldhagen in Deutschland: Die Buch-

tournee wurde zum Triumphzug. Die Historiker kritisieren »Hitlers willige Vollstrecker«. Das Publikum empfindet das Buch als befreiend, in: *Die Zeit*, 13.9.1996.
20 Zit. nach Steffen Hagemann/Roby Nathanson: *Deutschland und Israel heute. Verbindende Vergangenheit, trennende Gegenwart?* Studie der Bertelsmann-Stiftung, Gütersloh 2015, S. 25; *Tagesspiegel*, 23.12.1998, S. 4, https://www.stern.de/kriegsende--deutsche-wollen-laut-stern-umfrage-unter-ns-vergangenheit-schlussstrich-ziehen-6963288.html.
21 Werner A. Perger: Wir Unbefangenen. Gerhard Schröders besonders entspanntes Verhältnis zur deutschen Geschichte – ein Mißverständnis?, in: *Die Zeit*, 12.11.1998.
22 Stenographische Berichte des Deutschen Bundestages, 14. Wahlperiode, 10.11.1998, S. 61.
23 *Der Spiegel*, 30.11.1998; Perger, Wir Unbefangenen (wie Anm. 21).

## Kapitel 6

1 Detailliert hierzu Wagner, *Die Angstmacher*; Andreas Speit (Hrsg.): *Das Netzwerk der Identitären. Ideologie und Aktionen der Neuen Rechten*, Berlin 2018.
2 Ludolf Herrmann: Hitler, Bonn und die Wende. Wie die Bundesrepublik ihre Lebenskraft zurückgewinnen kann, in: *Die politische Meinung*, H. 209, 1983, S. 13–28, Zit. S. 16, 19 u. 27f.
3 David Bebnowski: Aus aktuellem Anlass. Fundamentalopposition: Die ambivalente Anlehnung der AfD an »68«, in: Zeitgeschichte-online, September 2016, https://zeitgeschichte-online.de/kommentar/aus-aktuellem-anlass.
4 Gerd Koenen: *Das rote Jahrzehnt. Unsere kleine deutsche Kulturrevolution 1967–1977*, Köln 2001.
5 Livi u.a. (Hrsg.), *Schwarzes Jahrzehnt*.
6 Botsch, *Die extreme Rechte*, S. 75.
7 Hitlerjunge mit Tränensäcken, in: *Der Spiegel*, 27.4.1998, S. 69–76.
8 »Mit Dumdum aus der Schußlinie«, in: *Der Spiegel*, 6.10.1980, S. 30–34.
9 Zit. nach Peter Dudek/Hans-Gerd Jaschke: *Revolte von rechts*.

*Anatomie einer neuen Jugendpresse*, Frankfurt am Main / New York 1981, S. 87.

10 Horst W. Schmollinger, Die Nationaldemokratische Partei Deutschlands, in: Richard Stöss (Hrsg.): *Parteien-Handbuch. Die Parteien der Bundesrepublik Deutschland 1945–1980*, Band 2: FDP bis WAV, Opladen 1984, S. 1922–1994, hier S. 1941 u. 1979 f.

11 Zitate aus *Deutsche Stimme* und *Deutsche Wochen-Zeitung* nach Herbert Riehl-Heyse: Die NPD. Leidensgeschichte einer Rechtspartei oder: Der Kampf an drei Fronten, in: Wolfgang Benz (Hrsg.): *Rechtsradikalismus: Randerscheinung oder Renaissance?*, Frankfurt am Main 1980, S. 127–144, hier S. 141 f.

12 Robert Hepp: *Die Endlösung der Deutschen Frage*, Hohenrain 1988.

13 Höckes Wortfetzen, in: *Frankfurter Allgemeine Zeitung*, 24.9.2018, S. 4.

14 Zit. nach Schmollinger, Nationaldemokratische Partei Deutschlands, S. 1942 u. 1980 (wie Anm. 10).

15 Wagner, *Die Angstmacher*, S. 42 u. 49.

16 Jacob Eder: Soros als Synonym, in: *taz*, 9.11.2018, S. 18.

17 Hasnain Kazim: Auf rechts gedreht, http://www.spiegel.de/politik/deutschland/caroline-sommerfeld-ikone-der-neuen-rechten-und-identitaeren-a-1201899.html.

18 Patrick Bahners: Wer ist deutsch? Caroline Sommerfeld erklärt sich in Köln, in: *Frankfurter Allgemeine Zeitung*, 15.9.2018, S. 9.

19 Zit. nach Botsch, *Die extreme Rechte*, S. 87.

20 Theodor Schmidt-Kaler: Mit wieviel Fremden die Bundesrepublik leben kann, in: *Frankfurter Allgemeine Zeitung*, 30.9.1980, S. 11.

21 Günter Rohrmoser: *Das Debakel. Wo bleibt die Wende? Fragen an die CDU. Eingeleitet von Caspar von Schrenck-Notzing*, Krefeld 1985, S. 13–15.

22 Ebd., S. 14.

23 Zit. nach Claus Leggewie: *Die Republikaner. Ein Phantom nimmt Gestalt an*, völlig überarb. und erw. Neuausgabe, Berlin 1990, S. 109 f.

24 Hans-Gerd Jaschke: *Die »Republikaner«. Profile einer Rechtsaußen-Partei*, 2. akt. u. erw. Aufl., Bonn 1993, S. 96 f.

25 Leggewie, *Die Republikaner*, S. 65 (wie Anm. 23).
26 Ebd., S. 91.
27 Zit. nach Gerhard Paul: Die »Republikaner«: Profile einer neuen Partei, in: *Gewerkschaftliche Monatshefte*, H. 9, 1989, S. 537–548, hier S. 540 f.
28 Botsch, *Die extreme Rechte*, S. 93.
29 Zit. nach Jaschke, *Die »Republikaner«*, S. 99 (wie Anm. 24).
30 Leggewie, *Die Republikaner*, S. 96 (wie Anm. 23).
31 Jaschke, *Die »Republikaner«*, S. 138 u. 142–144 (wie Anm. 24).
32 Zit. nach Toralf Staud: *Moderne Nazis. Die neuen Rechten und der Aufstieg der NPD*, Köln 2005, S. 23.
33 Hannes Vogel: Alte Kameraden, in: *Die Zeit*, 13.9.2018, S. 5.
34 Heimo Schwilk: Geistlose Brandstifter, in: ders./Ulrich Schacht (Hrsg.): *Die selbstbewusste Nation. »Anschwellender Bocksgesang« und weitere Beiträge zu einer deutschen Debatte*, 3. erw. Aufl., Frankfurt am Main/Berlin 1995, S. 464–469, Zitate S. 466 und 468.
35 Botho Strauß: Anschwellender Bocksgesang, in: ebd., S. 19–40, Zitate S. 21, 23, 25, 28 u. 34.
36 Götz Kubitschek: Aufstand, verlängert – Neuauflage der Essays von Botho Strauß, https://sezession.de/32827/aufstand-verlangert-neuauflage-der-essays-von-botho-straus.

## Kapitel 7

1 Als Rostock-Lichtenhagen brannte (Dokumentation, NDR 2012), 00:36–00:42.
2 Ebd., 32:53–33:11.
3 Hasselbach/Bonengel, *Die Abrechnung*, S. 22.
4 Edgar Wolfrum: *Die geglückte Demokratie. Geschichte der Bundesrepublik Deutschland von ihren Anfängen bis zur Gegenwart*, Berlin 2007, S. 474.
5 Siehe aber jüngst Gassert, *Bewegte Gesellschaft*, der migrations- und asylkritische Bewegungen in seine Protestgeschichte Nachkriegsdeutschlands aufgenommen hat. Vgl. auch das engagierte Plädoyer von Maria Alexopoulou, die Migrationsgeschichte systematisch in die »allgemeine« deutsche Geschichte einzuarbeiten; vgl. Maria Alexopoulou: Rassismus als Kontinuitätslinie

in der Geschichte der Bundesrepublik, in: *APuZ* 38–39/2018, S. 18–24.
6 Hier zit. n. Sundermeyer, *Rechter Terror in Deutschland*, S. 66 f.
7 http://www.helmut-kohl.de/index.php?menu_sel=17&menu_sel2=126&menu_sel3=&menu_sel4=&msg=1415.
8 Dazu Cord Pagenstecher: »Das Boot ist voll«. Schreckensvision des vereinten Deutschland, in: Gerhard Paul (Hrsg.): *Das Jahrhundert der Bilder*, Bd. II: 1949 bis heute, Bonn 2008, S. 606–613, hier S. 610.
9 Liane von Billerbeck: Pogrome und frische Hemden, in: *Die Zeit*, 9. 1. 2003.
10 *Norddeutsche Neueste Nachrichten*, 14. 7. 1992, zit n. Thomas Prenzel: Rostock-Lichtenhagen und die Einschränkung des Grundrechts auf Asyl, in: ders. (Hrsg.): *20 Jahre Rostock-Lichtenhagen. Kontext, Dimensionen und Folgen der rassistischen Gewalt*, Rostock 2012, S. 9–29, hier S. 18.
11 Briefe der Anwohner, 5. 6. 1991 und 19. 6. 1991: Archiv der Hansestadt Rostock 4. 1. 1. 834.
12 Wie Hendrik Mayer vom Archiv »Lichtenhagen im Gedächtnis« betont. Ihm sei für alle Hinweise und ein wertvolles Gespräch herzlich gedankt.
13 Vgl. Hans-Gerd Jaschke: Eine verunsicherte Institution. Die Polizei in den Auseinandersetzungen mit Rechtsextremismus und Fremdenfeindlichkeit, in: Wilhelm Heitmeyer (Hrsg.): *Das Gewalt-Dilemma. Gesellschaftliche Reaktionen auf fremdenfeindliche Gewalt und Rechtsextremismus*, Frankfurt am Main 2004, S. 305–339.
14 Vgl. dazu Gideon Botsch: Vor Hoyerswerda. Zur Formierung des Neonazismus in Brandenburg, in: Kleffner/Spangenberg (Hrsg.), *Generation Hoyerswerda*, S. 45–61.
15 Ulli Jentsch: Im »Rassenkrieg«. Von der Nationalsozialistischen Bewegung zum NS-Untergrund, in: Kleffner/Spangenberg (Hrsg.), *Generation Hoyerswerda*, S. 62–71, hier S. 64.
16 Claudia Curio: Chronik rechtsextremer Gewalt in Deutschland seit 1990, in: Wolfgang Benz (Hrsg.): *Auf dem Weg zum Bürgerkrieg? Rechtsextremismus und Gewalt gegen Fremde in Deutschland*, Frankfurt am Main 2001, S. 177–212, hier S. 186. Zum Vergleich: Im gesamten Jahr 2017 wurden 1130 politisch motivierte Gewalttaten von rechts verzeichnet.

17 Zu Dolgenbrodt vgl. Heike Kleffner: »Auf vollständige Aufklärung warten wir immer noch.« Eine Spurensuche: Carsten Szczypanski und die United Skins, in: Kleffner/Spangenberg (Hrsg.), Generation Hoyerswerda, S. 98–124, hier S. 99 ff.
18 Vgl. Werner Bergmann: Pogrome: Eine spezifische Form kollektiver Gewalt, in: *Kölner Zeitschrift für Soziologie und Sozialpsychologie*, H. 4, 1998, S. 644–665.
19 Vgl. die Arbeit des Brandenburgischen Vereins Opferperspektive: www.opferperspektive.de sowie Barbara John (Hrsg.): *Unsere Wunden kann die Zeit nicht heilen. Was der NSU-Terror für die Opfer und Angehörigen bedeutet*, Bonn 2014.
20 Zit. n. Çağrı Kahveci/Özge Pınar Sarp: Von Solingen zum NSU. Rassistische Gewalt im kollektiven Gedächtnis von Migrant*innen türkischer Herkunft, in: Karakayalı u. a. (Hrsg.), *Den NSU-Komplex analysieren*, S. 37–56, hier S. 40.
21 Vgl. den Abschlussbericht von Christoph Kopke/Gebhard Schultz: https://mik.brandenburg.de/cms/detail.php/bb1.c.407 536.de.
22 Vgl. Schultz, *NSU*, S. 36 f., 57 f.
23 Vgl. Şimşek, *Schmerzliche Heimat*.
24 Vgl. ebd., S. 164 f.
25 Schultz, *NSU*, S. 189; Şimşek, *Schmerzliche Heimat*, S. 159 f.
26 Vorwort der Herausgeberinnen, in: Kleffner/Spangenberg (Hrsg.), *Generation Hoyerswerda*, S. 9–17, hier S. 12.

## Kapitel 8

1 Zit. nach Christian Dietrich, Martin Jander: Die Ausweitung zum Massenprotest in Sachsen und Thüringen, in: Eberhard Kuhrt/Gunter Holzweissig/Hannsjörg F. Buck (Hrsg.): *Opposition in der DDR von den 70er Jahren bis zum Zusammenbruch der SED-Herrschaft*, Opladen 1999, S. 767.
2 Erhart Neubert: *Geschichte der Opposition 1949–1989*, Bonn 2000, S. 869.
3 Uwe Schwabe: Der Herbst '89 in Zahlen, in: Kuhrt u. a. (Hrsg.): *Opposition in der DDR*, S. 719–736 (wie Anm. 1).
4 So etwa Konrad H. Jarausch: *Die unverhoffte Einheit, 1989–1990*, Frankfurt am Main 1995.

5 Gassert, *Bewegte Gesellschaft*.
6 Vgl. z. B. Jens Gieseke: Auf der Suche nach der schweigenden Mehrheit Ost: die geheimen Infratest-Stellvertreterbefragungen und die DDR-Gesellschaft 1968–1989, in: *Zeithistorische Forschungen*, Bd. 12, H. 1, 2015, S. 66–97; ders.: Das Infratest-DDR-Programm als Projekt und Quelle. Zum Vergleich von Geheimdienstberichten und Demoskopie, in: Daniela Münkel / Henrik Bispinck (Hrsg.): *Dem Volk auf der Spur. Staatliche Berichterstattung über Bevölkerungsstimmungen im Kommunismus. Deutschland – Osteuropa – China*, Göttingen 2018, S. 223–236.
7 Siegfried Suckut (Hrsg.): *Volkes Stimmen. »Ehrlich, aber deutlich« – Privatbriefe an die DDR-Regierung*, München 2016.
8 Ebd., S. 16 f.
9 Gideon Botsch: From Skinhead-Subculture to Radical Right Movement. The Development of a »National Opposition« in East Germany, in: *Contemporary European History*, Bd. 21, H. 04, 2012, S. 553–573. Für eine dichte autobiographische Beschreibung dieser Szenerie vor und nach 1989 vgl. Daniel Schulz: Wir waren wie Brüder, in: *taz*, 1. 10. 2018.
10 Dies und die folgenden Zitate aus Suckut, *Volkes Stimmen*, S. 263 f., 278 ff., 298, 301–319, 350, 383, 414 (wie Anm. 7).
11 Mary Fulbrook: *The People's State. East German Society from Hitler to Honecker*, New Haven 2005, S. 251, 267 ff.
12 Zur Stillstand-Argumentation vgl. Sigrid Meuschel: *Legitimation und Parteiherrschaft. Zum Paradox von Stabilität und Revolution in der DDR 1945–1989*, Frankfurt am Main 1993; Frank Bösch / Jens Gieseke: Der Wandel des Politischen in Ost und West, in: Frank Bösch (Hrsg.): *Geteilte Geschichte. Ost- und Westdeutschland 1970–2000*, Göttingen 2015, S. 46 f., 49; Wolle, *Die heile Welt*, S. 51 f., 227 ff.
13 Engler, *Die Ostdeutschen*, S. 299.
14 Niethammer / von Plato / Wierling, *Die volkseigene Erfahrung*, S. 635.
15 Jens Gieseke: Das Infratest-DDR-Programm als Projekt und Quelle. Zum Vergleich von Geheimdienstberichten und Demoskopie, in: Münkel / Bispinck, *Dem Volk auf der Spur*, S. 235 (wie Anm. 6).
16 Werner Schulze: »Was lange gärt wird Wut« – Der Vorlauf der DDR Opposition zur friedlichen Revolution, in: Eckart Conze

u. a. (Hrsg.): *Die demokratische Revolution 1989 in der DDR*, Köln 2009, S. 115 f.; Peter Reichel: *Glanz und Elend deutscher Selbstdarstellung. Nationalsymbole in Reich und Republik*, Göttingen 2012, S. 93.

17 Zit. nach Armin Mitter/Stefan Wolle: *Ich liebe euch doch alle! Befehle und Lageberichte des MfS. Januar–November 1989*, Berlin 1990, S. 216.

18 Daniel Kubiak: Der Fall »Ostdeutschland«, in: *Zeitschrift für Vergleichende Politikwissenschaft*, Bd. 12, H. 1, 2018, S. 25.

19 Von der »neuen Identität« sprach einst der Thüringer Landesbischof Werner Leich, zit. n. Neubert, *Geschichte*, S. 887 (wie Anm. 2); zum Erinnerungsort 1989 vgl. Konrad H. Jarausch: Der Umbruch 1989/90, in: Martin Sabrow (Hrsg.): *Erinnerungsorte der DDR*, München 2009, S. 526–535.

20 Weiß, *Die autoritäre Revolte*, S. 135–154.

21 Jochen-Martin Gutsch: Die Montagsbürger, in: *Der Spiegel*, 27.3.2006, S. 56–62, Zit. S. 57.

22 Michael Prellberg: Agenda: Hartz IV – Wer ist das Volk?, in: *Financial Times Deutschland*, 8.8.2004.

23 Umstrittener Begriff. Pfarrer der Nikolaikirche verteidigt Montagsdemonstration, in: *Süddeutsche Zeitung*, 9.8.2010.

24 Prellberg, Agenda: Hartz IV (wie Anm. 22).

25 Verena Hambauer/Anja Mays: Wer wählt die AfD?, in: *Zeitschrift für Vergleichende Politikwissenschaft*, Bd. 12, H. 1, 2018, S. 133–154; Knut Bergmann/Matthias Diermeier/Judith Niehues: Die AfD: Eine Partei der sich ausgeliefert fühlenden Durchschnittsverdiener?, in: *Zeitschrift für Parlamentsfragen*, H. 1, 2017, S. 57–75.

26 Bergmann, Die AfD, S. 60 (wie Anm. 25). Zum Beispiel Baden-Württemberg vgl. Rüdiger Schmitt-Beck/Jan W. van Deth/Alexander Staudt: Die AfD nach der rechtspopulistischen Wende, in: *Zeitschrift für Politikwissenschaft*, Bd. 27, H. 3, 2017, S. 273–303. Auch Studien zum Saarland, NRW, Niedersachsen und Schleswig-Holstein bestätigen diese Befunde, vgl. Armin Pfahl-Traughber: Wer wählt die AfD? http://www.bpb.de/politik/extremismus/rechtspopulismus/248916/wer-waehlt-warum-die-afd.

27 Kellershohn/Kastrup (Hrsg.), *Kulturkampf von rechts*, S. 12.

28 AfD-Grundsatzprogramm, Langversion (2016), S. 10, https://

www.afd.de/wp-content/uploads/sites/111/2018/01/Progra
mm_AfD_Druck_Online_190118.pdf.
29 Ebd., S. 30f., 10f.
30 Zit. nach Lars Geiges: Wie die AfD im Kontext der »Flüchtlingskrise« mobilisierte. Eine empirisch-qualitative Untersuchung der »Herbstoffensive 2015«, in: *Zeitschrift für Politikwissenschaft*, Bd. 28, H. 1, 2018, S. 59.
31 Renaud Camus: *Revolte gegen den großen Austausch*, Schnellroda 2016.
32 Zur Geschichte der Partei vgl. Marcel Lewandowsky: Alternative für Deutschland (AfD), in: Frank Decker / Viola Neu (Hrsg.): *Handbuch der deutschen Parteien*, Wiesbaden 2018, S. 161–170; Amann, *Angst für Deutschland*.
33 Vgl. Oliver Decker / Johannes Kiess / Elmar Brähler (Hrsg.): *Die enthemmte Mitte. Autoritäre und rechtsextreme Einstellung in Deutschland*, Gießen 2016; zum Anstieg gruppenbezogener Menschenfeindlichkeit Heitmeyer, *Autoritäre Versuchungen*; zur »Herbstoffensive« vgl. Geiges, Wie die AfD im Kontext der »Flüchtlingskrise« mobilisierte (wie Anm. 30).
34 Jana Merkel / Michael Richter: Die Story im Ersten: Am rechten Rand, ARD-Erstausstrahlung: 15. 10. 2018.
35 Sundermeyer, *Gauland*, S. 48.
36 Alexander Gauland: Treue zur alten Zeitung. Andere Lesegewohnheiten und ein Rest Ostalgie, in: *Frankfurter Allgemeine Zeitung*, 18. 5. 1998, S. B4.
37 So etwa in einem Interview mit dem Bayrischen Rundfunk vom Januar 2009; Transkript unter:
https://www.br.de/fernsehen/ard…/alexander-gauland-gespraech100~attachment.pdf; vgl. die Deutung ostdeutscher Umbruchserfahrungen in Alexander Gauland: *Anleitung zum Konservativsein. Zur Geschichte eines Wortes*, Berlin 2017, S. 76–79.
38 Ellen Kositza / Götz Kubitschek: Sein und Haben. Notizen aus Deutschlands Mitte, in: *Sezession*, H. 7, 2004, S. 25f.
39 Ebd., S. 25f., 28.
40 Götz Kubitschek: Die AfD, der Osten und der liberale Flügel, in: ders.: *Die Spurbreite des schmalen Grats. Gesammelte Texte 2000–2016*, Schnellroda 2016, S.122.
41 Ders.: Rein in den Fluß!, sowie Aufstand der Bürger, in: ebd., S. 10, 123, 134.

42 Ders.: Rückfahrt aus Leipzig, in: ebd., S. 132 f. Zur Rede als Plagiat vgl. Weiß, Die *autoritäre Revolte*, S. 148–152.
43 Die Resolution ist online abrufbar unter: https://www.derfluegel.de/2015/03/14/die-erfurter-resolution-wortlaut-und-erstunterzeichner/.
44 Götz Kubitschek: Editorial: Es gibt keine Alternative im Etablierten, in: *Sezession*, H. 65, 2015, S. 1 f.
45 So die These Jana Hensels in Hensel/Engler, *Wer wir sind*, S. 111–113.

## Schluss

1 Wirsching/Kohler/Wilhelm (Hrsg.), *Weimarer Verhältnisse?*
2 Navid Kermani, Auschwitz morgen. Die Zukunft der Erinnerung, in: *Frankfurter Allgemeine Zeitung*, 7.7.2017, S. 9.
3 Zit. nach Andreas Wirsching: Weimar mahnt zur Wachsamkeit. Eine Bilanz, in: Wirsching/Kohler/Wilhelm (Hrsg.), *Weimarer Verhältnisse?*, S. 105–116, hier S. 110.
4 Frank-Walter Steinmeier, *Es lebe unsere Demokratie! Der 9. November 1918 und die deutsche Freiheitsgeschichte*, München 2018, S. 39.
5 Vgl. Dolf Sternberger: Verfassungspatriotismus (1979), in: ders., *Schriften*, Band X, Frankfurt am Main 1990, S. 13–17; das Zitat aus ders.: Verfassungspatriotismus. Rede bei der 25-Jahr-Feier der »Akademie für Politische Bildung« (1982), in: ebd., S. 17–31, hier S. 20.
6 Jürgen Habermas, Vorpolitische Grundlagen des demokratischen Rechtsstaates?, in: ders., *Zwischen Naturalismus und Religion. Philosophische Aufsätze*, Frankfurt am Main 2009, S. 106–118, hier S. 116.

## ZUM WEITERLESEN

In den Anmerkungen zitierte speziellere Literatur ist hier nicht erneut nachgewiesen.

Amann, Melanie: *Angst für Deutschland. Die Wahrheit über die AfD: wo sie herkommt, wer sie führt, wohin sie steuert*, Neuausgabe München 2018.
Anderson, Benedict: *Die Erfindung der Nation. Zur Karriere eines folgenreiches Konzepts*, Berlin 1988.
Benz, Wolfgang (Hrsg.): *Fremdenfeinde und Wutbürger. Verliert die demokratische Gesellschaft ihre Mitte?*, Berlin 2016.
Bösch, Frank / Wirsching, Andreas (Hrsg.): *Hüter der Ordnung. Die Innenministerien in Bonn und Ost-Berlin nach dem Nationalsozialismus*, Göttingen 2018.
Bösch, Frank (Hrsg.): *Geteilte Geschichte. Ost- und Westdeutschland 1970–2000*, Göttingen 2015.
Botsch, Gideon: *Die extreme Rechte in der Bundesrepublik Deutschland 1949 bis heute*, Darmstadt 2012.
Brenner, Michael u. a.: *Geschichte der Juden in Deutschland von 1945 bis zur Gegenwart. Politik, Kultur und Gesellschaft*, München 2012.
Chaussy, Ulrich: *Oktoberfest. Das Attentat. Wie die Verdrängung des Rechtsterrors begann*, 2., erweiterte Auflage, Berlin 2015.
Conze, Eckart u. a.: *Das Amt und die Vergangenheit. Deutsche Diplomaten im Dritten Reich und in der Bundesrepublik*, München 2010.
El-Mafaalani, Aladin: *Das Integrationsparadox*, Köln 2018.
Engler, Wolfgang: *Die Ostdeutschen. Kunde von einem verlorenen Land*, Berlin 1999.

Fischer, Torben/Lorenz, Matthias N. (Hrsg.): *Lexikon der »Vergangenheitsbewältigung« in Deutschland. Debatten- und Diskursgeschichte des Nationalsozialismus nach 1945*, 3., erweiterte Auflage, Bielefeld 2015.

Frei, Norbert: *Vergangenheitspolitik. Die Anfänge der Bundesrepublik und die NS-Vergangenheit*, München 2012 (zuerst 1996).

Frei, Norbert (Hrsg.): *Hitlers Eliten nach 1945*, München 2018.

Fulbrook, Mary: *Dissonant Lives. Generations and Violence Through the German Dictatorships*, Oxford 2011.

Gassert, Philipp: *Bewegte Gesellschaft. Deutsche Protestgeschichte seit 1945*, Stuttgart 2018.

Göktürk, Dennis u. a. (Hrsg.): *Transit Deutschland. Debatten zu Nation und Migration. Eine Dokumentation*, Konstanz 2011.

Hasselbach, Ingo/Bonengel, Winfried: *Die Abrechnung. Ein Neonazi steigt aus*, Berlin 1993.

Haury, Thomas: *Antisemitismus von links. Kommunistische Ideologie, Nationalismus und Antizionismus in der frühen DDR*, Hamburg 2002.

Heitmeyer, Wilhelm: *Autoritäre Versuchungen. Signaturen der Bedrohung I*, Frankfurt am Main 2018.

Hensel, Jana/Engler, Wolfgang: *Wer wir sind. Die Erfahrung, ostdeutsch zu sein*, Berlin 2018.

Herbert, Ulrich: *Geschichte der Ausländerpolitik in Deutschland*, München 2001.

Herf, Jeffrey: *Zweierlei Erinnerung. Die NS-Vergangenheit im geteilten Deutschland*, Berlin 1998.

Hunn, Karin: *»Nächstes Jahr kehren wir zurück ...« Die Geschichte der türkischen Gastarbeiter in der Bundesrepublik*, Göttingen 2005.

Karakayalı, Juliane u. a. (Hrsg.): *Den NSU-Komplex analysieren. Aktuelle Perspektiven der Wissenschaft*, Bielefeld 2017.

Kellershohn, Helmut/Kastrup, Wolfgang (Hrsg.): *Kulturkampf von rechts. AfD, Pegida und die Neue Rechte*, Münster 2016.

Kermani, Navid: *Wer ist Wir? Deutschland und seine Muslime*, München 2009.

Kleffner, Heike / Spangenberg, Anna (Hrsg.): *Generation Hoyerswerda. Das Netzwerk militanter Neonazis in Brandenburg*, Berlin 2016.

Krastev, Ivan: *Europadämmerung. Ein Essay*, Frankfurt am Main 2018.

Leide, Henry: *NS-Verbrecher und Staatssicherheit. Die geheime Vergangenheitspolitik der DDR*, Göttingen 2011.

Leo, Per / Steinbeis, Maximilian / Zorn, Daniel-Pascal: *Mit Rechten reden. Ein Leitfaden*, Stuttgart 2017.

Livi, Massimiliano / Schmidt, Daniel / Sturm, Michael (Hrsg.): *Die 1970er Jahre als schwarzes Jahrzehnt. Politisierung und Mobilisierung zwischen christlicher Demokratie und extremer Rechter*, Frankfurt am Main 2010.

Meuschel, Sigrid: *Legitimation und Parteiherrschaft. Zum Paradox von Stabilität und Revolution in der DDR 1945–1989*, Frankfurt am Main 1993.

Möhring, Maren: *Fremdes Essen. Zur Geschichte der ausländischen Gastronomie in der Bundesrepublik Deutschland*, Oldenburg 2012.

Morina, Christina: *Legacies of Stalingrad. Remembering the Eastern Front in Germany since 1945*, Cambridge 2011.

Mounk, Yascha: *Der Zerfall der Demokratie. Wie der Populismus den Rechtsstaat bedroht*, München 2017.

Mühlberg, Felix: *Bürger, Bitten und Behörden. Geschichte der Eingabe in der DDR*, Berlin 2004.

Müller, Jan-Werner: *Was ist Populismus? Ein Essay*, Berlin 2016.

Niethammer, Lutz / Plato, Alexander von / Wierling, Dorothee: *Die volkseigene Erfahrung. Eine Archäologie des Lebens in der Industrieprovinz der DDR: 30 biographische Eröffnungen*, Berlin 1991.

Önder, Tunay / Mustafa, Imad: *Migrantenstadl*, Münster 2016.

Ramelsberger, Annette / Ramm, Wiebke / Schultz, Tanjev /

Stadler, Rainer: *Der NSU-Prozess. Das Protokoll*, München 2018.

Richter, Hedwig / Richter, Ralf: *Die Gastarbeiter-Welt. Leben zwischen Palermo und Wolfsburg*, Paderborn usw. 2012.

Rigoll, Dominik: *Staatsschutz in Westdeutschland. Von der Entnazifizierung zur Extremistenabwehr*, Göttingen 2013.

Röpke, Andrea: *2018 Jahrbuch rechte Gewalt. Chronik des Hasses. Hintergründe, Analysen und die Ereignisse 2017*, München 2018.

Röpke, Andrea / Speit, Andreas (Hrsg.): *Blut und Ehre. Geschichte und Gegenwart rechter Gewalt in Deutschland*, Bonn 2013.

Salzborn, Samuel: *Angriff der Antidemokraten. Die völkische Rebellion der Neuen Rechten*, Weinheim 2017.

Schmidt, Monika: *Übergriffe auf verwaiste jüdische Gräber. Friedhofsschändungen in der SBZ und der DDR*, Berlin 2016.

Schultz, Tanjev: *NSU. Der Terror von rechts und das Versagen des Staates*, München 2018.

Şimşek, Semiya (mit Peter Schwarz): *Schmerzliche Heimat. Deutschland und der Mord an meinem Vater*, Berlin 2013.

Staud, Toralf / Radke, Johannes: *Neue Nazis. Jenseits der NPD: Populisten, Autonome Nationalisten und der Terror von rechts*, Köln 2012.

Stefanidis, Alexandros: *Beim Griechen. Wie mein Vater in unserer Taverne Geschichte schrieb*, Frankfurt am Main 2010.

Steinbacher, Sybille (Hrsg.): *Rechte Gewalt in Deutschland. Zum Umgang mit dem Rechtsextremismus in Gesellschaft, Politik und Justiz*, Göttingen 2016.

Suckut, Siegfried (Hrsg.): *Volkes Stimmen. »Ehrlich, aber deutlich« – Privatbriefe an die DDR-Regierung*, München 2016.

Sundermeyer, Olaf: *Rechter Terror in Deutschland. Eine Geschichte der Gewalt*, München 2012.

Sundermeyer, Olaf: *Gauland. Die Rache des alten Mannes*, München 2018.

Terkessidis, Mark: *Nach der Flucht. Neue Ideen für die Einwanderungsgesellschaft*, Stuttgart 2017.
Ther, Philipp: *Die Außenseiter. Flucht, Flüchtlinge und Integration im modernen Europa*, Frankfurt am Main 2017.
Wagner, Thomas: *Die Angstmacher. 1968 und die Neuen Rechten*, Berlin 2017.
Waibel, Harry: *Der gescheiterte Anti-Faschismus der SED. Rassismus in der DDR*, Frankfurt am Main 2014.
Weiß, Volker: *Die autoritäre Revolte. Die Neue Rechte und der Untergang des Abendlandes*, Stuttgart 2018.
Weyhe, Birgit: *Madgermanes*, Bonn 2017.
Wildt, Michael: *Volk, Volksgemeinschaft, AfD*, Hamburg 2017.
Wirsching, Andreas / Kohler, Berthold / Wilhelm, Ulrich (Hrsg.): *Weimarer Verhältnisse? Historische Lektionen für unsere Demokratie*, Stuttgart 2018.
Wolfrum, Edgar: *Geschichtspolitik in der Bundesrepublik Deutschland. Der Weg zur bundesrepublikanischen Erinnerung 1948–1990*, Darmstadt 1999.
Wolle, Stefan: *Die heile Welt der Diktatur. Alltag und Herrschaft in der DDR 1971–1989*, Berlin 1998.
Zick, Andreas / Küpper, Beate / Krause, Daniela (Hrsg.): *Gespaltene Mitte – Feindselige Zustände. Rechtsextreme Einstellungen in Deutschland 2016*, Bonn 2016.

# ABKÜRZUNGEN

| | |
|---|---|
| AA | Auswärtiges Amt |
| AfD | Alternative für Deutschland |
| Agitprop | Agitation und Propaganda |
| APO | Außerparlamentarische Opposition |
| CDU | Christlich Demokratische Union Deutschlands |
| CSU | Christlich-Soziale Union in Bayern |
| DDR | Deutsche Demokratische Republik |
| DP | Deutsche Partei |
| DRP | Deutsche Reichspartei |
| DVU | Deutsche Volksunion |
| EU | Europäische Union |
| FAP | Freiheitliche Deutsche Arbeiterpartei |
| FAZ | Frankfurter Allgemeine Zeitung |
| FDP | Freie Demokratische Partei |
| FPÖ | Freiheitliche Partei Österreichs |
| GB/BHE | Gesamtdeutscher Block/Bund der Heimatvertriebenen und Entrechteten |
| Gestapo | Geheime Staatspolizei |
| HJ | Hitlerjugend |
| JN | Junge Nationaldemokraten |
| KPD | Kommunistische Partei Deutschlands |
| KZ | Konzentrationslager |
| MfS | Ministerium für Staatssicherheit |
| NPD | Nationaldemokratische Partei Deutschlands |
| NSDAP | Nationalsozialistische Deutsche Arbeiterpartei |
| NSU | Nationalsozialistischer Untergrund |
| NVA | Nationale Volksarmee |
| PDS | Partei des Demokratischen Sozialismus |

| | |
|---|---|
| Pegida | Patriotische Europäer gegen die Islamisierung des Abendlandes |
| Pg | Parteigenosse |
| PLO | Palestine Liberation Organization |
| RAF | Rote Armee Fraktion |
| SA | Sturmabteilung |
| SED | Sozialistische Einheitspartei Deutschlands |
| SPD | Sozialdemokratische Partei Deutschlands |
| SRP | Sozialistische Reichspartei |
| SS | Schutzstaffel |
| Stasi | Staatssicherheitsdienst |
| UN | United Nations |
| USA | United States of America |
| ZASt | Zentrale Aufnahmestelle für Flüchtlinge |
| ZK | Zentralkomitee |

# ZU DEN ABBILDUNGEN

*Kapitel 1, Seite 18*
Den Fotografen Norbert Triestram hatte man eigens dafür ins städtische Gaswerk bestellt: Stadtoldendorfs Kommunalpolitiker inszenieren sich Anfang Oktober 1951 selbstbewusst bei der Verbrennung von Entnazifizierungsakten.
© Haus der Geschichte der Bundesrepublik, Sammlung Triestram.

*Kapitel 2, Seite 42*
Vor dem alten Wasserturm in Berlin-Prenzlauer Berg, Mai 1980. Die Vereinigung der Verfolgten des Nazi-Regimes (VVN), die den Gedenkstein einst gestiftet hatte, war 1953 von der SED aufgelöst worden.
© Bundesarchiv-Bildarchiv, Koblenz.

*Kapitel 3, Seite 66*
Adolf von Thadden, geschützt durch Plexiglas, spricht auf einer NPD-Veranstaltung in Dortmund Anfang September 1969 zur Bundestagswahl. Im Vordergrund hat der berüchtigte Ordnerdienst der Partei Aufstellung genommen.
© Ullstein Bild, Berlin.

*Kapitel 4, Seite 90*
Türkische Gastarbeiter nach der Ankunft am Hauptbahnhof Bochum, 1965. Der Fotograf Hans Rudolf Uthoff hat die lange Reise mit dem Istanbul-Dortmund-Express dokumentiert.
© V like Vintage GmbH Hamburg, Sammlung Uthoff.

*Kapitel 5, Seite 112*
Der Schriftsteller Martin Walser nach seiner Dankesrede für den Friedenspreis des deutschen Buchhandels am 11. Oktober 1998 in der Frankfurter Paulskirche.
© dpa Picture Alliance GmbH, Frankfurt am Main.

*Kapitel 6, Seite 136*
Die Jungen Nationaldemokraten, der Nachwuchs der NPD, zeigen sich anlässlich ihres Bundeskongresses im September 1979 in Weinheim an der Bergstraße der Öffentlichkeit.
© Ullstein Bild, Berlin.

*Kapitel 7, Seite 160*
Rostock-Lichtenhagen, 26. August 1992. Zwei Tage nach den größten Ausschreitungen fängt der Journalist Rex Schober die Stimmung vor dem Sonnenblumenhaus ein.
© imago sportfotodienst GmbH, Berlin.

*Kapitel 8, Seite 182*
Einwohner von Chemnitz beteiligen sich am 1. September 2018 zusammen mit Neonazis und Hooligans an dem von der AfD organisierten »Trauermarsch« für einen mutmaßlich von zwei Flüchtlingen getöteten Bürger der Stadt.
© Photo- und Presseagentur GmbH FOCUS, Hamburg.

# NAMENVERZEICHNIS

Achenbach, Ernst 24 f., 79
Adam, Konrad 200
Adenauer, Konrad 19, 23, 25 f., 28–33, 36 f., 79 ff.
Adorno, Theodor W. 34 ff.
Allemann, Fritz René 81, 207
Anderson, Benedict 8
Apfel, Holger 157
Arendt, Hannah 36, 124
Arndt, Adolf 40

Bachmann, Lutz 195
Bade, Klaus 93
Bauer, Fritz 38 f.
Baum, Gerhart 143 f.
Bausch, Hans 32
Behrendt, Uwe 143 f.
Benoist, Alain de 147
Bernrath, Hans Gottfried 155
Berlusconi, Silvio 11
Besson, Waldemar 32 f.
Best, Werner 25, 79
Biermann, Wolf 55
Bismarck, Otto von 120
Böckelmann, Frank 202
Böhm, Franz 34 f.
Böhnhardt, Uwe 173, 177 ff.
Bönisch, Frank 176
Bourdieu, Pierre 137
Brandt, Willy 88, 125, 141, 186
Bubis, Ida 113

Bubis, Ignatz 113–116, 132
Bucher, Ewald 39
Bush, George W. 12

Camus, Renaud 147, 200
Christophersen, Thies 141 f.
Claussen, Detlev 139

Dach, Walter 19
Dahrendorf, Ralf 107
Diewerge, Wolfgang 78
Dimitroff, Georgi 46
Diner, Dan 124
Dobrindt, Alexander 72 f.
Dönhoff, Marion Gräfin 117, 120
Dönitz, Karl 77
Do, Anh Lan 143
Dorls, Fritz 77
Dregger, Alfred 122

Ehlers, Hermann 26
Eichberg, Henning 147
Eichmann, Adolf 31, 39, 130
Engelberg, Ernst 120
Engels, Friedrich 46, 62
Engholm, Björn 168
Erhard, Ludwig 125
Erholt, Andreas 196
Ertan, Semra 106

Fassbinder, Rainer Werner 96
Fest, Joachim 117 ff.
Frank, Anne 37
Freiligrath, Ferdinand 192
Frey, Gerhard 113, 144, 152
Friedländer, Saul 128
Friedrich II. 119 f.
Friedrich, Jörg 135
Frommel, Monika 176
Führer, Christian 196

Galinski, Heinz 154
Gauck, Joachim 196
Gauland, Alexander 64, 71, 104 f., 186, 200–203, 205 f.
Geißler, Heiner 150
Globke, Hans 29–32
Glotz, Peter 155
Goebbels, Joseph 78 f., 126
Goethe, Johann Wolfgang von 138
Goldhagen, Daniel Jonah 129 f.
Gorbatschow, Michail 126, 188 f.
Göring, Hermann 127
Göth, Amon 129
Grass, Günter 135
Grotewohl, Otto 48, 63
Gueffroy, Chris 190
Guevara, Che 215
Günther, Eva 183, 192
Gürel, Tefvik 106

Haas, Wilhelm 27
Habermas, Jürgen 123, 216
Haffner, Sebastian 119 f.
Haider, Jörg 11
Händel, Georg Friedrich 64
Handlos, Franz 151 f.

Hasselbach, Ingo 162
Hauer, Jakob Wilhelm 74
Heer, Hannes 131
Heidegger, Martin 159
Heise, Thorsten 158
Henkel, Hans-Olaf 200
Hepp, Robert 146
Hermlin, Stephan 51
Herrendoerfer, Christian 117
Herrmann, Ludolf 138 f.
Herzog, Roman 123, 134
Hess, Otto 85
Heydrich, Lina 30
Heydrich, Reinhard 25
Hildebrand, Klaus 124
Hillgruber, Andreas 124
Himmler, Heinrich 127
Hitler, Adolf 16, 19, 30, 50, 53, 55, 57, 62, 73, 75, 77, 79, 88, 117 ff., 124, 127, 129, 138, 145, 214
Höcke, Björn 116, 158, 186, 199, 202, 204 ff., 215
Hoffmann, Karl-Heinz 143 f., 179
Honecker, Erich 48, 51, 63, 190
Horkheimer, Max 34

Jenninger, Philipp 126 f.
Jung, Edgar Julius 73 f.
Jünger, Ernst 72, 159

Kaczyński, Jarosław 148
Kästner, Erich 81
Kaul, Friedrich Karl 31
Kazim, Hasnain 148 f.
Kermani, Navid 101, 213
Kiesewetter, Michèle 178
Kilimann, Klaus 169

Kiowa, Amadeu Antonio 175
Kirkpatrick, Ivone 80
Kiyak, Mely 101
Klemperer, Victor 51
Klüger, Ruth 128
Kogon, Eugen 29
Kohl, Helmut 16, 92, 115, 120, 123–126, 132 f., 139, 150, 166
Köhler, Gundolf 143
Kolley, Klaus 68
Koparan, Seydi Battal 106
Kositza, Ellen 203
Krockow, Christian Graf zu 120
Kubaşık, Mehmet 180
Kubitschek, Götz 75, 131, 147, 159, 186, 200, 202–206
Kühnen, Michael 141 f., 156

Lambsdorff, Otto Graf 155
Le Pen, Jean-Marie 152
Le Pen, Marine 7
Leggewie, Claus 155
Lembke, Heinz 142
Lengsfeld, Vera 196
Lenin, Wladimir I. 62
Levy, Max 19
Lewin, Shlomo 143 f.
Lichtmesz, Martin 200
Lindenberg, Udo 105
Lübbe, Hermann 28, 126
Lucke, Bernd 200, 205
Ludwig, Gerhard 70 f.
Luxemburg, Rosa 57, 62

Marx, Karl 46, 57, 62
Merkel, Angela 13, 185, 194, 199 f., 214

Meuthen, Jörg 16, 139
Middelhauve, Friedrich 78 f.
Mittenzwei, Ingrid 119
Mohler, Armin 72–75, 121, 151
Müller, Vincenz 47
Mundlos, Uwe 173, 177 ff.
Mußgnug, Martin 144

Napoleon Bonaparte 64
Naumann, Peter 142
Naumann, Werner 76, 79 f.
Nguyen, Ngoc Chan 143
Niel, Herms 76
Noll, Dieter 51
Nolte, Ernst 121, 123 f., 155, 159
Norden, Albert 30 f., 63 f.
Noske, Wilhelm 19

Oberländer, Theodor 31, 149
Orbán, Viktor 148
Oxner, Helmut 106, 179
Özoğuz, Aydan 105

Pasemann, Frank 201
Petry, Frauke 200, 202, 205
Pieck, Wilhelm 64
Poeschke, Frida 143
Poggenburg, André 199 f., 202
Pol Pot 124

Rathenau, Walther 21
Reagan, Ronald 126, 151
Reemtsma, Jan Philipp 131
Reich-Ranicki, Marcel 114
Remer, Otto Ernst 38, 77 f.
Riehl-Heyse, Herbert 68 f.
Roeder, Manfred 142 f.

Rohrmoser, Günter 150 f.
Rothfels, Hans 33

Sá, Armando Rodrigues de 94, 103
Safranski, Rüdiger 159
Salomon, Ernst von 21
Sarrazin, Thilo 13, 146, 200
Schäffer, Fritz 40
Schäuble, Wolfgang 155
Schirrmacher, Frank 113 f., 116
Schlüter, Leonhard 30
Schmidt, Helmut 102, 120, 141
Schmidt-Kaler, Theodor 149
Scholl, Hans 44
Scholl, Sophie 44, 214
Schönhuber, Franz 75, 113, 151 f., 154 f.
Schorlemmer, Friedrich 113
Schrenck-Notzing, Caspar von 151
Schröder, Gerhard (CDU) 36
Schröder, Gerhard (SPD) 132 f.
Schumacher, Kurt 25
Sellner, Martin 200
Seite, Berndt 166
Siedler, Wolf Jobst 118, 120
Şimşek, Enver 179
Şimşek, Semiya 179 f.
Six, Franz Alfred 79
Sommerfeld-Lethen, Caroline 148 f.
Soros, George 148
Spahn, Jens 139
Speer, Albert 118
Spielberg, Steven 128 f.
Stalin, Josef 55, 124
Staudte, Wolfgang 32

Stauffenberg, Claus Schenk Graf von 75
Stefanidis, Christoforos 99
Sternberger, Dolf 216
Storch, Beatrix von 200
Strasser, Gregor 77
Strasser, Otto 77
Strauß, Botho 159, 214
Strauß, Franz Josef 36, 75, 120, 124, 144, 150 f., 153 f.
Stürmer, Michael 120, 124

Terkessidis, Mark 100
Thadden, Adolf von 67 ff., 82–85, 88 f.
Thielen, Friedrich 84
Trump, Donald 7, 11, 148
Turgut, Mehmet 178

Ulbricht, Walter 28, 46, 48, 56 ff., 63 f.
Ullrich, Volker 130

Voigt, Ekkehard 151 f.
Voigt, Udo 157
Vollmann, Ludwig 98

Wallraff, Günter 106
Walser, Martin 113–116, 132
Wehner, Herbert 88
Weidel, Alice 139
Weizsäcker, Richard von 120, 122 f., 127
Wolf, Christa 54

Yozgat, Halit 180

Zitelmann, Rainer 159
Zschäpe, Beate 177 f.